LANGENSCHEIDTS
PRAKTISCHE LEHRBÜCHER

LANGENSCHEIDTS PRAKTISCHES LEHRBUCH RUSSISCH

Band 1

von
LJUBOW KOSSOBOKOWA

LANGENSCHEIDT
BERLIN · MÜNCHEN · WARSCHAU · WIEN · ZÜRICH · NEW YORK

Langenscheidts Praktisches Lehrbuch Russisch, Band 1
Ein Standardwerk für Anfänger
von Ljubow Kossobokowa

Ein Schlüssel zu den Übungen ist gesondert lieferbar.
Es empfiehlt sich, zu diesem Lehrbuch auch die beiden Begleitcassetten bzw. CDs
zu verwenden.
Sie enthalten die Ausspracheübungen des Vorkurses sowie sämtliche A-Texte,
Hörverstehens- und Ausspracheübungen der Lektionen.
Schlüssel (Best.-Nr. 26296) und Cassetten (Best.-Nr. 80440) bzw.
CDs (Best.-Nr. 80261) sind im Buchhandel erhältlich.

Bildnachweis: Jürgens. Ost + Europa-Photo: Titelfoto, S. 205
Ljubow Kossobokowa: S. 15, 18, 20, 23, 107,
124, 140, 143, 146, 148, 157, 160, 165
Heike Maus: S. 61, 95, 103, 183, 199
Otava Publishing Company: S. 169, 190
Gabriela Stelzig: S. 62, 116, 135,
141, 171, 181, 187, 188
Illustrationen: Barbara Köhler: S. 120, 197
Alexander und Wladimir Rusho: S. 37,
38, 44, 47, 55, 56, 58, 76, 77, 83, 84,
101, 114, 138, 147, 163, 164, 179,
216, 217, 219, 223, 224
Redaktion: Gabriela Stelzig

Titelfoto: Sergijew Possad
(Jürgens. Ost + Europa-Photo)

Das Werk und seine Teile sind urheberrechtlich geschützt. Jede Verwertung in anderen als den
gesetzlich zugelassenen Fällen bedarf deshalb der vorherigen schriftlichen Einwilligung des
Verlages.

© *1993 Langenscheidt KG, Berlin und München*
Druck: Druckhaus Langenscheidt, Berlin-Schöneberg
Printed in Germany / ISBN 3-468-26291-4

Inhaltsverzeichnis

Vorwort 8
Grammatikalische Fachausdrücke und ihre Erklärung 9
Abkürzungen 11
Vorkurs 12
Lektionen 1–24 37

Nr.	Lesetexte	Grammatikschwerpunkte
1	Давáйте познакóмимся!	Begrüßung Bekanntmachung Geschlecht der Substantive Genitiv Singular der maskulinen und femininen Substantive
2	Кто э́то?	Formen des Familiennamens Die Konjunktion «a»
3	Моя́ семья́	Die Possessivpronomen мой, твой, наш, ваш Wie man nach dem Namen fragt
4	Что дéлает вáша женá?	e-Konjugation Verneinung Präpositiv Singular der Substantive
5	Письмó из Москвы́	i-Konjugation Genitivattribut Präpositiv femininer Substantive auf -ь Adjektive (Nominativ Singular und Plural) Präpositiv Singular der Adjektive Adjektiv und Adverb
6	Разговóр по телефóну	Ergänzung zur e-Konjugation Aufforderung zur gemeinsamen Handlung
7	У вас есть проблéмы?	Das Verb есть *(sein)* у + Genitiv (+ есть) нет + Genitiv Genitiv Singular neutraler Substantive Genitiv der Personalpronomen Deklination von Fremdwörtern

Nr.	Lesetexte	Grammatikschwerpunkte
8	Нóвый райóн	Grundzahlen von 0 bis 10 Genitiv Singular der femininen Substantive auf -я, -ия und -ь Substantivierte Adjektive Mit einem Fahrzeug fahren надо + Infinitiv Pluralform des Familiennamens
9	Из дневникá Мóники	Das Präteritum Akkusativ Singular der Substantive Die Possessivpronomen его, её, их Der russische Name
10	У Белóвых	Akkusativ Singular der Adjektive Grundzahlen von 11 bis 30 Formen von год nach Zahlen Altersangabe
11	Что вы бýдете дéлать зáвтра?	Das zusammengesetzte Futur Akkusativ nach den Präpositionen в und на auf die Frage «Кудá?» Akkusativ der Personalpronomen Verben auf -овать und -евать
12	До свидáния, Москвá!	Grundzahlen von 40 bis 100 Uhrzeit Dativ in unpersönlichen Sätzen Konjugation von давáть und ждать
13	Что вы читáете?	Nominativ Plural der Substantive Präpositiv der Personalpronomen Superlativ der Adjektive Das Demonstrativpronomen э́тот Reflexive Verben Die Konjugation reflexiver Verben
14	Такáя у нас профéссия	Instrumental Singular der Substantive Präteritum reflexiver Verben Transitive und intransitive Verben
15	Санкт-Петербýрг	Adjektive mit weichem Stammauslaut Genitiv Singular der Adjektive Präpositiv Singular auf -у/-ю Präpositiv Singular neutraler Substantive auf -ие Kurzform des Partizips Präteritum Passiv
16	Что ты весь день дéлал?	Bildung des vollendeten und unvollendeten Aspekts Aspekte und Zeitformen л-Einschub bei Verben der и-Konjugation

Nr.	Lesetexte	Grammatikschwerpunkte
17	Где продаются сувениры?	Akkusativ Plural der unbelebten Substantive, der Adjektive und Possessivpronomen Dativ Singular der Substantive Dativ der Personalpronomen Ordnungszahlen Redewendungen beim Einkaufen Preisangaben
18	Марина и Володя едут в Петергоф	Gebrauch der Aspekte im Präteritum Kurzform der Adjektive Rein prädikative Adjektive
19	Угощайтесь, пожалуйста!	Futurformen der vollendeten Verben Bedeutungsunterschiede beim Futur vollendeter und unvollendeter Verben Partitiver Genitiv
20	Озеро Байкал	Grundzahlen ab 100 Genitiv Plural der maskulinen Substantive und der femininen Substantive mit Stammauslaut auf harten Konsonant und auf Zischlaut Doppelte Verneinung чтобы + Infinitiv Unbestimmt-persönliche Sätze
21	У вас есть хобби?	Die Konjunktion «ни ... ни» Instrumental Singular der Adjektive Verben der Fortbewegung Konjugation der paarigen Verben der Fortbewegung im Präsens играть в und играть на
22	Встреча	Verben der Fortbewegung im Präteritum Angabe der Wochentage
23	В ресторане	Der Gebrauch von нужен Das Relativpronomen который Infinitiv mit modaler Bedeutung Die Verben сидеть und садиться/сесть
24	Счастливого полёта!	Akkusativ und Präpositiv Singular der Possessivpronomen мой, твой, наш, ваш Die Verben стоять und ставить/поставить Die Struktur «я хотел бы ...»

Alphabetisches Wörterverzeichnis 227
Übersicht über die Deklination der Substantive, der Adjektive und Personalpronomen 236
Sachregister 240

Vorwort

Langenscheidts Praktisches Lehrbuch Russisch bietet eine gründliche, systematische Einführung in die russische Sprache. Es richtet sich besonders an erwachsene Selbstlerner und an Volkshochschulkurse. Dies zeigt sich schon in der Textauswahl: Neben einigen rein landeskundlichen *Texten* (so zu Sankt Petersburg und zum Baikalsee) kreisen die Lektionen des ersten Bandes um eine Gruppe von Russischstudenten und VHS-Teilnehmern, die eine Reise nach Moskau und Sankt Petersburg unternehmen. Sie lernen dabei Russen kennen oder besuchen russische Freunde, machen Einkäufe und Stadtbesichtigungen. Auf diese Weise erfährt der Lerner viel vom russischen Leben, und er lernt, Grundsituationen sprachlich zu meistern und alltägliche Gespräche auf russisch zu führen.

Im *Grammatikteil* jeder Lektion wird der neue Stoff anschaulich dargestellt und ausführlich erklärt. So kann der Selbstlerner auch ohne Hilfe eines Lehrers die russische Sprache erfassen, und der Kursteilnehmer hat die Möglichkeit, wenn er die eine oder andere Unterrichtsstunde versäumt hat, den Stoff selbständig nachzuarbeiten.

Das umfangreiche *Übungsangebot* zu jeder Lektion umfaßt neben abwechslungsreichen und phantasievollen Übungen, die der Festigung der neuen Formen und Strukturen dienen, auch viele Übungen zum Hörverstehen und solche, mit denen der Lerner dazu geführt wird, sich möglichst frei und selbständig auf russisch zu äußern.

Dem Praktischen Lehrbuch vorgeschaltet ist ein *Vorkurs*, der den Lerner in die kyrillische Druck- und Schreibschrift einführt. Er macht Sie außerdem mit den Besonderheiten der russischen Aussprache vertraut.

Die *Begleitcassetten* (Bestell-Nr. 80440) enthalten alle Lektionstexte, die Übungen zum Hörverstehen sowie die Beispiele zur Aussprache und die Übungen zum Nachsprechen des Vorkurses. Auch im Lektionsteil wird für weitere Feinheiten der Aussprache und für die russische Satzmelodie häufig auf die Cassetten Bezug genommen. Sie sind deshalb eine wichtige Ergänzung zum Lehrbuch.

Dem Selbstlerner bietet außerdem der *Lösungsschlüssel* (Bestell-Nr.: 26296) die Möglichkeit, seinen Lernerfolg zu überprüfen.

Band 2 des Praktischen Lehrbuchs Russisch ist in Vorbereitung. Er bietet Ihnen die Möglichkeit, sich verstärkt mit Sachtexten zu beschäftigen, und vermittelt Ihnen alle weiteren Sprachkenntnisse, die für das VHS-Zertifikat Russisch vorausgesetzt werden.

Wir wünschen Ihnen mit diesem Werk viel Spaß und Erfolg beim Erlernen des Russischen!

VERFASSER UND VERLAG

Grammatikalische Fachausdrücke und ihre Erklärung

Adjektiv = Eigenschaftswort: das *braune* Kleid
adjektivisch = als Eigenschaftswort gebraucht
Adverb = Umstandswort: Er singt *laut.*
Akkusativ = 4. Fall, Wenfall: Er pflückt den Apfel für *seinen Bruder.*
Aktiv = Tätigkeitsform: Der Mann *schlägt* den Hund.
Artikel = Geschlechtswort: *der, die, das, ein, eine, ein*
Aspekt = Hinweis auf den Verlauf der Handlung (Wiederholung, Abschluß usw.): blicken, *er*blicken
Attribut = Beifügung, Eigenschaft: Der *alte* Mann hat es nicht leicht.
attributiv = beifügend
Dativ = 3. Fall, Wemfall: Die Frau kommt aus *dem Garten.*
Deklination = Beugung des Hauptwortes: Nominativ – *der Vater,* Genitiv – *des Vaters,* Dativ – *dem Vater,* Akkusativ – *den Vater*
deklinieren = die Beugung durchführen, beugen
Deminutiv = Verkleinerungsform: das *Hündchen*
Demonstrativpronomen = hinweisendes Fürwort: *dieser, jener*
Femininum = weibliches Geschlecht, weibliches Hauptwort
Futur = Zukunft(sform): Ich *werde fragen.*
Genitiv = 2. Fall, Wesfall: Sie beraubten mich *meines Geldes.*
Genus = Geschlecht: Maskulinum, Femininum, Neutrum
Imperativ = Befehlsform: *geh(e)!*
Indefinitpronomen = unbestimmtes Fürwort: *jeder, jemand, manch*
indeklinabel = in allen Fällen oder Geschlechtern formengleich
Infinitiv = Nennform, Grundform: *backen, biegen*
Instrumental = 5. Fall
Interrogativpronomen = Fragefürwort: *wer, wessen, wem, wen*
intransitiv(es Verb) = ohne Ergänzung im Akkusativ, nichtzielend: Der Hund *bellt.*
Kasus = Fall: Nominativ, Genitiv, Dativ, Akkusativ, Instrumental und Präpositiv
Komparativ = Höherstufe (1. Steigerungsstufe): *schöner, größer*
Konjugation = Beugung des Zeitwortes: Infinitiv – *gehen,* Präsens – ich *gehe*
konjugieren = die Beugung des Zeitwortes durchführen
Konjunktion = Bindewort: Der Hund ist groß *und* bissig.
Konsonant = Mitlaut: *b, d, s* ...
Maskulinum = männliches Geschlecht, männliches Hauptwort
Modalverb = Zeitwort, das die Art und Weise des Geschehens bezeichnet: er *will* kommen, sie *kann* schlafen
Modus = Aussageweise
Neutrum = sächliches Geschlecht, sächliches Hauptwort
Nomen = Hauptwort: der *Tisch*
Nominativ = 1. Fall: *Der Mann* kauft ein Buch.
Numerus = Zahl

Objekt = Satzergänzung: Der Mann schlägt *den Hund.*
Partizip = Mittelwort: *gebacken*
Passiv = Leideform: Der Junge *wird gerufen.*
Personalpronomen = persönliches Fürwort: *er, sie, wir*
Plural = Mehrzahl: *Kirschen*
Possessivpronomen = besitzanzeigendes Fürwort: *mein, dein, euer*
Prädikat = Satzaussage: Die Frau *bäckt* einen Kuchen.
prädikativ = aussagend
Präfix = Vorsilbe: *ab*fahren, *an*kommen
Präposition = Verhältniswort: *auf, gegen, mit*
präpositional = mit einem Verhältniswort gebildet
Präpositiv = 6. Fall
Präsens = Gegenwart: Ich *gehe.*
Präteritum = Vergangenheit: Er *ging.*
Pronomen = Fürwort: *er, sie, es*
reflexiv = rückbezüglich: Er wäscht *sich.*
Reflexivpronomen = rückbezügliches Fürwort
Rektion = Bestimmung des Falles, in dem ein abhängiges Wort steht:
  Er liest *einen Roman* („lesen" mit dem 4. Fall).
Relativpronomen = bezügliches Fürwort: Wo ist das Buch, *das* ich gekauft habe?
Singular = Einzahl: *Tisch*
Subjekt = Satzgegenstand: *Das Kind* spielt mit der Katze.
Substantiv = Hauptwort: der *Tisch*
substantivisch = als Hauptwort gebraucht
Suffix = Endung, Ableitungssilbe: Acht-*ung*
Tempus = Zeit(form des Verbs): Präsens, Imperfekt, Futur
transitiv(es Verb) = mit Ergänzung im Akkusativ, zielend: Ich *begrüße* einen Freund.
Verb(um) = Zeitwort: *gehen, kommen*
Vokal = Selbstlaut: *a, e, i, o, u*

Abkürzungen

a.	auch	*j-n.*	jemanden
Abk.	Abkürzung	*m.*	maskulinum
AC	Audiocassette	*n.*	neutrum
Adj.	Adjektiv	*Nom.*	Nominativ
Adv.	Adverb	*od.*	oder
Akk.	Akkusativ	*Pers.*	Person
allg.	allgemein	*Pl.*	Plural
bes.	besonders	*Präp.*	Präpositiv
best.	bestimmt	*Präs.*	Präsens
bzw.	beziehungsweise	*Prät.*	Präteritum
Dat.	Dativ	*S.*	Seite
Dem.	Deminutiv	*s.*	siehe
d. h.	das heißt	*Sing.*	Singular
etw.	etwas	*sowj.*	sowjetisch
f.	femininum	*Subst.*	Substantiv
Fut.	Futur	*umg.*	umgangssprachlich
Gen.	Genitiv	*unbest.*	unbestimmt
Imp.	Imperativ	*usw.*	und so weiter
idkl.	indeklinabel, nicht deklinierbar	*uv.*	unvollendet
Inf.	Infinitiv	*v.*	vollendet
Instr.	Instrumental	*vgl.*	vergleiche
j-m.	jemandem	*wörtl.*	wörtlich
		z. B.	zum Beispiel

Vorkurs

Abschnitt 1

Abschnitt 1

1. Die russische Schrift (1)

Vielleicht geht es Ihnen wie vielen Anfängern, die geradezu Angst vor dem Erlernen der fremden Schrift haben. Aber das ist gar nicht so schwierig. Wetten, daß Sie schon Russisch lesen können?

Lesen Sie folgende Wörter, die in der russischen Druckschrift geschrieben sind:

акт   такт   атака   Отто   Том   атом
томат   мама   какао   мокко   Мекка   тема

Hat's geklappt? Kein Wunder. Denn die meisten Buchstaben des russischen Alphabets (nach seinem Verfasser, dem Apostel der Slawen Kyrill auch das kyrillische Alphabet genannt) sind dem griechischen Alphabet entnommen. Und da auch das lateinische Alphabet auf der Grundlage des griechischen entstanden ist, stimmen einige russische Buchstaben mit den lateinischen überein. Insgesamt hat das russische Alphabet 33 Buchstaben. Die Wörter, die Sie eben so erfolgreich auf russisch gelesen haben, bestehen aus Buchstaben, welche sich im Schriftbild und Lautwert kaum vom Deutschen unterscheiden.

Hier sind diese Buchstaben noch einmal in der Druck- und Schreibschrift:

A	a	𝒜	𝑎	E	e	ℰ	𝑒	O	o	𝒪	𝑜
K	к	𝒦	𝑘	M	м	ℳ	𝑢	T	т	𝒯	𝑚 𝑚̄ 𝜏

Beachten Sie bei der Schreibschrift die Unterschiede zwischen der Lateinschrift und der kyrillischen Schrift. Um Verwechslungen mit anderen Buchstaben zu vermeiden, wird das kleine т in der Schreibschrift oft mit einem Balken über dem Buchstaben versehen.

2. Betonte und unbetonte Vokale

Im Deutschen sind die betonten Vokale entweder lang (Vater) oder kurz (satt). Im Gegensatz hierzu werden alle **betonten Vokale** im Russischen halblang ausgesprochen. So entspricht z. B. das russische betonte **a** dem deutschen a in „Wahl", wird aber nur halblang gesprochen. Das betonte **o** klingt stets offen wie o in „offen", nur etwas länger.

Die **unbetonten Vokale,** ob sie nun vor oder nach der Akzentsilbe stehen, werden dagegen sehr kurz und flüchtig und in einigen Fällen mit einer Verfärbung des Klangcharakters ausgesprochen.

Abschnitt 1

Vorkurs

Lernen Sie zwei besonders wichtige Ausspracheregeln für **unbetontes a** und **unbetontes o**:

> 1. Am Wortanfang und in der Silbe unmittelbar vor der Akzentsilbe klingen a und o wie kurzes, ungespanntes a.
> 2. In allen anderen Silben vor und nach der Akzentsilbe entsprechen a und o einem noch stärker reduzierten Laut, der zwischen e und a liegt, aber mehr nach a klingt.

3. Groß- und Kleinschreibung

Russische Substantive werden mit einem kleinen Anfangsbuchstaben geschrieben. Groß geschrieben werden nur Namen und sonstige Benennungen. Auch der Satz beginnt mit großem Anfangsbuchstaben.

4. Betonung

Für die Wortbetonung im Russischen gibt es keine einfachen, griffigen Regeln. In diesem Lehrbuch wird bei mehrsilbigen Wörtern die Akzentsilbe mit einem Betonungszeichen markiert, um Ihnen so die Aussprache zu erleichtern. In russischen Originaltexten findet man diese Akzente jedoch nicht. Sie brauchen sie also auch nicht mitzuschreiben.

5. Lese- und Schreibübung

1. *Schauen Sie in das Buch, hören Sie, und sprechen Sie nach! Achten Sie auf die unterschiedliche Aussprache von o und a je nach ihrer Stellung zur betonten Silbe. Die Akzentsilbe ist mit einem Betonungszeichen markiert.*

   Beachten Sie auch die Aussprache der Konsonanten к und т. Sie werden ohne Hauchlaut (Aspiration) gesprochen, also nicht wie das deutsche „k(h)önnen".

акт	*акт*	атáка	*атака*	áтом	*атом*
(Akt)		*(Attacke)*		*(Atom)*	
такт	*такт*	какáо	*какао*	мáма	*мама*
(Takt)		*(Kakao)*		*(Mama)*	
Том	*Том*	томáт	*томат*	Окá	*Ока*
(Tom)		*(Tomate)*		*(Oka/Fluß)*	
Óтто	*Отто*	мóкко	*мокко*	Кáма	*Кама*
(Otto)		*(Mokka)*		*(Kama/Fluß)*	

2. *Schreiben Sie die Wörter.*

   Beachten Sie bei der Schreibung von м die Anknüpfung an den vorangehenden Buchstaben durch den Schleifpunkt zu Beginn des Aufstriches, z. B.

   Ом   ам   ем

Vorkurs

Abschnitt 2

Abschnitt 2

1. Die russische Schrift (2)

In diesem Abschnitt lernen wir Buchstaben, die auch im deutschen Alphabet vorkommen, allerdings mit einem ganz anderen Lautwert.

В в *В в*	ва́та *вата*		

Dieser Buchstabe ist ein russisches **w**.

| Н н *Н н* | Нева́ *Нева* | но́та *нота* | |
| | А́нна *Анна* | нет *нет* | |

Und das ist ein russisches **n**.

| Р р *Р р* | Рома́н *Роман* | рок *рок* | |
| | метро́ *метро* | ка́рта *карта* | |

Wie ein deutsches p sieht das russische **r** aus. Das russische r ist das gerollte Zungenspitzen-r und nicht das (meist in Deutschland gesprochene) Zäpfchen-r.

| С с *С с* | Сара́тов *Саратов* | сорт *сорт* | |
| | ма́ска *маска* | старт *старт* | |

Dieser Buchstabe ist ein scharfes, stimmloses **s** (wie in „Straße" oder „aus").

| У у *У у* | У́нна *Унна* | ура́ *ура* | |
| | курс *курс* | Ма́ркус *Маркус* | |

So sieht das russische **u** aus.

2. Lese- und Schreibübungen

1. Hören Sie sich die Wörter auf der Cassette an, und sprechen Sie nach! Schreiben Sie dann die neuen Wörter ab. Wenn es Ihnen schon gut gelingt, decken Sie die Schreibschriftvariante ab. Schreiben Sie die Wörter jetzt noch einmal in Schreibschrift ab, wobei Sie nur die Druckschrift als Vorlage benutzen!

ва́та *вата*	но́та *нота*	А́нна *Анна*
(Watte)	(Note)	(Anna)
ва́нна *ванна*	Рома́н *Роман*	Росто́в *Ростов*
(Wanne)	(Roman)	(Rostow)

Abschnitt 2   **Vorkurs**

ма́рка *марка*	(Marke)	март *март*	(März)
торт *торт*	(Torte)	Омск *Омск*	(Omsk)
ма́ска *маска*	(Maske)	ка́рта *карта*	(Karte)
сорт *сорт*	(Sorte)	самова́р *самовар*	(Samowar)
ка́сса *касса*	(Kasse)	ма́сса *масса*	(Masse)
ко́смос *космос*	(Kosmos)	Москва́ *Москва*	(Moskau)
У́та *Ута*	(Uta)	Сара́тов *Саратов*	(Saratow)
Аму́р *Амур*	(Amur)	курс *курс*	(Kurs)
ура́ *ура*	(hurra)	Му́рманск *Мурманск*	(Murmansk)

2. *Silbenrätsel*

   Welche Wörter kann man aus diesen Silben zusammensetzen?

КОС	СА	МА	НА	ТА
ВАН	МА	МОС	МО	КАС
КАР	МАР	ВАР	КА	СА

3. *Welche russischen Städte und Flüsse sind hier versteckt?*

Е	М	У	К	А	М	А
Р	О	С	Т	О	В	М
Т	С	Е	Н	М	А	У
О	К	А	Е	С	У	Р
Е	В	У	В	К	Н	О
С	А	Р	А	Т	О	В

Flüsse:
1. Нева́
2. _____
3. _____
4. _____

Städte:
1. _____
2. _____
3. _____
4. _____

15

Vorkurs

Abschnitt 3

Abschnitt 3

1. Harte und weiche Laute

Man unterscheidet im Russischen harte (nichtjotierte) und weiche (jotierte) Vokalbuchstaben. Die Ihnen schon bekannten Vokale **a**, **o** und **y** sind hart, der Vokal **e** [je] hingegen zählt zu den weichen. Es gibt aber noch weitere weiche Vokalbuchstaben, die Sie bald kennenlernen.

Am Wortanfang und nach Vokal behalten die jotierten Vokale das j-Element, z. B. Éва [jewa]. Steht vor einem jotierten Vokal ein Konsonant, dann verschmilzt das j-Element mit dem vorhergehenden Konsonant, und wir hören kein j mehr, sondern nur einen schwachen i-ähnlichen Anglitt, z. B. тéма [t¹ema], текст [t¹ekst].

Dabei geschieht aber etwas sehr Wichtiges. Der vorangehende Konsonant wird erweicht (palatalisiert) ausgesprochen. Das bedeutet: Auch Konsonanten im Russischen können hart oder weich sein. Die Erweichung kommt dadurch zustande, daß der mittlere Teil des Zungenrückens gegen die vordere Hälfte des harten Gaumens (Palatum) gehoben wird.

Und jetzt merken wir uns eine wichtige Ausspracheregel:

> In der Schrift weisen die weichen Vokalbuchstaben darauf hin, daß der ihnen vorangehende Konsonant weich ausgesprochen wird.

2. Lese- und Schreibübungen

 1. *Bei diesen Wortpaaren stehen sich im Anlaut jeweils harte und weiche Konsonanten gegenüber. Beachten Sie die unterschiedliche Aussprache. Sprechen Sie nach!*

Том	–	тéма	кокс	–	кекс
(Tom)		*(Thema)*	*(Koks)*		*(Rosinenkuchen)*
сорт	–	сéктор	мáрка	–	Мéкка
(Sorte)		*(Sektor)*	*(Marke)*		*(Mekka)*
вáта	–	Вéра	нóта	–	нет
(Watte)		*(Wera)*	*(Note)*		*(nein)*

 2. *Hören Sie, und sprechen Sie nach. Achten Sie dabei auf die Aussprache der harten und weichen Konsonanten:*

Éва	*Éва*	текст	*текст*	момéнт	*момент*
(Eva)		*(Text)*		*(Moment)*	
нет	*нет*	рéктор	*ректор*	сéктор	*сектор*
(nein)		*(Rektor)*		*(Sektor)*	
Вéра	*Вера*	кекс	*кекс*	ракéта	*ракета*
(Wera)		*(Rosinenkuchen)*		*(Rakete)*	

Schließen Sie das Buch. Hören Sie sich die Wörter auf der Cassette an, und schreiben Sie sie „nach Diktat".

3. *Wieviele Ihnen bekannte Wörter lassen sich aus den Buchstaben dieses Wortes zusammensetzen?*

ТРÁКТОР

Abschnitt 4

1. Die russische Schrift (3)

X x 𝒳 𝓍	Херсóн *Херсон*	хор *хор*
	Сахáра *Сахара*	хрен *хрен*

Auch dieser Buchstabe ist Ihnen aus dem lateinischen Alphabet bekannt. Sein Lautwert entspricht unserem **ch**. Das harte russische х klingt wie **ch** in „Dach" (aber ohne Rachengeräusche), das palatalisierte х klingt ähnlich dem deutschen ch in „ich" oder „nicht".

2. Lese- und Schreibübung

Ханс *Ханс* (Hans)
Сахáра *Сахара* (Sahara)
Херсóн *Херсон* (Cherson)

Хáнна *Ханна* (Hanna)
хор *хор* (Chor)
хрен *хрен* (Meerrettich)

хáос *хаос* (Chaos)
хром *хром* (Chrom)
хýтор *хутор* (Gehöft)

3. Die russische Schrift (4)

З з 𝒵 𝓏	Захáр *Захар*	зóна *зона*
	рóза *роза*	зенúт *зенит*

Anders als im Deutschen gibt es im Russischen einen besonderen Buchstaben für das **stimmhafte s** wie in „Saal" oder „Rose". Dieser Buchstabe ist leicht zu merken. Er sieht aus wie eine Drei. In der Schreibschrift wird die Variante mit einer Schlaufe bevorzugt.

4. Lese- und Schreibübungen

1. *Hören Sie sich folgende Wörter auf der Cassette an, und sprechen Sie sie nach:*

   зóна *зона* (Zone)
   прóза *проза* (Prosa)
   вáза *ваза* (Vase)

2. *Achten Sie auf die Aussprache des stimmlosen und des stimmhaften russischen s:*

   сорт — зóна *сорт зона*
   (Sorte)   (Zone)
   páca — вáза *раса ваза*
   (Rasse)   (Vase)
   Óсака — рóза *Осака роза*
   (Osaka)   (Rose)

   Schreiben Sie die neuen Wörter mehrmals.

Vorkurs — Abschnitt 4

3. *Lesen Sie die Wörter Zeile für Zeile. Welcher Begriff in jeder Zeile paßt inhaltlich nicht zu den anderen?*
   a) ко́смос, раке́та, курс, ре́ктор
   b) те́ма, текст, ка́сса, про́за
   c) Херсо́н, Ока́, Ка́ма, Аму́р
   d) Ве́ра, У́та, А́нна, О́тто
   e) Москва́, У́нна, Росто́в, Сара́тов

Abschnitt 5	**Vorkurs**

Abschnitt 5

1. Die russische Schrift (5)

И и *И и*	Ири́на *Ирина*	институ́т *институт*
	кино́ *кино*	инсти́нкт *инстинкт*

Der Buchstabe, der wie ein spiegelverkehrtes N aussieht, ist ein **i** (wie in „Liebe"). Achtung: In der Schreibschrift sieht dieser Buchstabe genau wie ein deutsches u aus.

Das russische и ist ein weicher Vokal. Aber im Gegensatz zu anderen weichen Vokalen, z. B. е, ist das и am Wortanfang nicht jotiert: И́рма [irma], aber Е́ва [jewa]. Nur im Silbenanlaut nach Vokalen wird и wie [ji] ausgesprochen, wobei das j – besonders in flüssiger Rede – nur sehr schwach klingt, z. B. атеи́ст.

Aber auch das и zeigt an, daß der vorangehende Konsonant palatalisiert zu sprechen ist.

2. Lese- und Schreibübung

атеи́ст *атеист*   И́нна *Инна*   Ива́н *Иван*
(Atheist)   *(Inna)*   *(Iwan)*
ико́на *икона*   Ири́на *Ирина*   мину́та *минута*
(Ikone)   *(Irina)*   *(Minute)*
институ́т *институт* кино́ *кино*   Ирку́тск *Иркутск*
(Institut)   *(Kino)*   *(Irkutsk)*

3. Die russische Schrift (6)

Й й *Й й*	Йорк *Йорк*	Йе́на *Йена*
	йо́та *йота*	май *май*

Kurzes i (и кра́ткое) heißt dieser Buchstabe. In der Umschrift wird er mit **j** wiedergegeben. In der Stellung nach Vokalen (sowohl vor Konsonanten als auch im Wortauslaut) verschmilzt й mit dem Vokal zu einem Doppellaut, in dem й als ein sehr kurzes i-Nachschlag in Erscheinung tritt. Diese Lautverbindungen werden kürzer als die deutschen Diphthonge ausgesprochen. Vor Vokalen und im Wortanlaut kommt й nur in Fremdwörtern vor und klingt wie j in „Major".

4. Lese- und Schreibübung

май *май*   хокке́й *хоккей*   Рейн *Рейн*
(Mai)   *(Hockey)*   *(Rhein)*
Йорк *Йорк*   Йо́нас *Йонас*   йо́та *йота*
(York)   *(Jonas)*   *(Jota (Buchstabe))*
майо́р *майор*   райо́н *район*   трамва́й *трамвай*
(Major)   *(Rayon)*   *(Straßenbahn)*

Vorkurs

Abschnitt 5

5. Die russische Schrift (7)

| ы | *ы* | Крым | *Крым* | мы | *мы* |

Das ы ist ein dem Deutschen fremder Laut. In der Umschrift wird es meist mit y wiedergegeben. Das ы klingt aber weder wie ein y noch wie ein ü. Sprechen Sie i und ziehen Sie die Zunge zurück, ohne die Mund- und Lippenstellung zu ändern. Durch das Zurückziehen der Zunge nähert sich ihr hinterer und mittlerer Teil dem Gaumen, während der vordere Teil sich gegen den Gaumen hebt. Versucht man nun, i zu sprechen, so ist das Ergebnis das russische ы. Das russische ы hat also mit dem deutschen i Mund- und Lippenstellung gemeinsam, nicht aber die Zungenlage, und diese ist ausschlaggebend.

Der Buchstabe ы kommt nie am Wortanfang vor.

6. Lese- und Schreibübungen

1. *Lesen und schreiben Sie die folgenden Wörter:*

Крым	*Крым*	сын	*сын*	мы	*мы*
(Krim)		(Sohn)		(wir)	
áкты	*акты*	тáкты	*такты*	минýты	*минуты*
(Akten)		(Takte)		(Minuten)	
рóзы	*розы*	вáзы	*вазы*	тéмы	*темы*
(Rosen)		(Vasen)		(Themen)	

2. *Welche Begriffe passen zusammen?*

торт	рóза
март	Ханс
сéктор	кекс
вáза	зóна
рéктор	кáсса
Хáнна	Амýр
кинó	май
Рейн	институ́т
мáма	сын

Abschnitt 6

Abschnitt 6

1. Die russische Schrift (8)

| Л л *Л л* | Ли́за *Лиза* | лимо́н *лимон* |
| | зал *зал* | Ура́л *Урал* |

Dieser Buchstabe ist das russische l. Beim л unterscheidet sich die Aussprache zwischen dem harten und dem palatalisierten Laut besonders deutlich. Das deutsche l empfindet der Russe als weich. Aber das russische palatalisierte л klingt noch weicher als das deutsche. Während beim deutschen l nur die Zungenspitze die Rückseite der Oberzähne berührt, legt sich beim russischen palatalisierten л die vordere Zungenhälfte in ihrer ganzen Breite gegen den Vordergaumen.

Das harte л klingt ähnlich wie das dunkle englische l in all. Bei der Artikulation des harten л preßt man die Zungenspitze hinter die oberen Schneidezähne, wobei der mittlere Teil der Zunge gesenkt wird.

2. Lese- und Schreibübungen

1. *Bei diesen Wortpaaren stehen sich jeweils hartes und palatalisiertes л am Wortanlaut gegenüber. Achten Sie auf die unterschiedliche Aussprache! Sprechen Sie nach!*

ла́ва	–	ли́ра	лото́	–	литр
(Lava)		(Lire)	(Lotto)		(Liter)
Ла́ра	–	Ли́за	луна́	–	ле́ксика
(Lara)		(Lisa)	(Mond)		(Lexik)
лак	–	ле́ктор	лот	–	лими́т
(Lack)		(Lektor)	(Lot)		(Limit)

2. *Lesen Sie die folgenden Wörter und schreiben Sie sie! Genau wie das м wird auch das л in der Schreibschrift durch einen Schleifpunkt zu Beginn des Aufstriches mit dem vorhergehenden Buchstaben verbunden.*

ло́тос *лотос*	сала́т *салат*	класс *класс*
(Lotos)	(Salat)	(Klasse)
кило́ *кило*	зал *зал*	карнава́л *карнавал*
(Kilo)	(Saal)	(Karneval)
Ле́на *Лена*	Ли́за *Лиза*	лимо́н *лимон*
(Lena)	(Lisa)	(Zitrone)

Vorkurs
Abschnitt 7

3. *Bei richtiger Lösung ergibt die fettgedruckte senkrechte Reihe den Namen einer großen Stadt am Baikalsee.*

russ. Wort für „Zitrone"
russ. Wort für „Straßenbahn"
Halbinsel im Schwarzen Meer
nördlichster ganzjährig freier Hafen Rußlands
russ. Untergrundbahn
russ. Gerät zur Zubereitung des Tees
Hauptstadt der Ukraine

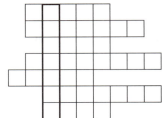

Abschnitt 7

1. Die russische Schrift (9)

| Б б *Б б* | Берли́н *Берлин* | банк *банк* |
| | биле́т *билет* | таба́к *табак* |

Dies ist das russische **b**.

| Д д *Д д* | Дон *Дон* | да́ма *дама* |
| | студе́нт *студент* | о́рден *орден* |

Das griechische Delta war Vorbild für das russische **d**. In der Schreibschrift sieht der Kleinbuchstabe wie das deutsche g aus.

| П п *П п* | Па́вел *Павел* | парк *парк* |
| | па́па *папа* | спорт *спорт* |

Dieser Buchstabe sieht wie ein Portal aus und steht für den Laut **p**. Das kleine Schreibschrift-p entspricht unserem kleinen Schreibschrift-n. Genau wie die Konsonanten т und к wird auch das п ohne Aspiration gesprochen.

| Ф ф *Ф ф* | Фили́пп *Филипп* | фаза́н *фазан* |
| | микрофо́н *микрофон* | сфинкс *сфинкс* |

Das **f** wird im Russischen mit Hilfe des griechischen Phi wiedergegeben. Dieser Buchstabe kommt nur in Fremdwörtern vor. Mit ф werden im Russischen außer f (z. B. Format форма́т) auch ph (z. B. Phase фа́за) und das v in deutschen Wörtern (z. B. Volkswagen фо́льксва́ген) wiedergegeben.

| Г г *Г г* | Ге́рда *Герда* | гло́бус *глобус* |
| | фаго́т *фагот* | ваго́н *вагон* |

Abschnitt 7

Vorkurs

Das gedruckte russische **g** ähnelt einem Galgen. Sie werden es auch oft in russischen Fremdwörtern antreffen. Im Russischen gibt es nämlich kein H. Fremdwörter und ausländische Namen, die mit einem H beginnen, werden im Russischen deshalb entweder mit einem **Г** oder mit einem **X** geschrieben.

Гаа́га	den Haag
Гава́нна	Havanna
Ганно́вер	Hannover
Хорст	Horst
Хано́й	Hanoi
гигие́на	Hygiene
хо́бби	Hobby
хокке́й	Hockey

2. Lese- und Schreibübungen

1. *Lesen Sie die neuen Wörter. Hören Sie sie sich dann auf der Cassette an, und sprechen Sie sie nach. Schreiben Sie sie zuerst nach der Vorlage und dann nach Diktat!*

бар (Bar)	банк (Bank)	ба́за (Basis)
база́р (Basar)	Бори́с (Boris)	таба́к (Tabak)
Берли́н (Berlin)	Бонн (Bonn)	биле́т (Fahrschein)
Гали́на (Galina)	гло́бус (Globus)	гипс (Gips)
ваго́н (Waggon)	магази́н (Geschäft)	Ри́га (Riga)
дом (Haus)	Дон (Don/Fluß)	да́ма (Dame)

Vorkurs Abschnitt 7

докуме́нт *документ* (Dokument)	дипло́м *диплом* (Diplom)	студе́нт *студент* (Student)
па́па *папа* (Papa)	парк *парк* (Park)	план *план* (Plan)
ла́мпа *лампа* (Lampe)	плака́т *плакат* (Plakat)	пило́т *пилот* (Pilot)
аппара́т *аппарат* (Apparat)	па́спорт *паспорт* (Paß)	капита́л *капитал* (Kapital)
факт *факт* (Tatsache)	фа́за *фаза* (Phase)	фаза́н *фазан* (Fasan)
фо́рма *форма* (Form)	сфинкс *сфинкс* (Sphinx)	микрофо́н *микрофон* (Mikrophon)
футбо́л *футбол* (Fußball)	фи́рма *фирма* (Firma)	фило́соф *философ* (Philosoph)

2. *Welche neuen Wörter bekommt man, wenn man die folgenden Wörter um einen Buchstaben ergänzt?*

   БА́ЗА   БАЗА́Р
   ФА́ЗА   _____
   АКТ   _____
   ТОМ   _____
   МАРК   _____
   А́ННА   _____

3. *Wenn Sie den ersten Buchstaben durch einen anderen ersetzen, bekommen Sie ein neues Wort.*

   СОРТ   ТОРТ
   МА́ССА   _____
   ФАКТ   _____
   ТОМ   _____
   ВА́ЗА   _____ und _____

4. *A oder O?*
   Д__КУМЕ́НТ, МАГ__ЗИ́Н, САМ__ВА́Р, Ф__ТО́ГРАФ, Т__БА́К, М__МЕ́НТ, __ТА́КА, __КА́

5. *Erkennen Sie die Namen der Persönlichkeiten, die hier in ihrer russischen Schreibweise aufgeführt sind?*

   Фаренгейт   Флобер
   Фейербах   Гомер
   Фихте   Генрих Гейне
   Фейхтвангер   Герман Гессе
   Фолкнер   Хаксли

Abschnitt 8

1. Die russische Schrift (10)

| ь *b* | фильм *фильм* | Тиро́ль *Тироль* |

Es sind nicht nur weiche Vokale, die im Russischen die Palatalisierung des vorangehenden Konsonanten bewirken. Es gibt im russischen Alphabet einen besonderen Buchstaben, das sogenannte **Weichheitszeichen ь**, das selbst keinen Lautwert hat, aber trotzdem sehr wichtig ist.

Das Weichheitszeichen zeigt an, daß der vorangehende Konsonant erweicht gesprochen wird.

Vor weichen Vokalen erfüllt das Weichheitszeichen eine doppelte Funktion:

a) es zeigt an, daß der vor dem Weichheitszeichen stehende Konsonant weich ausgesprochen wird;
b) es zeigt an, daß der nach dem Weichheitszeichen stehende Vokal nicht mit dem davorstehenden Konsonanten verschmilzt (wie z. B. in ае́ст [arJest]), sondern getrennt mit dem j-Anlaut gesprochen wird (z. B. карье́ра [karjera]).

Dem Weichheitszeichen kommt im Russischen eine bedeutungsunterscheidende Funktion zu, z. B.:

| брат | – | брать | стал | – | сталь |
| *(Bruder)* | | *(nehmen)* | *((er) wurde)* | | *(Stahl)* |

Aus der Funktion des Weichheitszeichens ergibt sich, daß es nicht am Wortanfang stehen kann.

2. Lese- und Schreibübungen

1. *Hören Sie sich die folgenden Wortpaare an. Beachten Sie die unterschiedliche palatalisierte und nichtpalatalisierte Aussprache!*

стал	–	сталь
((er) wurde)		*(Stahl)*
мел	–	мель
(Kreide)		*(Sandbank)*
Во́лга	–	О́льга
(Wolga)		*(Olga)*
у́гол	–	у́голь
(Ecke)		*(Kohle)*
по́лка	–	по́лька
(Regal)		*(Polin)*
говори́т	–	говори́ть
((er) sagt)		*(sagen)*
брат	–	брать
(Bruder)		*(nehmen)*

Vorkurs

Abschnitt 8

2. *Lesen und schreiben Sie folgende Wörter:*

мать *мать*	нуль *нуль*	сталь *сталь*
(Mutter)	(Null)	(Stahl)
Тироль *Тироль*	Альпы *Альпы*	пальма *пальма*
(Tirol)	(Alpen)	(Palme)
Ольга *Ольга*	пульт *пульт*	фильм *фильм*
(Olga)	(Pult)	(Film)

3. *Schreiben Sie aus den vorangegangenen Abschnitten alle Wörter heraus, die zum Thema „in der Stadt" passen!*

кино, институт, район,

Abschnitt 9

1. Die russische Schrift (11)

In diesem Abschnitt lernen Sie drei weitere jotierte Vokalbuchstaben:

Ё ё *Ё ё*	ёлка *ёлка*	бельё *бельё*

Ein e mit Pünktchen drauf ergibt einen ganz anderen Laut: **jo** wie in „Jot". Der Vokal ё ist immer betont und wird daher nicht durch Akzent gekennzeichnet. Dafür aber werden Sie bald feststellen, daß in russischen gedruckten oder geschriebenen Originaltexten die Pünktchen meistens fehlen. Damit müssen Sie sich schon abfinden.

Ю ю *Ю ю*	Ютта *Ютта*	юрист *юрист*
	июнь *июнь*	бюро *бюро*

Dieser Buchstabe steht für den Laut **ju**. Er dient auch der Wiedergabe von ü in deutschen Namen und in Fremdwörtern, z. B. Гюнтер *Günter*, каюта *Kajüte*, бюро *Büro*.

Я я *Я я*	Ялта *Ялта*	январь *январь*
	фаянс *фаянс*	Италия *Италия*

Und das ist das russische **ja**.

Abschnitt 9

In der Schreibschrift wird das kleine я genau wie м und л mit dem vorhergehenden Buchstaben verbunden.

Wie der weiche Vokal e, so werden auch ë, ю und я am Wortanfang, in der Wortmitte nach Vokal und nach einem Weichheitszeichen mit einem deutlichen j-Vorschlag gesprochen.

In anderen Positionen im Wort dienen sie nur der Erweichung des vorangehenden Konsonanten. Wie wir schon wissen, verschmilzt dabei das j-Element mit dem vorhergehenden Konsonanten, und wir hören nur einen i-ähnlichen Anglitt.

2. Lese- und Schreibübung

In dieser Übung sind – von links nach rechts zu lesen – russische Wörter aufgeführt, in denen die jotierten Vokalbuchstaben in unterschiedlicher Umgebung (im Anlaut, vor Konsonant, vor Vokal bzw. vor Weichheitszeichen) vorkommen. Hören Sie sich die Wörter an, und sprechen Sie sie nach. Beachten Sie, daß auch weiche Vokale in betonter Stellung halblang ausgesprochen werden. Achten Sie auf die Unterschiede zwischen Jotierung und Konsonantenerweichung.

если *(falls)*	Éва *(Eva)*	тéма *(Thema)*
мел *(Kreide)*	диéта *(Diät)*	кольé *(Kollier)*
ёлка *(Tanne)*	всё *(alles)*	монтёр *(Monteur)*
мёд *(Honig)*	её *(ihr)*	бельё *(Wäsche)*
Ютта *(Jutta)*	юрист *(Jurist)*	рюкзáк *(Rucksack)*
бюро́ *(Büro)*	каю́та *(Kajüte)*	ию́нь *(Juni)*
Я́на *(Jana)*	Я́лта *(Jalta)*	Аля́ска *(Alaska)*
фая́нс *(Fayence)*	Илья́[1] *(Ilja)*	семья́ *(Familie)*

3. e und я in unbetonter Stellung

Das unbetonte e und das unbetonte я fallen (mit einer Ausnahme) in einen Laut zusammen. Entscheidend für die jeweilige Aussprache von e und я ist ihre Stellung im Verhältnis zur betonten Silbe: Stehen e oder я am Wortanfang oder in der Silbe unmittelbar vor der Akzentsilbe, so werden sie wie kurzes i mit einem leichten e-Abglitt gesprochen, z. B. Еле́на [jiḽéna], теа́тр [tiátr], яку́т [jikút].

In allen anderen Positionen vor und nach der Akzentsilbe wird ein ganz kurzer und abgeschwächter i-ähnlicher Vokal gesprochen.

---

[1] Trotz der Endung auf -я ist Илья́ ein männlicher Vorname.

Vorkurs

Abschnitt 9

Die einzige Stellung, bei der sich unbetontes e und я in der Aussprache leicht unterscheiden, ist am Wortende. Hier wird ein unbetontes я mit etwas weiterer Mundöffnung (auf a zu) gesprochen als e, das wie ein abgeschwächtes kurzes e (wie in „Arme") klingt.

Auch in unbetonter Stellung gilt, was wir bisher für weiche Vokale gesagt haben: J-Vorschlag am Wortanlaut und nach Vokal, Palatalisierung des vorhergehenden Konsonanten.

4. Lese- und Schreibübung

 Hören Sie sich zuerst die Wörter auf der Cassette an, und beachten Sie die unterschiedliche Realisierung von unbetontem e und я je nach ihrer Stellung zur betonten Silbe:

a) *Am Wortanfang*

Евро́па	*Европа*	Еле́на	*Елена*	Ефи́м	*Ефим*
(Europa)		(Helena)		(Efim)	
яку́т	*якут*	язы́к	*язык*	янва́рь	*январь*
(Jakute)		(Sprache)		(Januar)	

b) *Im Wortinnern*

легéнда	*легенда*	дета́ль	*деталь*	сентя́брь	*сентябрь*
(Legende)		(Detail)		(September)	
метро́	*метро*	интере́с	*интерес*	теа́тр	*театр*
(Untergrundbahn)		(Interesse)		(Theater)	
телеви́зор	*телевизор*	генера́л	*генерал*	пятьсо́т	*пятьсот*
(Fernseher)		(General)		(fünfhundert)	

c) *Am Wortende*

| мо́ре | *море* | Ка́тя | *Катя* | Мари́я | *Мария* |
| (Meer) | | (Katja) | | (Marija) | |

Schreiben Sie alle neuen Wörter dieses Abschnitts!

Abschnitt 10

1. Die russische Schrift (12)

| Э э *Э э* | Эмма *Эмма* | экспонáт *экспонат* |
| | поэ́зия *поэзия* | дуэт *дуэт* |

Dieser Vokal heißt э оборо́тное, umgekehrtes e, und wird in der Stellung vor harten Konsonanten und im Auslaut wie ä in „Ähre" (halblang!), vor weichen Konsonanten und vor palatalisiertem Vokal wie e in „Reh" ausgesprochen.
Der Buchstabe э wird hauptsächlich in Lehnwörtern verwendet und nur vereinzelt in russischen Wörtern.

2. Lese- und Schreibübung

Э́мма *Эмма* (Emma)   экономика *экономика* (Ökonomie)   экспрéсс *экспресс* (Expreß)
эффéкт *Эффект* (Effekt)   э́хо *эхо* (Echo)   аэропóрт *аэропорт* (Flughafen)
Э́льба *Эльба* (Elba)   элемéнт *элемент* (Element)   поэ́зия *поэзия* (Poesie)
дуэ́ль *дуэль* (Duell)   экску́рсия *экскурсия* (Exkursion)   экспонáт *экспонат* (Exponat)

3. Übersicht über die russischen Vokale

Jetzt kennen wir alle russischen Vokale und können eine kurze Zusammenfassung machen.
Wie Sie sehen, stehen den fünf harten Vokalbuchstaben fünf weiche gegenüber.

hart	weich
а	я
э	е
ы	и
о	ё
у	ю

4. Lese- und Schreibübungen

1. Е, И oder Я?
   ТЕЛ__ВИЗОР   __НВАРЬ   ИНТ__РЕС   Т__АТР   П__ТЬСОТ

2. Э oder Е?
   __ЛЕНА   А__РОПОРТ   ДИ__ТА   ДУ__ЛЬ   __ФФ__КТ

3. *Lesen Sie die Wörter Zeile für Zeile. Welches Wort in jeder Zeile paßt inhaltlich nicht zu den anderen?*
   a) май   детáль   ию́нь   сентя́брь

Vorkurs Abschnitt 10

b) па́па   сын   генера́л   брат
c) контролёр   монтёр   фото́граф   яку́т
d) поэ́зия   экспе́рт   литерату́ра   рома́н
e) Илья́   Мари́я   О́льга   Я́на
f) Я́лта   по́лка   па́льма   мо́ре
g) эмигра́нт   эква́тор   контине́нт   А́фрика

4. *Hier sind Artikelüberschriften aus verschiedenen russischen Zeitungen abgebildet. Welche Wörter kennen Sie schon? Welche kommen Ihnen bekannt vor?*

Abschnitt 11

Abschnitt 11

1. Die russische Schrift (13)

Nun ist es soweit: Die Zischlaute und das „Z" sind an der Reihe. Im Russischen hat jeder Zischlaut – im Gegensatz zum Deutschen – sein eigenes Zeichen.

| Ш ш | Шаля́пин *Шаляпин* | шеф *шеф* |
| *Ш ш ш* | маши́на *машина* | марш *марш* |

Das ш klingt wie **sch** in „Schule" und „Chef". Um in der Schreibschrift das kleine ш mit anderen Buchstaben nicht zu verwechseln, setzen die Russen meist einen Balken unter diesen Buchstaben.

| Ж ж *Ж ж* | Жа́нна *Жанна* | журна́л *журнал* |
| | пассажи́р *пассажир* | эта́ж *этаж* |

Das stimmhafte ж klingt wie das g in „Etage" oder das j in „Journal".

| Ц ц *Ц ц* | Цвета́ева *Цветаева* | центр *центр* |
| | конце́рт *концерт* | медици́на *медицина* |

Der Buchstabe mit dem Zacken rechts unten ist das russische z (wie in „Zentrum").
Ш, ж und ц werden stets hart ausgesprochen, egal ob ein harter oder weicher Vokal folgt. Sogar das Weichheitszeichen kann diese Buchstaben nicht erweichen. Ein unmittelbar darauf folgendes и klingt wie ы, ein е wie э, ein ё wie о und ein ю wie у.

2. Lese- und Schreibübung

Sprechen Sie nach. Achten Sie auf die harte Aussprache der Vokale nach ж, ш, ц.

шпио́н *шпион*	шеф *шеф*	шокола́д *шоколад*
(Spion)	(Chef)	(Schokolade)
шёлк *шёлк*	марш *марш*	маши́на *машина*
(Seide)	(Marsch)	(Maschine)
Жа́нна *Жанна*	журна́л *журнал*	жонглёр *жонглёр*
(Janna)	(Journal)	(Jongleur)
инжене́р *инженер*	жест *жест*	дирижёр *дирижёр*
(Ingenieur)	(Geste)	(Dirigent)
джи́нсы *джинсы*	пассажи́р *пассажир*	жюри́ *жюри*
(Jeans)	(Passagier)	(Jury)
цирк *цирк*	центр *центр*	конце́рт *концерт*
(Zirkus)	(Zentrum)	(Konzert)
царь *царь*	кварц *кварц*	шприц *шприц*
(Zar)	(Quarz)	(Spritze)

Vorkurs

Abschnitt 11

3. Die russische Schrift (14)

Ч ч *Ч ч*	Чéхов *Чехов*	чай *чай*
	дáча *дача*	царéвич *царевич*

Das **Ч** klingt wie **tsch** in „tschüs" oder „Tscheche".

Щ щ *Щ щ*	Щедрúн *Щедрин*	щýка *щука*
	борщ *борщ*	щи *щи*

Dem Kenner der russischen Küche läuft das Wasser im Munde zusammen, wenn er diesen – unserer Sprache fremden – Laut hört. Denn zwei der Beispiele, die wir Ihnen eben serviert haben, bedeuten nichts anderes als zwei kulinarische Köstlichkeiten: die berühmte Rote-Bete-Suppe (Borschtsch) und die bei uns weniger berühmte, aber genauso leckere Kohlsuppe (Schtschi).

Dieser schmackhafte Laut klingt wie **schtsch** (das t in der Mitte ist kaum zu hören) und ist ein besonders langer Konsonant.

Im Gegensatz zu ж, ш und ц sind die Zischlaute ч und щ stets weich. Selbst wenn auf sie die harten Vokale а, о, у folgen, bleibt die weiche Aussprache dieser Konsonanten erhalten.

4. Lese- und Schreibübungen

1. *Lesen und schreiben Sie die folgenden Wörter:*

чек *чек*	чай *чай*	Чáрли *Чарли*
(Scheck)	*(Tee)*	*(Charlie)*
Чúли *Чили*	чемпиóн *чемпион*	дáча *дача*
(Chile)	*(Champion)*	*(Datscha)*
щи *щи*	борщ *борщ*	щýка *щука*
(Kohlsuppe)	*(Rote-Bete-Suppe)*	*(Hecht)*

2. *In diesem kleinen Garten haben sich fünf Buchstaben versteckt:*

Abschnitt 12

3. *Welche Wörter kann man aus diesen Silben zusammensetzen?*

ШО	МА	ЖУР	ШИ
ПАС	КО	ИН	НА
СА	ЖЕ	ЛАД	НАЛ
НЕР	ЖИР	ДИ	РИ
ЖЁР	ПИ	ЧЕМ	ОН

Abschnitt 12

1. Die russische Schrift (15)

ъ	*ъ*	объе́кт *объект*	адъюта́нт *адъютант*

Der letzte kyrillische Buchstabe, den wir noch lernen müssen, ist das **Härtezeichen ъ**. Das Härtezeichen selbst hat (wie das Weichheitszeichen) keinen Lautwert. In der alten Rechtschreibung stand das Härtezeichen nach jedem Endkonsonant, der hart ausgesprochen wurde. Seit der Rechtschreibreform von 1917 wird ъ nach hartem Endkonsonant nicht mehr geschrieben. Jetzt wird also ein Endkonsonant hart ausgesprochen, wenn kein Weichheitszeichen folgt. Vor 1917 schrieb man z. B. коммерсантъ *(Händler)*, jetzt schreibt man коммерсант.

Das Härtezeichen kommt im Russischen selten vor. Es steht im Wortinnern nach harten Konsonanten, wenn ein folgender jotierter Vokal (е, ё, ю, я) mit J-Anlaut ausgesprochen werden soll. Ähnlich wie ь wirkt hier ъ als „Trennungszeichen" (vgl. Abschnitt 8).

2. Lese- und Schreibübungen

1. *Lesen und schreiben Sie die folgenden Wörter:*

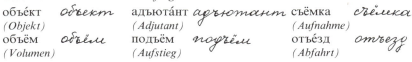

объе́кт *объект*   адъюта́нт *адъютант*   съёмка *съёмка*
(Objekt)   *(Adjutant)*   *(Aufnahme)*
объём *объём*   подъём *подъём*   отъе́зд *отъезд*
(Volumen)   *(Aufstieg)*   *(Abfahrt)*

2. *Jetzt kennen Sie ja alle Buchstaben des russischen Alphabets und können also theoretisch alles lesen. Schreiben Sie aus den folgenden Zeitungsüberschriften alle Wörter, die Ihnen bekannt sind, heraus, und ordnen Sie sie alphabetisch. (Die Reihenfolge des russischen Alphabets finden Sie auf Seite 36.)*

Vorkurs Abschnitt 12

«Мой идеал — генерал де Голль»

Шеф КГБ не раскаивается в содеянном

• ИНСТИТУТ ЧЕЛОВЕКА

• КАК ЖИВУТ АМЕРИКАНСКИЕ СТУДЕНТЫ

• НАШЕ ИНТЕРВЬЮ

• КРИМИНАЛЬНАЯ ТЕМА

Юноша рвется из хаоса в космос

Доллар за решеткой

Россия и Европа

Чернобыль: Катастрофа продолжается

«Урал» В. Лукьянин, главный редактор:

«Танцующий профессор»

Футбол, театр и, конечно, кино — по Российскому телевидению

Abschnitt 13

1. Übersicht über die russischen Konsonanten

a) Stimmhafte und stimmlose Konsonanten

Wie im Deutschen entspricht auch im Russischen den meisten stimmhaften Konsonanten ein stimmloser:

paarig stimmlose und stimmhafte Konsonanten						
stimmhaft	б	в	г	д	ж	з
stimmlos	п	ф	к	т	ш	с

Darüber hinaus gibt es unpaarige Konsonanten, die entweder nur stimmhaft oder nur stimmlos vorkommen:

unpaarig stimmhaft						unpaarig stimmlos				
stimmhaft	л	м	н	р	й	stimmhaft	–	–	–	–
stimmlos	–	–	–	–	–	stimmlos	х	ч	ц	щ

Die Unterscheidung von stimmhafter und stimmloser Aussprache ist im Russischen ebenso wichtig wie im Deutschen, weil hiervon zuweilen die Bedeutung eines Wortes abhängt (z. B. im Deutschen: Dorf – Torf, im Russischen: дом *Haus* – том *der Band*).
Wie im Deutschen werden auch im Russischen stimmhafte Konsonanten im Auslaut stimmlos gesprochen. So spricht man z. B. das d im russischen рад *erfreut* wie auch im deutschen „Rad" als [t] aus.

b) Harte und weiche Konsonanten

Wie wir bereits erfahren haben, gibt es im Russischen einige Konsonanten, die unabhängig von ihrer Umgebung immer hart sind, und einige, die immer weich sind.

ausschließlich harte Konsonanten	ausschließlich weiche Konsonanten
ж ш ц	ч щ й

Alle anderen Konsonanten können hart oder erweicht auftreten. Ob ein Konsonant hart oder weich ist, erkennen Sie in der Schrift am nachfolgenden Buchstaben:

auf harten Konsonant folgt:	auf weichen Konsonant folgt:
– ein Härtezeichen ъ	– ein Weichheitszeichen ь
– oder ein harter Vokal	– oder ein weicher Vokal
(а э ы о у)	(я е и ё ю)

Abschnitt 13

2. Ausspracheübung

 Hören Sie sich die Aussprache der folgenden Wortpaare (stimmhaft – stimmlos; hart – weich) auf der Cassette an, und sprechen Sie nach:

борт – порт		А́нна – А́ня	
(Bord) (Hafen)		(Anna) (Anja)	
ва́за – фа́за		год – гид	
(Vase) (Phase)		(Jahr) (Führer)	
год – код		рад – ряд	
(Jahr) (Code)		(erfreut) (Reihe)	
дом – том		мо́да – мёд	
(Haus) (Band)		(Mode) (Honig)	

3. Die Druck- und Schreibschrift des russischen Alphabets

Druck-schrift	Schreib-schrift	Benennung russisch	Druck-schrift	Schreib-schrift	Benennung russisch
А а	*А а*	а	Р р	*Р р*	эр
Б б	*Б б*	бэ	С с	*С с*	эс
В в	*В в*	вэ	Т т	*Т т*	тэ
Г г	*Г г*	гэ	У у	*У у*	у
Д д	*Д д*	дэ	Ф ф	*Ф ф*	эф
Е е	*Е е*	е	Х х	*Х х*	ха
Ё ё	*Ё ё*	ё	Ц ц	*Ц ц*	цэ
Ж ж	*Ж ж*	жэ	Ч ч	*Ч ч*	че
З з	*З з*	зэ	Ш ш	*Ш ш*	ша
И и	*И и*	и	Щ щ	*Щ щ*	ща
Й й	*Й й*	и кра́ткое	ъ	*ъ*	твёрдый знак
К к	*К к*	ка	ы	*ы*	ы
Л л	*Л л*	эль	ь	*ь*	мя́гкий знак
М м	*М м*	эм	Э э	*Э э*	э
Н н	*Н н*	эн	Ю ю	*Ю ю*	ю
О о	*О о*	о	Я я	*Я я*	я
П п	*П п*	пэ			

1A

1A Text

Давáйте познакóмимся!

Eine kleine Touristengruppe aus Deutschland ist im Flughafen Moskau eingetroffen. Die russische Reiseleiterin Marina holt die Gruppe ab. Da sich alle Touristen mit der russischen Sprache beschäftigen, begrüßt Marina die Gäste auf russisch.

Марѝна:	Здрáвствуйте, дорогѝе друзья́! Давáйте познакóмимся! Я Марѝна Шарóва. Я ваш гид. А как вас зовýт?
Франц Крáузе:	Меня́ зовýт Франц Крáузе.
Марѝна:	Откýда вы, господѝн Крáузе?
Франц Крáузе:	Я из Берлѝна.

Мóника Юнг:	А меня́ зовýт Мóника.
Марѝна:	Как вáша фамѝлия?
Мóника Юнг:	Моя́ фамѝлия Юнг.
Марѝна:	Госпожá Юнг, вы тóже из Берлѝна?
Мóника Юнг:	Да, я тóже из Берлѝна.
Йóзеф Манн:	Мы турѝсты из Кѝля. Я Йóзеф Манн. А э́то Клáус. Познакóмьтесь, пожáлуйста!

1A

Клáус Манн:	Клáус Манн. Студéнт-славúст.
Марúна:	Вы студéнт? Óчень приЯтно. Я тóже студéнтка.
Клáус Манн:	Марúна, вы из Москвы́?
Марúна:	Нет, я из Санкт-Петербýрга.

давáйте	wollen wir, laßt uns
Давáйте познакóмимся!	Machen wir uns miteinander bekannt!
Здрáвствуйте![1]	Guten Tag! *Gruß unabhängig von der Tageszeit*
дорогúе	liebe *Pl.*
друзьЯ *Pl.*	Freunde
я	ich
Марúна	Marina *weiblicher Vorname*
Шарóва	Scharowa *weiblicher Familienname*
ваш	Ihr, euer
гид *m.*	Reiseführer/in
а	und, aber
как	wie
вас	Sie, euch *Akk. von* вы (= *Sie, ihr*) *hier:* man nennt, man ruft
зовýт	
Как вас зовýт?	Wie heißen Sie? (*wörtl.:* Wie nennt man Sie?)
менЯ	mich *Akk. von* я
менЯ зовýт	ich heiße, man nennt mich
откýда	woher
вы	Sie, ihr
господúн *m.*	Herr
из + *Gen.*	aus
Берлúн *m.*	Berlin
из Берлúна	aus Berlin
вáша	eure, Ihre
фамúлия *f.*	Familienname, Nachname
Как вáша фамúлия?	Wie ist Ihr Nachname?
моЯ	meine
госпожá *f.*	Frau
тóже	auch
да	ja
мы	wir
турúсты *Pl.*	Touristen
Киль *m.*	Kiel
из КúлЯ	aus Kiel
Это	das (ist)
Познакóмьтесь!	Machen Sie sich miteinander bekannt!
пожáлуйста[2]	bitte
студéнт *m.*	Student
славúст *m.*	Slawist
студéнт-славúст *m.*	Slawistikstudent
óчень	sehr
приЯтно	angenehm
студéнтка *f.*	Studentin
Москвá *f.*	Moskau
из Москвы́	aus Moskau
нет	nein
Санкт-Петербýрг *m.*	Sankt Petersburg
из Санкт-Петербýрга	aus Sankt Petersburg
Grammatik	
Кремль *m.*	Kreml
музéй *m.*	Museum
Остáнкино *n.*	Bezirk in Moskau
мóре *n.*	Meer
вáза *f.*	Vase
Übung 3	
Одéсса *f.*	Odessa
рýсский	russisch
Übung 5	
Мю́нхен *m.*	München
Кáссель *m.*	Kassel
Ярослáвль *m.*	Jaroslawl
Кёльн *m.*	Köln

---

[1] In der Verbindung вств wird das erste в nicht gesprochen.
[2] Das й wird nicht gesprochen.

1B

1B₁ Aussprache

1. Die Stimmangleichung

Die stimmhaften Konsonanten **б, в, г, д, ж, з** werden **im Wortauslaut** wie die ihnen entsprechenden stimmlosen Konsonanten **п, ф, к, т, ш, с** ausgesprochen. So wird z. B. im Wort гид das д wie т ausgesprochen. Als Deutsche/r brauchen Sie dieser Regel allerdings keine besondere Beachtung zu schenken; Sie sprechen den Auslaut „automatisch" richtig, d. h. stimmlos, aus, denn diese Ausspracheregel gilt auch für das Deutsche. Vgl.: Lied = Lie[t].

Der stimmhafte Konsonant im Auslaut der Präpositionen wird ebenfalls stimmlos gesprochen, wenn im Anlaut des folgenden Wortes ein stimmloser Konsonant steht. So wird z. B. in der Wortverbindung из Ки́ля *(aus Kiel)* з wie stimmloses с ausgesprochen.

Hingegen werden stimmlose Konsonanten vor stimmhaften (außer vor в, м, н, л, р) ebenfalls stimmhaft. Z. B. in der Wortverbindung вас зову́т wird сз an der Wortgrenze wie gedehntes з ausgesprochen.

2. Doppelkonsonanten

In einer Reihe von Fällen fallen die Schreibung und die Aussprache der Wörter mit Doppelkonsonanten zusammen, z. B. wenn ein betonter Vokal dem Doppelkonsonanten vorhergeht: Оде́сса *(Odessa)*. Hier wird der doppelt geschriebene Konsonant с etwa doppelt so lang wie der kurze Laut gesprochen.

In der Stellung vor Konsonanten werden doppelt geschriebene Konsonanten jedoch kurz gesprochen, z. B.: ру́сский *(russisch)*.

1B₂ Grammatik

1. Я Кла́ус.   *Ich bin Klaus.*
   Э́то Мо́ника.   *Das ist Monika.*
   Вы то́же из Берли́на?   *Sind Sie auch aus Berlin?*
   Мы из Ки́ля.   *Wir sind aus Kiel.*

Das Russische kommt im Präsens ohne die Formen des Hilfsverbs **sein** aus.

1B

2. Это студе́нт.
   Это студе́нт из Ки́ля.
   Это студе́нтка.
   Это тури́сты.

   Das ist ein Student.
   Das ist der Student aus Kiel.
   Das ist eine Studentin.
   Das sind Touristen.

Im Russischen gibt es weder einen bestimmten noch einen unbestimmten **Artikel**.

3. Здра́вствуйте, друзья́!
   Здра́вствуйте, Кла́ус!

Diese Begrüßung wird unabhängig von der Tageszeit benutzt. Mit **здра́вствуйте** werden mehrere Personen begrüßt, es ist aber auch die Höflichkeitsform der Begrüßung.

4. Здра́вствуйте, господи́н Кра́узе!
   Здра́вствуйте, госпожа́ Юнг!

Ausländer werden von Russen mit **господи́н** *(Herr)* und **госпожа́** *(Frau)* angesprochen. Auch Russen untereinander verwenden diese Anrede zunehmend, besonders im Geschäftsleben.

5. Как вас зову́т?
   Wie heißen Sie? (wörtl.: Wie nennt man Sie?)

   Я Франц Кра́узе.
   Ich bin Franz Krause.
   Меня́ зову́т Франц Кра́узе.
   Ich heiße Franz Krause. (wörtl.: Man nennt mich Franz Krause.)

   Как ва́ша фами́лия?
   Wie ist Ihr Familienname?
   Моя́ фами́лия Юнг.
   Mein Familienname ist Jung.

So erkundigt man sich nach dem Namen, und so nennt man seinen Namen. Die Formen **меня́** und **вас** sind Akkusative der Personalpronomen **я** und **вы**.

6. Das Geschlecht (Genus) der Substantive

Das russische Substantiv ist wie das deutsche Substantiv entweder männlich (maskulinum), weiblich (femininum) oder sächlich (neutrum). Das Geschlecht der Substantive erkennt man in fast allen Fällen an der Endung.

In dieser Lektion lernen Sie folgende Grundregeln:

männlich sind Substantive

- auf Konsonant (sogenannte Nullendung): студе́нт, гид, господи́н, Санкт-Петербу́рг, Берли́н
- auf -ь: Киль, Кремль *(Kreml)*
- auf -й: музе́й *(Museum)*

weiblich sind Substantive

- auf -а: студе́нт**а**, госпож**а́**, Москв**а́**
- auf -я: фами́ли**я**

sächlich sind Substantive

- auf -о: Оста́нкин**о** *(Bezirk in Moskau)*
- auf -е: мо́р**е** *(Meer)*

Das Geschlecht russischer und deutscher Substantive mit gleicher Bedeutung stimmt oft nicht überein, z. B.:

Москва́	*(weiblich)*	Moskau	*(sächlich)*
Киль	*(männlich)*	Kiel	*(sächlich)*
фами́лия	*(weiblich)*	Familienname	*(männlich)*

7. Genitiv Singular der Substantive

Im Russischen gibt es – anders als im Deutschen – sechs Fälle:

Nominativ (1. Fall), Genitiv (2. Fall), Dativ (3. Fall), Akkusativ (4. Fall), Instrumental (5. Fall) und Präpositiv (6. Fall).

Nach der Präposition **из** *(aus)* steht das Substantiv immer im Genitiv und nimmt folgende Endungen an:

Genus	Nominativ Singular	Genitiv Singular
Maskulina auf -Konsonant -ь -й	Э́то Берли́н. Э́то Киль. Э́то музе́й.	Мо́ника из Берли́на. Мы из Ки́ля. Э́то ва́за из музе́я.
Feminina auf -а	Э́то Москва́.	Я из Москвы́.

1C Übungen

1. *Lernen Sie die Wörter und Wendungen zum Text. Prägen Sie sich Schreibung und deutsche Bedeutung ein! Die Redewendungen sind für Ihr Russisch ebenso wichtig wie die einzelnen Wörter. Versuchen Sie nicht, Redewendungen Wort für Wort zu übersetzen, sondern prägen Sie sich die ganze Wendung ein!*

2. *Hören Sie sich die Dialoge auf der Cassette mehrmals aufmerksam an! Spielen Sie dann das Gespräch noch einmal ab, und lesen Sie den Text im Buch mit!*

 3. *Hören Sie sich diese Wendungen auf der Cassette an, und sprechen Sie nach, bis es Ihnen ganz fließend gelingt. Beachten Sie dabei die Ausspracheregeln aus 1B₁.*

Здра́вствуйте!	Я из Берли́на.
Дава́йте познако́мимся!	Вы то́же из Берли́на?
Как вас зову́т?	Да, я то́же из Берли́на.
Меня́ зову́т Франц.	О́чень прия́тно, господи́н Кра́узе.
Как ва́ша фами́лия?	О́чень прия́тно, госпожа́ Юнг.
Моя́ фами́лия Кра́узе.	Мы тури́сты из Ки́ля.
Познако́мьтесь, пожа́луйста!	Это Оде́сса.
Это Мо́ника Юнг.	А это Ру́сский музе́й.
Отку́да вы?	

 4. *Die russische Satzintonation unterscheidet sich wesentlich von der deutschen, vor allem bei Fragesätzen. Heute üben wir die Satzmelodie des Fragesatzes ohne Fragewort. Achten Sie darauf, daß in der Akzentsilbe des Wortes, nach dem gefragt wird, die Stimme stark angehoben wird, dann wird sie ebenso stark gesenkt. Schauen Sie in das Buch, hören Sie und sprechen Sie nach!*

Fragesatz ohne Fragewort	Aussagesatz
Вы студе́нт?	Я студе́нт.
Вы из Ки́ля?	Я из Ки́ля.
Вы Мари́на?	Я Мари́на.
Вы гид?	Я гид.
Вы из Санкт-Петербу́рга?	Я из Санкт-Петербу́рга.
Вы тури́сты?	Мы тури́сты.
Вы из Москвы́?	Мы из Москвы́.
Мо́ника из Берли́на?	Мо́ника из Берли́на.
Вы то́же из Берли́на?	Да, я то́же из Берли́на.

5. *Lösen Sie die Klammern auf:*

   Muster: Отку́да вы? Я из (Москва́).
              Отку́да вы? Я из Москвы́.

   a) Отку́да Мари́на? Мари́на из (Санкт-Петербу́рг).
   b) Кла́ус из (Берли́н)? Нет, Кла́ус из (Киль).
   c) Вы из (Мю́нхен)? Нет, я из (Ка́ссель).
   d) Отку́да вы? Мы из (Москва́).

e) Вы тóже из (Одéсса)? Нет, мы из (Кńев).
f) Откýда ваш гид? Из (Ярослáвль).
g) Это турńсты из (Кёльн).

6. *Beantworten Sie folgende Fragen zum Text:*
   a) Откýда Франц Крáузе? b) Мóника Юнг тóже из Берлńна? c) Йóзеф и Клáус турńсты из Кńля? d) Клáус студéнт-славńст? e) Марńна Шарóва тóже студéнтка?

7. *Vervollständigen Sie dieses Gespräch, indem Sie die passenden Fragen zu den gegebenen Antworten stellen:*
   А: . . . . ?   Б: Да, я из Берлńна.
   А: . . . . ?   Б: Нет, господńн Манн из Кńля.
   А: . . . . ?   Б: Да, мы турńсты.

8. *Übersetzen Sie folgende Sätze ins Russische:*
   a) Machen wir uns bekannt!   b) Wir sind Touristen aus Kiel.   c) Ich heiße Josef Mann.   d) Und das ist Klaus.   e) Wie heißen Sie?   f) Ich bin Marina.   g) Ich bin Ihre Reiseleiterin.   h) Marina, wie ist Ihr Familienname?   i) Mein Familienname ist Scharowa.   j) Sind Sie aus Moskau?   k) Nein, ich bin aus Sankt Petersburg.   l) Sind Sie Studentin?   m) Ja, ich bin Studentin.   n) Klaus ist auch Student.

9. *Hören Sie sich folgenden Dialog auf der Kassette an!*
   А: Вы Франц Крáузе?   Б: Да, я Франц Крáузе.
   А: Вы из Берлńна?   Б: Да, я из Берлńна.
   Stellen Sie sich vor, daß auch Sie mit unserer kleinen Gruppe durch Rußland reisen. Sind Sie sicher, daß Sie die Namen der anderen Teilnehmer (einschl. Reiseleiterin) richtig behalten haben? Bilden Sie ein kurzes Gespräch mit Franz Krause, Josef und Klaus Mann, Monika Jung und Marina Scharowa, und zwar nach obigem Muster!

10. *Stellen Sie sich bitte nach folgendem Muster vor:*
    Здрáвствуйте! Меня зовýт ...   Моя фамńлия ...   Я из ...

11. *Hören Sie sich noch einen Musterdialog an!*
    Марńна: Здрáвствуйте! Я Марńна Шарóва. А как вас зовýт?
    Мóника: Меня зовýт Мóника Юнг.
    Марńна: Откýда вы?
    Мóника: Я из Берлńна. А вы?
    Марńна: А я из Санкт-Петербýрга.
    Мóника: Очень прия́тно.
    Jetzt sind Sie an der Reihe. Machen Sie sich mit anderen Teilnehmern in Ihrem Russischkurs bekannt!

2A

2A Text

Кто э́то?

Neben dem Bus stehen eine Frau und ein Mann. Klaus möchte wissen, wer die beiden sind, und fragt Marina.

Кла́ус: Мари́на, кто э́то? Э́то то́же тури́сты из ФРГ?
Мари́на: Где? О́коло авто́буса?
Кла́ус: Да, там.
Мари́на: Нет, э́то не тури́сты, а наш шофёр Оле́г Ивано́в и перево́дчица Ната́ша Соро́кина.
Кла́ус: Они́ из Москвы́?
Мари́на: Оле́г из Москвы́, а Ната́ша из Ри́ги.

кто	wer	
ФРГ *idkl.*	BRD	
где	wo	
о́коло + *Gen.*	in der Nähe	
авто́бус	Autobus	
там	dort	
не	nicht	
не ... а	nicht ... sondern	
наш	unser	
шофёр	Fahrer, Chauffeur, Kraftfahrer	
Оле́г	Oleg *männlicher Vorname*	
Ивано́в	Iwanow *männlicher Familienname*	

2A/2B

перево́дчица[1]	Übersetzerin, Dolmetscherin	из Ри́ги	aus Riga
Ната́ша	Natascha *Koseform von Natalja*	*Übung 6*	
		Омск	*Stadt in Rußland, in Sibirien*
Соро́кина	Sorokina *weiblicher Familienname*	Го́мель *m.*	*Stadt in Weißrußland*
они́	sie *Pl.*	Ха́рьков	*Stadt in der Ukraine*
Ри́га	Riga	Калу́га	*Stadt in Rußland*

2B Grammatik

1. Die Form des Familiennamens

Оле́г Ивано́в	Мари́на Ивано́ва
Оле́г Соро́кин	Ната́ша Соро́кина

Die männliche Form des russischen Familiennamens hat keine Endung, die weibliche Form hat die Endung **-a**.

2. Die Konjunktion a

a) Оле́г из Москвы́, **а** Ната́ша из Ри́ги.	Oleg ist aus Moskau **und** Natascha aus Riga.
b) Э́то не тури́ст, **а** наш шофёр Оле́г.	Das ist kein Tourist, **sondern** unser Fahrer Oleg.
c) Меня́ зову́т Кла́ус. **А** как вас зову́т?	Ich heiße Klaus. **Und** wie heißen Sie?

Die Konjunktion **a** hat verschiedene Funktionen:
a) Vergleichende Gegenüberstellung
b) Nichtübereinstimmung (dabei wird gewöhnlich die Verneinung не *(nicht)* gebraucht)
c) Verbindende oder verbindend-verstärkende Bedeutung.

3. Lautlehre

Ein wichtiges Lautgesetz für das Russische lautet:

> Nach **г, к, х** und den Zischlauten **ж, ш, ч** und **щ** folgt nie **ы**, sondern immer **и**.

---

[1] In der Konsonantenverbindung дч, wie hier in перево́дчица, wird das д nicht gesprochen.

2B/2C

So sind auch die Genitiv-Singular-Formen auf -и bei weiblichen Substantiven zu erklären, die Ihnen im Lektionstext vielleicht aufgefallen sind.

Nom. Sing. f.	Москва́	aber:	Ри́га	Ната́ша
Gen. Sing. f.	из Москвы́		из Ри́ги	о́коло Ната́ши

2C Übungen

1. *Hören Sie sich diese Wendungen auf der Cassette an, und sprechen Sie nach:*
   Кто э́то? Э́то Оле́г, а э́то Ната́ша.
   Оле́г из Москвы́, а Ната́ша из Ри́ги.
   Э́то Мари́на? Нет, э́то не Мари́на, а Ната́ша.
   Оле́г шофёр, а Ната́ша перево́дчица.
   Где Оле́г? Оле́г там. Оле́г о́коло авто́буса.

2. *Bilden Sie Sätze nach folgendem Schema!*
   Muster: Отку́да они́? Франц – Берли́н, Йо́зеф – Киль
   Отку́да они́? Франц из Берли́на, а Йо́зеф из Ки́ля.
   a) Мари́на – Санкт-Петербу́рг, Ната́ша – Ри́га
   b) Мо́ника – Берли́н, Кла́ус – Киль
   c) Оле́г – Москва́, Франц – ФРГ

3. *Bilden Sie Antworten nach folgendem Schema!*
   Muster: Э́то Ната́ша? (Лари́са)
   Э́то Ната́ша? Нет, э́то не Ната́ша, а Лари́са.
   a) Э́то Кла́ус? (Франц) b) Вы Мо́ника? (Ната́ша) c) Оле́г тури́ст? (наш шофёр) d) Мари́на перево́дчица? (студе́нтка) e) Вы студе́нт? (ваш гид)

4. *Übersetzen Sie folgende Sätze ins Russische:*
   a) Liebe Freunde, machen Sie sich bekannt! b) Das ist unser Fahrer Oleg Iwanow, und das ist die Dolmetscherin Natascha Sorokina. c) Oleg ist aus Moskau, und Natascha aus Riga. d) Wo sind Monika und Josef? e) Sie sind in der Nähe von Natascha.

5. *Sie möchten gerne die Dolmetscherin Natascha kennenlernen. Wie würden Sie es machen? Folgende Redewendungen helfen Ihnen dabei:*
   Здра́вствуйте! Дава́йте познако́мимся! Меня́ зову́т … Как вас зову́т? Как ва́ша фами́лия? Отку́да вы? О́чень прия́тно.

6. *Stellen Sie sich vor, Sie nehmen an einer Party teil. Hier sehen Sie die Gästeliste.*
   Leider wurden hierbei einige Fehler gemacht. Hören Sie sich die Vorstellungen der Gäste auf der Cassette an, und korrigieren Sie die Fehler:

кто	откýда
1. Борис Соколов	Омск
2. Игорь Тарасов	Гомель
3. Нина Иванова	Харьков
4. Сергей Жданов	Одесса
5. Наташа Щукина	Калуга

7. *Schauen Sie sich das Bild an, und bilden Sie Dialoge nach folgendem Muster!*
   – Это Марина?
   – Нет, это не Марина, а Наташа.
   – А где Марина?
   – Марина около Йозефа.

Jetzt fragen Sie Ihren Nachbarn nach anderen Teilnehmern in Ihrem Russisch-Kurs.

3A

3A Text

Моя́ семья́

Josef zeigt Marina ein Foto von seiner Familie.

Йо́зеф:	Мари́на, посмотри́те, э́то моя́ семья́. Вот моя́ жена́.
Мари́на:	Как её зову́т?
Йо́зеф:	Её зову́т Хе́льга. А э́то на́ши де́ти. Наш сын, его́ зову́т Кла́ус, и на́ша дочь Ба́рбара. А э́то я.
Мари́на:	А кто э́то?
Йо́зеф:	Э́то мои́ роди́тели: мой оте́ц и моя́ мать.
Мари́на:	Как их зову́т?
Йо́зеф:	Их зову́т Ва́льтер и А́гнес.
Мари́на:	Что э́то? Ваш дом?
Йо́зеф:	Да, э́то наш дом. А тут сад.
Мари́на:	А э́то что?
Йо́зеф:	Э́то гара́ж и на́ша маши́на.
Мари́на:	Краси́вая фотогра́фия!

семья́	Familie	оте́ц	Vater
посмотри́те	schaut, schauen Sie	мать *f.*	Mutter
вот	hier, da	их	sie *Akk. von* они́
жена́	Ehefrau	что[1]	was
её	sie *Akk. von* она́ (= *sie*)	дом	Haus
на́ши	unsere *Pl.*	тут	hier
де́ти	Kinder	сад	Garten
сын	Sohn	гара́ж	Garage
его́	ihn *Akk. von* он (= *er*)	маши́на	Auto, Wagen
на́ша	unsere	краси́вая	schöne
дочь *f.*	Tochter	фотогра́фия	Fotografie, Foto
мои́	meine *Pl.*	*Grammatik*	
роди́тели *Pl.*	Eltern	твой	dein
мой	mein	письмо́	Brief

---

[1] Im Wort что wird чт wie шт ausgesprochen.

3B₁ Aussprache

1. Nach **ж, ш, ц** in der ersten Silbe vor der Akzentsilbe wird e wie ы ausgesprochen, z. B.: женá *(Ehefrau)*.

2. In der Lautverbindung **чь** (z. B. дочь) hat ь keinerlei lautliche Funktion, da ч stets weich ist.

3B₂ Grammatik

1. Possessivpronomen (Besitzanzeigende Fürwörter)

Die Possessivpronomen **мой** *(mein)*, **твой** *(dein)*, **наш** *(unser)* und **ваш** *(euer/Ihr)* werden wie im Deutschen gebraucht. Sie richten sich in Geschlecht, Zahl und Fall nach dem dazugehörigen Substantiv.

m.		f.		n.		Pl.	
мой твой наш ваш	(сын)	моя́ твоя́ на́ша ва́ша	(семья́)	моё твоё на́ше ва́ше	(письмо́)¹	мои́ твои́ на́ши ва́ши	(де́ти)

2. Das Geschlecht der Substantive

Einige Substantive weiblichen Geschlechts enden auf **-ь**, z. B.: мать *(Mutter)*, дочь *(Tochter)*.

3. Wie man nach dem Namen fragt

Как его́ зову́т?	Wie heißt er? (wörtl.: Wie nennt man ihn?)
Его́ зову́т Кла́ус.	Er heißt Klaus. (wörtl.: Man nennt ihn Klaus.)
Как её зову́т?	Wie heißt sie? (wörtl.: Wie nennt man sie?)
Её зову́т Хе́льга.	Sie heißt Helga. (wörtl.: Man nennt sie Helga.)
Как их зову́т?	Wie heißen sie? (wörtl.: Wie nennt man sie?)
Их зову́т Ва́льтер и А́гнес.	Sie heißen Walter und Agnes. (wörtl.: Man nennt sie Walter und Agnes.)

Die Formen **его́, её** und **их** sind Akkusative der Personalpronomen **он** *(er)*, **она́** *(sie)* und **они́** *(sie Pl.)*. Im Wort **его́** wird г wie в ausgesprochen.

---
¹ письмо́ = Brief

3C Übungen

1. *Erarbeiten Sie sich die neuen Wörter und Wendungen, wie Sie es in Lektion 1 getan haben. Dann hören Sie sich den Lektionstext auf der Cassette mehrmals an! Spielen Sie anschließend das Gespräch noch einmal ab, und lesen Sie den Text im Buch mit!*

2. *Hören Sie sich diese Wendungen auf der Cassette an, und sprechen Sie nach:*
   Это моя́ семья́. Это моя́ жена́. Это мои́ де́ти: мой сын и моя́ дочь. Это на́ши де́ти: наш сын и на́ша дочь. Это моя́ мать. Как её зову́т? Её зову́т А́гнес. Это мой оте́ц. Как его́ зову́т? Его́ зову́т Ва́льтер. Это на́ши де́ти. Как их зову́т? Их зову́т Кла́ус и Ба́рбара. Это наш дом и на́ша маши́на. Это сад и гара́ж. Это фотогра́фия.

3. *Übersetzen Sie die Begriffe. Wie lautet das Lösungswort in der fettgedruckten senkrechten Reihe?*

   Sohn
   Eltern
   Mutter
   Tochter
   Nachname

   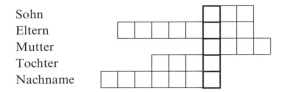

4. *Heute üben wir die Satzmelodie des Fragesatzes mit Fragewort! Schauen Sie in das Buch, hören Sie, und sprechen Sie nach!*
   a) Кто э́то? Где Кла́ус? Кто там? Где они́?
   b) Как вас зову́т? Как ва́ша фами́лия?
   c) А как вас зову́т? А вы отку́да?

   a) Das Intonationszentrum liegt auf dem Fragewort.
   b) Das Intonationszentrum verlagert sich auf das Wort, welches den Sinn der Frage genauer bestimmt. Nach der Akzentsilbe wird die Stimme gesenkt, aber nicht so stark wie im Fragesatz ohne Fragewort.
   c) Die sogenannte interessierte Frage endet mit einer Hebung.

5. *Stellen Sie die Frage* Кто э́то? *bzw.* Что э́то?
   Muster: Это моя́ мать. – Кто э́то?
   Это маши́на. – Что э́то?
   a) Это мои́ друзья́. b) Это гара́ж. c) Это дом и сад. d) Это студе́нт. e) Это на́ши де́ти. f) Это фотогра́фия. g) Это Кла́ус. h) Это Москва́. i) Это мои́ роди́тели. j) Это ваш гид.

6. *Setzen Sie ein Possessivpronomen in der erforderlichen Form ein!*
   Muster: Это ... жена. – Это **моя** жена.
   a) мой, моя, моё, мои
      Это ... отец. Это ... дети. Это ... дом. Это ... семья. Это ... родители. Это ... мать. Это ... письмо.
   b) твой, твоя, твоё, твои
      Это ... гид? Это ... друзья. Это ... фамилия. Это ... шофёр? Это ... сад? Это ... родители.
   c) наш, наша, наше, наши
      Это ... гараж и ... машина. Это ... переводчица. Это ... гид. Это ... друзья. Это ... дети. Это ... Останкино.
   d) ваш, ваша, ваше, ваши
      Это ... фотография? Это ... дочь? Это ... автобус? Это ... туристы? Это ... студент? Это ... письмо?

7. *Setzen Sie ein Personalpronomen in der erforderlichen Form ein!*
   Muster: Это мой отец. ... зовут Вальтер.
           Это мой отец. **Его** зовут Вальтер.
   a) Это моя дочь. ... зовут Барбара.
   b) Это наши дети. ... зовут Клаус и Барбара.
   c) Это наш шофёр. ... зовут Олег.
   d) Это туристы из ФРГ. ... зовут Моника и Йозеф.
   e) Это ваша жена? Как ... зовут?

8. *Bilden Sie Sätze nach folgendem Muster!*
   Muster: дом – сад   Тут дом, а там сад.
   a) гараж – машина b) наш сын – наша дочь c) переводчица – шофёр d) мои родители – мои друзья e) автобус – туристы f) фотография – письмо

9. *Bringen Sie möglichst viele Familienfotos in Ihren Russischkurs mit, und besprechen Sie diese Fotos in Ihrem Kurs.*

4A

4A Text

Что де́лает ва́ша жена́?

Josef und Marina setzen ihr Gespräch fort.

Мари́на:	Скажи́те, господи́н Манн, что де́лает ва́ша жена́? Она́ домохозя́йка?
Йо́зеф:	Нет, Хе́льга рабо́тает в шко́ле. Она́ учи́тельница.
Мари́на:	А где вы рабо́таете?
Йо́зеф:	Я инжене́р. Я рабо́таю на заво́де.
Мари́на:	А ва́ши де́ти?
Йо́зеф:	Ба́рбара шко́льница, а Кла́ус студе́нт.
Мари́на:	Ах да, я зна́ю. Он изуча́ет ру́сский язы́к в университе́те. А я изуча́ю неме́цкий язы́к в Санкт-Петербу́рге. Мой муж то́же студе́нт.
Йо́зеф:	О, о́чень интере́сно!
Мари́на:	А что де́лают ва́ши роди́тели? Они́ то́же рабо́тают?
Йо́зеф:	Нет, они́ не рабо́тают. Они́ уже́ на пе́нсии.

де́лать, -аю, -аешь[1]	machen, tun	шко́льница	Schülerin
де́лает	(er, sie) macht	знать, -а́ю, -а́ешь	wissen
скажи́те	sagt, sagen Sie	зна́ю	(ich) weiß
она́	sie	он	er
домохозя́йка	Hausfrau	изуча́ть, -а́ю, -а́ешь	erlernen, studieren
рабо́тать, -аю, -аешь	arbeiten	изуча́ет	(er, sie) studiert
рабо́тает	(er, sie) arbeitet	язы́к	Sprache
в	in	университе́т	Universität
шко́ла	Schule	в университе́те	an der Universität
в шко́ле	in der Schule	неме́цкий	deutsch
учи́тельница	Lehrerin	муж	Ehemann
рабо́таете	(ihr) arbeitet, (Sie) arbeiten	интере́сно	interessant
инжене́р	Ingenieur	уже́	schon, bereits
на	auf, in	пе́нсия	Rente
заво́д	Werk	на пе́нсии	im Ruhestand
на заво́де	im Werk	*Grammatik*	
		ты	du
		оно́	es

4B₁ Aussprache

In der Buchstabenverbindung **шь** – z. B. in де́лаешь (vgl. 4B₂ 2) – hat das Weichheitszeichen keinerlei lautliche Funktion, da ш stets hart ist.

---

[1] Bei Verben werden außer dem Infinitiv auch immer die Endungen der 1. und 2. Pers. Sing. angegeben.

4B

4B₂ Grammatik

1. Konjugation der Verben

Das Kennzeichen des Infinitivs der russischen Verben ist das Suffix **-ть**, seltener **-ти** und **-чь**. Die russischen Verben werden konjugiert, d. h. sie nehmen für verschiedene Personen verschiedene Endungen an. Hinsichtlich der Personalendungen unterscheidet man zwei Konjugationen:

- **die erste** oder **e-Konjugation**, so benannt nach dem Kennvokal e oder ё in den Endungen der 2. und 3. Person Singular und der 1. und 2. Personal Plural.
- **die zweite** oder **и-Konjugation**, so benannt nach dem Kennvokal и in den Endungen der 2. und 3. Person Singular und der 1. und 2. Person Plural.

2. Die erste oder e-Konjugation

Person	де́лать *machen*	рабо́тать *arbeiten*	знать *wissen*
я	де́лаю	рабо́таю	зна́ю
ты[1]	де́лаешь	рабо́таешь	зна́ешь
он, она́, оно́[2]	де́лает	рабо́тает	зна́ет
мы	де́лаем	рабо́таем	зна́ем
вы	де́лаете	рабо́таете	зна́ете
они́	де́лают	рабо́тают	зна́ют

Hier sehen Sie die regelmäßige Bildungsweise der Präsensformen von Verben der e-Konjugation. Unsere Beispielverben haben einen vokalisch auslautenden Präsensstamm. Der Auslaut des Präsensstammes ist entscheidend für die Endungen der 1. Person Singular und der 3. Person Plural.

Was bedeutet nun „Präsensstamm"? Man erhält den Präsensstamm, wenn man von der 3. Person Plural des Präsens die Personalendung abstreicht:

Infinitiv	3. Person Plural	Präsensstamm
де́лать	де́ла/ют	де́ла-

Endet der Präsensstamm auf Vokal – wie bei unseren Beispielverben – so lautet die Endung der 1. Person Singular **-ю** und die der 3. Person Plural **-ют**.

---
[1] ты = du
[2] оно́ = es

4B

3. Die Verneinung

Мои́ роди́тели **не** рабо́тают.   *Meine Eltern arbeiten nicht.*

Die Verneinungspartikel **не** *(nicht)* steht vor dem verneinten Wort oder Satzteil.

4. Der Präpositiv (6. Fall) nach den Präpositionen в und на

Маши́на в гараже́.	*Das Auto ist in der Garage.*
Йо́зеф рабо́тает в Ки́ле.	*Josef arbeitet in Kiel.*
Тури́сты в музе́е.	*Die Touristen sind im Museum.*
Учи́тельница в шко́ле.	*Die Lehrerin ist in der Schule.*
В семье́ де́ти.	*In der Familie sind Kinder.*
На фотогра́фии мой сын.	*Auf dem Foto ist mein Sohn.*
В письме́ фотогра́фия.	*Im Brief ist ein Foto.*
Де́ти в мо́ре.	*Die Kinder sind im Meer.*

Wie bereits erwähnt, gibt es im Russischen sechs Fälle. Der sechste Fall, der Präpositiv, hat seinen Namen daher, weil er nur in Verbindung mit Präpositionen auftritt. Zwei dieser Präpositionen haben wir im Text dieser Lektion bereits kennengelernt: в *(in)* und на *(auf)*. Auf die Frage **Где?** *(Wo?)* steht die Ortsangabe nach den Präpositionen в und на im Präpositiv.

Der Präpositiv ist im Singular in der Regel durch die Endung -е gekennzeichnet. Beachten Sie aber, daß die Feminina auf -ия im Präpositiv die Endung -ии haben.

Genus	Nominativ Singular		Präpositiv Singular	
	Endung	Beispielwort	Endung	Beispielwort
m.	–	гара́ж	-е	(в) гараже́
	-ь	Киль	-е	(в) Ки́ле
	-й	музе́й	-е	(в) музе́е
f.	-а	шко́ла	-е	(в) шко́ле
	-я	семья́	-е	(в) семье́
	-ия	фотогра́фия	-ии	(на) фотогра́фии
n.	-о	письмо́	-е	(в) письме́
	-е	мо́ре	-е	(в) мо́ре

4B/4C

Achten Sie bei solchen Ortsangaben auf den Gebrauch der Präpositionen. Einige Substantive werden nämlich mit der Präposition **на** verbunden. Lernen Sie diese Verbindungen wie Vokabeln:

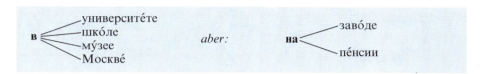

4C Übungen

1. *Hören Sie sich diese Wendungen auf der Cassette an, und sprechen Sie sie nach:*

   Что делает ваша жена? – Она работает в школе.
   Что делает ваш муж? – Он работает на заводе.
   Моя жена учительница. – Мой муж инженер.
   Моя дочь школьница. – Мой сын студент.
   Что делают ваши родители? – Мои родители на пенсии.
   Где вы работаете? – Я работаю в школе.
   – Я работаю на заводе.

2. *Hören Sie sich folgende Wörter auf der Cassette an, und sprechen Sie nach! Achten Sie auf die Stimmlosigkeit der Konsonanten im Auslaut und auf die Angleichung der Präposition* **в** *an die stimmlosen Konsonanten im Anlaut des folgenden Wortes.*

   сад   гид   завод   гараж   муж   в школе   в Гомеле
   в Кремле   в музее   в гараже   в Киле   в Санкт-Петербурге

3. *Schauen Sie sich die Bilder an, und beantworten Sie die Fragen:*

a) Где машина?   b) Где отец?   c) Где дети?

4C

d) Где На́дя?   e) Где Ива́н?   f) Где тури́сты?

g) Где роди́тели?   h) Где фотогра́фия?

4. *Konjugieren Sie das Verb* изуча́ть.

5. *Fügen Sie anstelle der Punkte die entsprechenden Personalendungen der Verben ein.*
   Muster: Моя́ жена́ рабо́та ... в шко́ле.
   Моя́ жена́ рабо́та**ет** в шко́ле.
   a) На́ши де́ти изуча́... ру́сский язы́к в шко́ле.
   b) Где рабо́та... Йо́зеф? Я не зна́..., где он рабо́та...
   c) Вы изуча́... ру́сский язы́к? Да, мы изуча́... ру́сский язы́к в университе́те.
   d) Ва́ши друзья́ студе́нты? Нет, они́ рабо́та... на заво́де.
   e) Что ты де́ла... в гараже́? Я рабо́та...

6. *Setzen Sie Personalpronomen in der erforderlichen Form ein!*
   Muster: Э́то мой оте́ц. ... рабо́тает на заво́де.
   Э́то мой оте́ц. **Он** рабо́тает на заво́де.
   a) Познако́мьтесь, пожа́луйста, э́то на́ши де́ти. ... зову́т Ба́рбара и Кла́ус.
   b) Что ... де́лаете в университе́те? ... изуча́ю ру́сский язы́к.   c) Э́то ва́ша

дочь? Как ... зовут? d) Давайте познакомимся. Я студентка. ... зовут Наташа. А как ... зовут? e) Где туристы? ... уже в автобусе. f) Это наш шофёр. ... зовут Олег. g) ... изучаешь немецкий язык?

7. *Bilden Sie Dialoge nach folgendem Muster!*

   Muster: Где работает Марина?
   Она работает в Москве.

Марина Моника Хельга Йозеф родители Олег	работать	в на	школа университет завод гараж Москва Киль

8. *Vervollständigen Sie bitte dieses Gespräch:*

   А: . . . .?
   Б: Это моя жена.
   А: . . . .?
   Б: Её зовут Хельга.
   А: . . . .?
   Б: Нет, она не домохозяйка. Она учительница.
   А: . . . .?
   Б: Она работает в школе.
   А: . . . .?
   Б: Нет, наш сын не работает. Он студент.

9. *Übersetzen Sie ins Russische!*

   a) Das ist meine Familie: meine Frau, sie heißt Helga, und unsere Kinder, sie heißen Klaus und Barbara. b) Ich bin Ingenieur. Ich arbeite in einem Werk. c) Meine Frau arbeitet nicht. Sie ist Hausfrau. d) Unsere Tochter Barbara ist Schülerin. e) Unser Sohn Klaus ist Student. Er studiert Russisch an der Universität. f) Meine Eltern arbeiten nicht. Sie sind im Ruhestand. g) Hier auf dem Foto ist unser Haus. h) Schauen Sie, das ist der Garten, und das ist die Garage. i) Unser Wagen ist in der Garage.

10. *Erzählen Sie alles, was Sie über Josef, Helga und ihre Kinder wissen. Fangen Sie so an:*

    Это Йозеф. Он из ...

11. *Stellen Sie uns jetzt Ihre Familie vor!*

4C

 12. *Hören Sie sich die Cassette an, und sagen Sie, welches der drei kurzen Gespräche zu welchem Bild paßt:*

a) _____

b) _____

c) _____

5A

5A Text

Письмо́ из Москвы́

Franz Krause schreibt aus Moskau einen Brief an seine Russischlehrerin an der Volkshochschule.

> Дорогая госпожа Маус!
> Это письмо я пишу из Москвы. Я живу в гостинице „Интурист", в центре города. Москва большой и интересный город. Наша группа из ФРГ маленькая. Все изучают русский язык и уже могут говорить по-русски. Я тоже немного говорю, но ещё плохо понимаю, когда люди на улице говорят быстро. Наша переводчица — её зовут Марина — очень симпатичная девушка. Она студентка, хорошо говорит по-немецки и очень интересно рассказывает о Москве.
> Сегодня мы были в Кремле, на Красной площади и в Большом театре.
> Всего хорошего! До встречи в Народном университете.
> Ваш ученик Франц Краузе.

дорого́й, -а́я, -о́е, -и́е	lieb, teuer	
э́то *Demonstrativpronomen*	dieses	
я пишу́[1]	ich schreibe	
я живу́[1]	ich wohne	
	гости́ница	Hotel
	Интури́ст	*Abk. von* иностра́нный тури́ст (= ausländischer Tourist)
	центр	Zentrum, Mitte

[1] Die vollständige Konjugation des Verbs folgt in Lektion 6.

5A/5B

го́род	Stadt	хорошо́ *Adv.*	gut
центр го́рода	Innenstadt, Stadtmitte	говори́т	(er, sie) spricht
большо́й, -а́я, -о́е, -и́е	groß	по-неме́цки *Adv.*	deutsch
интере́сный, -ая, -ое, -ые	interessant	расска́зывать, -а́ю, -ешь	erzählen
гру́ппа	Gruppe	о + *Präp.*	über, von
ма́ленький, -ая, -ое, -ие	klein	о Москве́	über Moskau
все	alle	сего́дня[1]	heute
мо́гут	(sie) können	бы́ли	(wir) waren
говори́ть	sprechen	кра́сный, -ая, -ое, -ые	rot
по-ру́сски *Adv.*	russisch	пло́щадь *f.*	Platz
говори́ть по-ру́сски	russisch sprechen	Кра́сная пло́щадь	der Rote Platz
немно́го	ein wenig, etwas	на Кра́сной пло́щади	auf dem Roten Platz
говорю́	(ich) spreche	теа́тр	Theater
но	aber	Большо́й теа́тр	Bolschoi-Theater
ещё	noch	в Большо́м теа́тре	im Bolschoi-Theater
пло́хо	schlecht	Всего́[1] хоро́шего[1]!	Alles Gute!
понима́ть, -а́ю, -а́ешь	verstehen	до + *Gen.*	bis
когда́	wenn	встре́ча	Begegnung, Treffen
лю́ди *Pl.*	Menschen	до встре́чи	Auf Wiedersehen
у́лица	Straße	наро́дный, -ая, -ое, -ые	Volks-
на у́лице	auf der Straße	Наро́дный университе́т	Volkshochschule
говоря́т	(sie) sprechen	в Наро́дном университе́те	in/an der Volkshochschule
бы́стро *Adv.*	schnell	учени́к	Schüler
симпати́чный, -ая, -ое, -ые	sympathisch	*Grammatik*	
де́вушка	erwachsenes Mädchen, junge Frau	како́й, кака́я, како́е, каки́е	welcher, was für ein
		как	wie

5B Grammatik

1. Die zweite oder и-Konjugation

	говори́ть *sprechen*
я	говорю́
ты	говори́шь
он, она́, оно́	говори́т
мы	говори́м
вы	говори́те
они́	говоря́т

Wie schon in Lektion 4 erwähnt wurde, haben die Verben der и-Konjugation den Vokal **и** in den Endungen der 2. und 3. Person Singular und der 1. und 2. Person Plural.

---

[1] In der Buchstabenverbindung его wird das г wie в gesprochen.

Für die Endungen der 1. Person Singular und der 3. Person Plural gilt folgende Regel: Nach Vokalen und allen Konsonanten (außer Zischlauten) im Auslaut des Präsensstammes lauten die Endungen **-ю** (1. Pers. Sing.) und **-ят** (3. Pers. Pl.).
Nach Zischlauten im Auslaut des Präsensstammes lauten die Endungen **-у** (1. Pers. Sing.) und **-ат** (3. Pers. Pl.).

Большой театр

2. Das Genitivattribut (Genitiv der Zugehörigkeit)

| центр города | *Stadtmitte* |
| центр Москвы́ | *Zentrum Moskaus* |

Substantive im Genitiv werden im Russischen ähnlich wie im Deutschen auch als Attribute verwendet. Das Genitivattribut (Genitiv der Zugehörigkeit) kommt im Russischen häufig auch in Ausdrücken vor, in denen das Deutsche zusammengesetzte Substantive verwendet.

3. Die Präposition о *(über, von)*

| На́ша перево́дчица о́чень интере́сно расска́зывает **о Москве́**. | *Unsere Dolmetscherin erzählt sehr interessant über Moskau.* |

Die Präposition о regiert den Präpositiv.

5B

4. Der Präpositiv der weiblichen Substantive auf -ь

> пло́щадь – на пло́щади

Die weiblichen Substantive auf -ь haben im Präpositiv Singular die Endung -и.

Кра́сная пло́щадь

5. Das Adjektiv

Das russische Adjektiv richtet sich in Genus (Wortgeschlecht), Kasus (Fall) und Numerus (Einzahl oder Mehrzahl) nach dem Substantiv, auf das es sich bezieht. In der folgenden Tabelle finden Sie die Adjektivendungen im Nominativ. Die Pluralendungen gelten für alle drei Geschlechter.

maskulinum	femininum	neutrum	Plural
Како́й? *Welcher?*	Кака́я? *Welche?*	Како́е? *Welches?*	Каки́е? *Welche?*
краси́вый ру́сский большо́й хоро́ший } дом	краси́вая ру́сская больша́я хоро́шая } семья́	краси́вое ру́сское большо́е хоро́шее } письмо́	краси́вые ру́сские больши́е хоро́шие } де́ти

Die Endungen der Adjektive richten sich nach dem Stammauslaut. Die Tabelle enthält Beispiele für folgende Endungsvarianten:
a. Adjektive mit hartem Stammauslaut (краси́вый)
b. Adjektive mit Stamm auf г, к, х. Wie Sie schon wissen, steht nach г, к, х niemals ы, sondern immer и. So sind die maskuline Endung ру́сский und die Pluralendung ру́сские zu erklären.

c. Adjektive mit Stamm auf Zischlaut. Auch nach Zischlaut steht statt ы das и. Bei Adjektiven auf Zischlaut müssen wir aber noch unterscheiden zwischen Endbetonung und Stammbetonung. Bei Endbetonung lautet die männliche Form **-ой**. Bei Stammbetonung müssen wir die sächliche Form beachten: Sie lautet auf **-ее**.

6. Der Präpositiv Singular der Adjektive

	Nominativ	Präpositiv
m.	Какой дом? краси́вый ⎫ ру́сский ⎬ дом большо́й ⎪ хоро́ший ⎭	В како́м до́ме? в краси́вом ⎫ ру́сском ⎬ до́ме большо́м ⎪ хоро́шем ⎭
f.	Кака́я семья́? краси́вая ⎫ ру́сская ⎬ семья́ больша́я ⎪ хоро́шая ⎭	В како́й семье́? в краси́вой ⎫ ру́сской ⎬ семье́ большо́й ⎪ хоро́шей ⎭
n.	Како́е письмо́? краси́вое ⎫ ру́сское ⎬ письмо́ большо́е ⎪ хоро́шее ⎭	В како́м письме́? в краси́вом ⎫ ру́сском ⎬ письме́ большо́м ⎪ хоро́шем ⎭

Der Präpositiv lautet also bei männlichen und sächlichen Adjektiven auf -ом und bei weiblichen auf -ой. Nur bei stammbetonten Adjektiven auf Zischlaut haben wir die Endung -ем und -ей. Hierzu müssen wir eine – vorerst letzte – Regel lernen, die diese Formen und die Form des Nominativ Singular neutrum erklärt:

Nach Zischlauten (ж, ч, ш, щ) und ц wird unbetontes о zu е.

7. Adjektiv und Adverb

Москва́ **интере́сный** го́род.
Гид **интере́сно** расска́зывает о Москве́.
Хе́льга **хоро́шая** учи́тельница.
Хе́льга **хорошо́** говори́т по-ру́сски.

Moskau ist eine interessante Stadt.
Der Fremdenführer erzählt interessant über Moskau.
Helga ist eine gute Lehrerin.
Helga spricht gut Russisch.

5B/5C

Zahlreiche Adverbien werden durch Anhängen der Endung **-o** an den Adjektivstamm gebildet. Manchmal werden die Adverbien anders als die Adjektive betont. Das russische Adjektiv antwortet auf die Frage **Како́й, кака́я, како́е, каки́е?** *(Welcher/Was für ein?)*:

  Како́й Кла́ус студе́нт?   Он **хоро́ший** студе́нт.

Das Adverb antwortet auf die Frage **Как?** *(Wie?):*

  Как Кла́ус говори́т по-ру́сски?   Он **хорошо́** говори́т.

8. Die Adverbien auf -и

| ру́сский | по-ру́сски |
| немецкий | по-неме́цки |

Eine besondere Gruppe stellen die Adverbien auf **-и** mit Präfix **по-** dar. Beachten Sie hier die getrennte Schreibweise des Präfixes по-.

5C Übungen

1. *Hören Sie zu, und sprechen Sie nach:*
   Я пишу́ письмо́ из Москвы́.
   Я живу́ в гости́нице «Интури́ст».
   Я живу́ в це́нтре го́рода.
   Москва́ большо́й и интере́сный го́род.
   Я изуча́ю ру́сский язы́к.
   Я немно́го говорю́ по-ру́сски.
   Я пло́хо понима́ю по-ру́сски.
   Лю́ди на у́лице говоря́т бы́стро.
   Мари́на хорошо́ говори́т по-неме́цки.
   Мы бы́ли в Кремле́.
   Мы бы́ли на Кра́сной пло́щади.
   Мы бы́ли в Большо́м теа́тре.
   Мари́на расска́зывает о Москве́.
   Всего́ хоро́шего!
   До встре́чи!

2. *Hören Sie sich den gesprochenen Lektionstext mehrmals an. Setzen Sie dann Betonungszeichen, und vergleichen Sie diese mit dem abgedruckten Text im Lösungsschlüssel.*

3. *Fügen Sie anstelle der Punkte das Verb* говори́ть *in der erforderlichen Form ein!*
   a) Вы ... по-ру́сски?   b) Да, я немно́го ... по-ру́сски.   c) На́ша перево́дчица Ната́ша о́чень хорошо́ ... по-ру́сски.   d) Студе́нты уже́ бы́стро ... по-неме́цки.   e) Ты хорошо́ ... по-неме́цки?   f) Мы немно́го понима́ем по-ру́сски, но пло́хо ...

4. *Konjugieren Sie die Verben* понима́ть, расска́зывать.

5. *Ergänzen Sie die Sätze durch die rechts stehenden Verben in der erforderlichen Form!*

a) Наш гид интере́сно ... о Москве́.	расска́зывать
b) Мы пло́хо ... по-ру́сски.	понима́ть
c) Студе́нты ... ру́сский язы́к.	изуча́ть
d) Где вы ...?	рабо́тать
e) Наш шофёр хорошо́ ... го́род.	знать
f) Что ты ...?	де́лать
g) Я немно́го ... по-неме́цки.	говори́ть

6. *Fügen Sie anstelle der Punkte die Adjektive in der erforderlichen Form ein!*
   a) краси́вый
   ... язы́к   ... фотогра́фия   ... письмо́   ... лю́ди
   b) ма́ленький
   ... гара́ж   ... маши́на   ... письмо́   ... де́ти
   c) большо́й
   ... университе́т   ... пло́щадь   ... письмо́   ... друзья́
   d) ру́сский
   ... го́род   ... де́вушка   ... письмо́   ... студе́нты

7. *Ergänzen Sie die Sätze durch die rechts stehenden Adverbien bzw. Adjektive!*

a) Ты зна́ешь ... язы́к? Ты говори́шь ...? Наш сын хорошо́ говори́т ... Он изуча́ет ... язы́к в университе́те.	ру́сский по-ру́сски
b) Ната́ша и Оле́г изуча́ют ... язы́к в шко́ле. Они́ уже́ мо́гут немно́го говори́ть ... ... язы́к о́чень интере́сный.	неме́цкий по-неме́цки

8. *Setzen Sie die in Klammern stehenden Wörter in der erforderlichen Form ein!*
   a) Я живу́ в (больша́я гости́ница).
   b) Тури́сты бы́ли в (Кремль) и на (Кра́сная пло́щадь).
   c) Кла́ус и Мо́ника изуча́ют ру́сский язы́к в (Наро́дный университе́т).
   d) На́ша перево́дчица в (ма́ленький авто́бус).
   e) В (ру́сское письмо́) краси́вая фотогра́фия.
   f) Мы бы́ли на (интере́сная у́лица).
   g) Сего́дня на́ши ру́сские друзья́ бы́ли в (Большо́й теа́тр).

9. *Vervollständigen Sie dieses Gespräch!*
   А: . . . .?
   Б: Да, я немно́го говорю́ по-ру́сски.
   А: . . . .?
   Б: Я изуча́ю ру́сский язы́к в Наро́дном университе́те.

5C

10. *Beurteilen Sie, ob folgende Aussagen zum Lektionstext richtig oder falsch sind.*

	да	нет
a) Франц ученик госпожи Маус. b) Франц немного говорит по-русски. c) Франц изучает русский язык в университете. d) Сегодня студенты были на Красной площади и в большом музее.		

11. *Stellen Sie sich vor, Sie unterhalten sich auf einer Party mit einem russischen Gast. Fragen Sie ihn, woher er kommt, ob er Deutsch sprechen kann, und wenn ja, wo er Deutsch lernt. Verwenden Sie dabei folgende Wendungen:*

Как вас зовут? Как ваша фамилия? Откуда вы? Вы говорите по-немецки? Где вы изучаете немецкий язык?

6A

6A Text

Разговор по телефону

Monika ruft ihre russische Freundin Nina an, die in Moskau wohnt. Da Nina zuhause kein Telefon hat, ruft Monika bei ihr auf der Arbeit an.

Нина:	Алло! Слушаю.
Моника:	Алло! Это Нина?
Нина:	Да, это я. Кто это? Кто говорит?
Моника:	Это Моника. Здравствуй, Нина!
Нина:	Моника?! Добрый день! Откуда ты звонишь?
Моника:	Я звоню из Москвы.
Нина:	Из Москвы? Ты в Москве? Какой сюрприз! Где ты живёшь? В какой гостинице?
Моника:	Я живу в гостинице «Интурист», в центре города.
Нина:	Отлично. Я работаю недалеко от гостиницы «Интурист». Давай встретимся! Сейчас я работаю, пишу письмо. А через час я буду в вестибюле гостиницы.
Моника:	Хорошо. До свидания!
Нина:	Пока!

разговор	Gespräch
телефон	Telefon
разговор по телефону	Telefongespräch
алло	Hallo
слушать, -аю, -ешь	(zu-)hören
Алло! Слушаю.	So meldet sich der Angerufene.
здравствуй	grüß dich
добрый, -ая, -ое, -ые	gut
день *m.*	Tag
Добрый день!	Guten Tag!
звонить, -ню, -нишь	anrufen
какой, какая, какое, какие	welcher, was für ein
сюрприз	Überraschung
Какой сюрприз!	Welch eine Überraschung!
жить, живу, живёшь	wohnen; leben
в какой гостинице	in welchem Hotel
отлично	ausgezeichnet
недалеко	nicht weit
недалеко от + *Gen.*	nicht weit von
Давай встретимся!	Komm, wir wollen uns treffen!
сейчас	jetzt, soeben
писать, пишу, пишешь	schreiben
через + *Akk.*	nach, in *zeitlich*
час	Stunde
буду	(ich) werde sein
вестибюль *m.*	Vorhalle, Vestibül
свидание	Wiedersehen
До свидания!	Auf Wiedersehen!
Пока!	Tschüß!

6B Grammatik

1. Ergänzungen zur e-Konjugation

	жить *wohnen; leben*		писа́ть *schreiben*
я	живу́	я	пишу́
ты	живёшь	ты	пи́шешь
он, она́, оно́	живёт	он, она́, оно́	пи́шет
мы	живём	мы	пи́шем
вы	живёте	вы	пи́шете
они́	живу́т	они́	пи́шут

Im Russischen gibt es leider auch viele unregelmäßige Verben. Häufig kommen Betonungswechsel (пишу́, пи́шешь), Stammerweiterung (жить, живу́) und Konsonantenwechsel (писа́ть, пишу́) vor.

Ganz so unregelmäßig, wie Ihnen diese beiden Verben auf den ersten Blick erscheinen, sind sie jedoch nicht. Es gibt nämlich für die e-Konjugation noch zwei wichtige Regeln:

1. Sind die Personalendungen betont, so steht **ё** statt **e**.

2. Nach konsonantisch auslautendem Präsensstamm lautet die Endung der 1. Person Singular **-y** und die der 3. Person Plural **-ут**.

2. Aufforderung

| Дава́йте познако́мимся! | *Machen wir uns bekannt!* |
| Дава́й встре́тимся! | *Komm, wir wollen uns treffen!* |

In der Umgangssprache kann die Aufforderung zur gemeinsamen Handlung durch die 1. Person Plural des Verbs (ohne Personalpronomen) mit vorgesetztem **дава́й** (für Singular und Du-Form) bzw. **дава́йте** (für Plural und Sie-Form) ausgedrückt werden.

6C Übungen

1. *Sprechen Sie bitte nach!*
   Алло́! Кто говори́т?
   До́брый день!
   Отку́да ты звони́шь?
   Где ты живёшь?
   В како́й гости́нице ты живёшь?
   Дава́й встре́тимся!
   Дава́й встре́тимся че́рез час!
   Дава́й встре́тимся в вестибю́ле гости́ницы!
   Че́рез час я бу́ду в вестибю́ле гости́ницы.
   До свида́ния!
   Пока́!

2. *Heute üben wir die Satzmelodie, die für Begrüßung, Abschied, Anrede, Dank und Einverständnis typisch ist. Sprechen Sie nach!*
   До́брый день! Здра́вствуйте! До свида́ния! До встре́чи! Пока́! Всего́ хоро́шего! Отли́чно. Хорошо́.

3. *Konjugieren Sie das Verb* звони́ть!

4. *Setzen Sie anstelle der Punkte das Verb* жить *in der erforderlichen Form ein!*
   a) Тури́сты из ФРГ ... в гости́нице «Москва́». b) Ната́ша ... в Ри́ге. c) Где вы ...? d) Я ... в Ки́ле. e) Ты ... в це́нтре го́рода? f) Мы ... о́коло теа́тра.

5. *Übersetzen Sie ins Russische!*
   a) Unsere kleine Gruppe aus der Bundesrepublik wohnt im Hotel „Intourist".
   b) Heute waren wir im Zentrum Moskaus, im Kreml und auf dem Roten Platz.
   c) Unsere Dolmetscherin Marina erzählt sehr interessant über die Stadt. d) Sie spricht russisch. e) Sie spricht nicht sehr schnell, und wir verstehen gut. f) Alle Touristen in der Gruppe lernen Russisch und können schon Russisch sprechen.

6. *Suchen Sie in jeder Reihe das Wort heraus, das sich in einem bestimmten Merkmal von den anderen Wörtern unterscheidet!*
   a) ма́ленький, большо́й, интере́сный, по-ру́сски, хоро́ший, наро́дный
   b) в, на, где, до, о́коло, из
   c) сын, час, день, он, дом, сад
   d) звони́ть, понима́ть, изуча́ть, жить, де́лать, знать

7. *Sie zeigen Ihren russischen Freunden Ihre Urlaubsfotos aus Moskau und erklären, wer und was dort abgebildet ist. Folgende Wörter helfen Ihnen bei der Beschreibung:*
   Москва́, Кра́сная пло́щадь, Большо́й теа́тр, центр го́рода, центр Москвы́,

6C

наша гостиница, наша группа, наш гид, наша переводчица, шофёр, мои русские друзья, наш автобус ...

Und hier einige Beispiele für Ihre Fotos:
a) Это наша группа из ФРГ. Мы на Красной площади.
b) Это наша группа около гостиницы. Это Франц. Он из ... А это Моника. Она из ...

„Knipsen" Sie möglichst viele Bilder!
In Ihrem Russischkurs können Sie diese Übung in Form eines Wettbewerbes durchführen.

8. *Rufen Sie Ihren russischen Freund in Moskau an, und vereinbaren Sie mit ihm ein Treffen in einer Stunde! Als Treffpunkt können Sie ihm anbieten:*

на Красной площади, около театра, в Большом театре, в гостинице, на улице около гостиницы ...

 9. *In der Hotelhalle begegnet Marina zufällig einem alten Bekannten aus der Bundesrepublik. Hören Sie sich dieses Gespräch an. Welche der folgenden Aussagen sind richtig, welche sind falsch?*

	да	нет
a) Манфред – гид из ФРГ		
b) Манфред и Марина в Одессе		
c) Манфред работает в Москве		
d) Манфред – турист из ФРГ		

7A

7A Text

У вас есть проблéмы?

Marina und Franz unterhalten sich in der Hotelhalle.

Марина:	Дóбрый вéчер, господин Крáузе!
Франц:	Здрáвствуйте, Марина! Как делá?
Марина:	Спасибо, хорошó. А как вáши делá?
Франц:	Ничегó. Спасибо. Марина, скажите, пожáлуйста, где здесь администрáтор?
Марина:	Что случилось? У вас есть проблéмы?
Франц:	Я хочý поменять нóмер.
Марина:	Почемý? У вас плохóй нóмер?
Франц:	Нет, у меня хорóший нóмер. Есть душ, вáнна, туалéт, телефóн, рáдио, телевизор и дáже мáленький бар. Из окнá прекрáсный вид.
Марина:	В чём же дéло?
Франц:	Вы знáете, рядом в коридóре лифт. Он рабóтает день и ночь, и в нóмере óчень шýмно. Я не могý спать.
Марина:	Да, это неприятно. Вот администрáтор. Я дýмаю, у негó есть другóй свобóдный нóмер. Там, где рядом нет лифта.
Франц:	Я надéюсь.

у + *Gen.*	bei	хотéть	wollen, mögen, wünschen
есть	es gibt, es ist/sind da		
у вас есть	haben Sie, habt ihr	поменять, -яю, -яешь	tauschen
проблéма *Pl.:* проблéмы	Problem	нóмер	Hotelzimmer
вéчер	Abend	почемý	warum
дéло *Pl.:* делá	Sache, Ding, Angelegenheit	душ	Dusche
		вáнна	Badewanne
Как делá?	Wie geht es? *wörtl.:* Wie stehen die Geschäfte	туалéт	Toilette
		рáдио *idkl.*	Radio
		телевизор	Fernsehapparat
спасибо	danke	дáже	sogar
ничегó[1] *Adv.*	*hier:* es geht, ganz gut	бар	Bar
		мáленький бар	*hier:* Mini-Bar
здесь	hier	окнó	Fenster
администрáтор	Administrator, Empfangschef	из + *Gen.*	aus
		прекрáсный	herrlich
Что случилось?	Was ist los? Was ist passiert?	вид	Aussicht, Ausblick
		чём	*Präp. von* что (= was)

[1] das г wird wie в gesprochen

7A/7B

же	denn, doch, aber	у него есть	er hat
В чём же дело?	Worum geht es denn?	другой, -ая, -ое, -ие	anderer
вы знаете ...	wissen Sie ...	свободный, -ая, -ое, -ые	frei
рядом	nebenan	нет + *Gen.*	es gibt nicht, es ist nicht vorhanden
коридор	Korridor	надеюсь	(ich) hoffe
лифт	Aufzug		
ночь *f.*	Nacht		
шумно	laut	*Übung 8*	
мочь, могу, можешь	können	стол	Tisch
		стул	Stuhl
спать	schlafen	кровать *f.*	Bett
неприятно	unangenehm	кресло	Sessel
думать, -аю, -аешь	denken, glauben, meinen	лампа	Lampe

7B Grammatik

1. Die Konjugation von хотеть und мочь

	хотеть *wollen*		мочь *können*
я	хочу	я	могу
ты	хочешь	ты	можешь
он, она, оно	хочет	он, она, оно	может
мы	хотим	мы	можем
вы	хотите	вы	можете
они	хотят	они	могут

Das Verb хотеть wird völlig unregelmäßig konjugiert: im Singular nach der e-Konjugation und im Plural nach der i-Konjugation. Achten Sie außerdem auf die Betonungswechsel!

Bei мочь finden Konsonantenwechsel statt. Beachten Sie auch hier die Betonung: Die 1. Person Singular ist endbetont, alle weiteren Personen dagegen stammbetont.

2. Das Verb есть *(sein)*

В номере есть телефон и телевизор.	*Im Hotelzimmer gibt es ein Telefon und einen Fernsehapparat.*

In Lektion 1 wurde erklärt, daß die russische Sprache im Präsens ohne das Hilfsverb *sein* auskommt. Wenn man aber das Vorhandensein einer Sache oder Person betonen will, gebraucht man das unveränderliche Verb есть.

3. Die Konstruktion у + Genitiv (+ есть)

У вас есть проблéмы?	*Haben Sie Probleme?*
У Клáуса есть машúна.	*Klaus hat einen Wagen.*

Zum Ausdruck von *haben/besitzen* verwendet man im Russischen die Konstruktion у + Genitiv + есть. Wörtlich übersetzt bedeutet у вас есть *bei Ihnen ist*; also: *Sie haben*.

Tritt zum Subjekt des russischen Satzes (also zu dem, was besessen wird) ein charakterisierendes Adjektiv hinzu, so kann das Verb есть entfallen:

У вас плохóй нóмер?	*Haben Sie ein schlechtes Hotelzimmer?*
Нет, у меня́ хорóший нóмер.	*Nein, ich habe ein gutes Hotelzimmer.*

4. Die Konstruktion нет + Genitiv

Ря́дом **нет лúфта**.	*Nebenan gibt es keinen Aufzug.*
В нóмере Клáуса есть телевúзор, а в нóмере Мóники **нет телевúзора**.	*Im Hotelzimmer von Klaus ist ein Fernsehapparat, aber im Zimmer von Monika ist kein Fernsehapparat.*
У Клáуса есть телефóн, а у Мóники **нет телефóна**.	*Klaus hat Telefon, aber Monika hat kein Telefon.*

Möchte man ausdrücken, daß jemand oder etwas nicht vorhanden ist, so geschieht das mit Hilfe von нет. Dabei hat нет die Bedeutung von *es ist nicht vorhanden / es gibt nicht / ist nicht da / kein*. Нет hat somit die gegenteilige Bedeutung von есть. Das Nichtvorhandene steht dann im Genitiv.

5. Der Genitiv Singular neutraler Substantive

Nominativ Singular		Genitiv Singular	
Endung	Beispielwort	Endung	Beispielwort
-о	окнó	-а	(из) окнá
-е	мóре	-я	(óколо) мóря

7B

6. Genitiv der Personalpronomen

Nominativ	Genitiv
я	меня́
ты	тебя́
он	его́
она́	её
оно́	его́
мы	нас
вы	вас
они́	их

7. Genitiv der Personalpronomen nach Präpositionen

	Genitiv
я	У меня́ есть друзья́ в ФРГ.
ты	Мо́ника, у тебя́ есть маши́на?
он	Вст авто́бус. О́коло него́ тури́сты из Москвы́.
она́	Э́то Мари́на. А о́коло неё Ната́ша.
оно́	Э́то моё письмо́. А о́коло него́ твоя́ фотогра́фия.
мы	Мы тури́сты из ФРГ. У нас есть гид.
вы	Вы из Бо́нна? У вас в Бо́нне есть университе́т?
они́	Э́то на́ши роди́тели. У них есть дом.

Steht vor den Personalpronomen eine Präposition, so wird vor die Pronomen, die mit Vokal anlauten, ein н gesetzt:
его́ – о́коло него́   её – о́коло неё   их – у них.

8. Deklination von Fremdwörtern im Russischen

У Мо́ники нет ра́дио.   *Monika hat kein Radio.*

Fremdwörter, die auf einen Vokal auslauten und unbelebte Dinge bezeichnen, werden nicht dekliniert.

74

7B/7C

9. Der unpersönliche Satz

> В но́мере о́чень шу́мно. *Im Hotelzimmer ist es sehr laut.*

Russische unpersönliche Sätze haben kein Subjekt. Das Prädikat steht in der sächlichen Form. Im Deutschen entsprechen ihnen häufig die unpersönlichen Sätze mit dem unpersönlichen Pronomen *es*.

7C Übungen

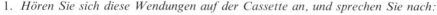

1. *Hören Sie sich diese Wendungen auf der Cassette an, und sprechen Sie nach:*

   До́брый ве́чер!
   Как дела́?
   Спаси́бо. Хорошо́.
   А как ва́ши дела́?
   Ничего́. Спаси́бо.
   У меня́ хоро́ший но́мер.
   У меня́ плохо́й но́мер.
   В но́мере есть душ и туале́т.
   В но́мере есть ва́нна.
   Э́то телеви́зор, ра́дио и телефо́н.
   Э́то ма́ленький бар.
   Скажи́те, пожа́луйста, где администра́тор?

   Что случи́лось?
   У вас есть пробле́мы?
   Я хочу́ поменя́ть но́мер.
   Почему́? В чём де́ло?
   В но́мере шу́мно.
   Я не могу́ спать.
   Ря́дом в коридо́ре лифт.
   Лифт рабо́тает день и ночь.
   Э́то неприя́тно.
   У вас есть свобо́дный но́мер?
   У него́ есть друго́й свобо́дный но́мер.
   Я наде́юсь.

2. *Spulen Sie jetzt die Cassette zurück zum Lektionstext, und spielen Sie sie noch einmal ab! Sprechen Sie dabei die Rollen von Marina und Franz mit!*

3. *Setzen Sie das Verb* хоте́ть *in der erforderlichen Form ein!*
   a) Кла́ус ... знать ру́сский язы́к.   b) Почему́ ты ... поменя́ть но́мер?   c) Мы ... говори́ть по-ру́сски.   d) Студе́нты ... рабо́тать в шко́ле.   e) Вы ... жить в Москве́?   f) Я ... изуча́ть неме́цкий язы́к.   g) Мо́ника ... спать.

4. *Setzen Sie das Verb* мочь *in der erforderlichen Form ein!*
   a) Студе́нты изуча́ют ру́сский язы́к и уже́ ... говори́ть по-ру́сски.   b) Администра́тор гости́ницы ... поменя́ть но́мер.   c) Почему́ ты не ... спать?   d) На у́лице о́чень шу́мно, и я не ... спать.   e) Вы ... говори́ть по-неме́цки?   f) Мы ... звони́ть из гости́ницы. У нас в но́мере есть телефо́н.   g) Ната́ша ... интере́сно расска́зывать о Кремле́.

75

7C

5. *Lösen Sie die Klammern auf, und setzen Sie die Personalpronomen in der erforderlichen Form ein!*

   a) У (я) есть друзья́ в ФРГ. Посмотри́те, вот они́ на фотогра́фии.   b) Э́то Хе́льга, а о́коло (она́) Йо́зеф.   c) У (они́) есть де́ти: сын Кла́ус и дочь Ба́рбара.   d) У Хе́льги и Йо́зефа есть дом и маши́на. Посмотри́те, вот на фотогра́фии дом, а о́коло (он) сад.   e) А у (вы) есть друзья́ в ФРГ?   f) Да, у (мы) то́же есть друзья́ в ФРГ.

6. *Antworten Sie auf die Fragen bejahend!*

   Muster: У вас есть де́ти?
           Да, у меня́ есть де́ти.

   a) У тебя́ есть друзья́ в ФРГ?
   b) У вас есть телефо́н?
   c) У него́ в но́мере есть душ?
   d) У неё есть телеви́зор?
   e) У нас в гру́ппе есть студе́нт-слави́ст?
   f) У них есть маши́на?
   g) У вас в го́роде есть теа́тр?

7. *Antworten Sie auf die Fragen verneinend!*

   Muster: У тебя́ есть телеви́зор?
           Нет, у меня́ нет телеви́зора.

   a) В но́мере есть ва́нна?   e) У вас есть гара́ж?
   b) В го́роде есть университе́т?   f) В коридо́ре есть телефо́н?
   c) У них есть сын?   g) Здесь есть гости́ница?
   d) В до́ме есть лифт?

8. *Für diese Übung müssen wir noch einige russische Bezeichnungen für Möbelstücke lernen. Prägen Sie sich zuerst diese neuen Wörter ein:*

стол   стул   крова́ть   кре́сло   ла́мпа

Vergleichen Sie jetzt die beiden Hotelzimmer und sagen Sie, was es im Zimmer von Monika und Franz gibt und was fehlt. Fangen Sie nach folgendem Muster an:

В но́мере Мо́ники есть душ. В но́мере Фра́нца то́же есть душ.
В но́мере Мо́ники есть ва́нна. В но́мере Фра́нца нет ва́нны.

7C

Номер Моники

Номер Франца

9. *Sie möchten ein anderes Hotelzimmer. Sprechen Sie darüber mit dem Empfangschef nach folgendem Muster:*

Вы:	Я хочу поменять номер.
Администратор:	В чём дело?/Что случилось?
Вы:	В номере нет телевизора./Телевизор не работает.

Andere Gründe:

В номере нет душа, ванны, туалета, телефона, радио, стола, лампы.
Душ, туалет, лампа, радио, телефон не работает.
В номере очень шумно.
Из окна плохой вид.

10. *Bilden Sie Dialoge nach folgendem Muster:*

Турист:	У вас есть свободный номер?
Администратор:	Да, есть.
Турист:	В номере есть душ и туалет?
Администратор:	Да, есть.
Турист:	А ванна тоже есть?
Администратор:	Нет, ванны нет.

11. *Stellen Sie sich vor, Sie befinden sich als Tourist in Moskau und wohnen im Hotel „Kosmos" («Космос»). Heute schreiben Sie einen Brief mit ersten Eindrücken an Ihre russischen Freunde Natascha und Oleg in Kaluga. Was würden Sie schreiben? Benutzen Sie dabei auch Wörter und Wendungen, die Sie in Lektion 5 gelernt haben!*

8A

8A Text

Но́вый райо́н

Erinnern Sie sich an das Telefongespräch zwischen Monika und ihrer russischen Freundin Nina Belowa? Nina und Monika trafen sich dann im Hotel, und Nina hat Monika zu sich nach Hause eingeladen.

Ни́на Бело́ва живёт в но́вом райо́не Москвы́. Снача́ла Ни́на и Мо́ника е́дут на метро́ до ста́нции «Речно́й вокза́л», а пото́м две остано́вки на авто́бусе но́мер четы́ре. Пото́м они́ иду́т пешко́м. Семья́ Ни́ны живёт на проспе́кте Гага́рина. Ря́дом два магази́на – «Гастроно́м» и «Промтова́ры», парикма́херская, кафе́, но́вый кинотеа́тр «Дру́жба», видеосало́н, апте́ка, де́тский сад и шко́ла. Э́то о́чень удо́бно. К сожале́нию, ря́дом нет па́рка и поликли́ники. Туда́ на́до е́хать на трамва́е. Но остано́вка трамва́я недалеко́ от до́ма Ни́ны.

Вот и дом но́мер три. Здесь живу́т Бело́вы. О́коло до́ма небольша́я спорти́вная площа́дка. На площа́дке игра́ют де́ти. «У вас краси́вый, высо́кий дом!» – говори́т Мо́ника. «Да, дом краси́вый, но у нас ещё есть пробле́мы», – отвеча́ет Ни́на. «Каки́е пробле́мы?» – спра́шивает Мо́ника. «Пробле́ма но́мер оди́н – э́то наш лифт. Ну вот, сего́дня он опя́ть не рабо́тает! И опя́ть на́до идти́ наве́рх пешко́м!» ...

но́вый, -ая, -ое, -ые	neu	магази́н	Geschäft, Kaufhaus
райо́н	Bezirk	гастроно́м	Lebensmittelgeschäft
снача́ла	zuerst		
е́хать, е́ду, е́дешь	fahren	промтова́ры *Pl.*	Konsumgüter, Industriewaren
метро́	U-Bahn		
на метро́	mit der U-Bahn	парикма́херская	Friseursalon
ста́нция	Station	кафе́ *idkl.*	Café
речно́й, -а́я, -о́е, -ы́е	Binnen(wasser)-	кинотеа́тр	Kino
вокза́л[1]	Bahnhof	дру́жба	Freundschaft
пото́м	dann	видеосало́н	Videosalon, Videocafé
две *f.*	zwei		
остано́вка	Haltestelle	апте́ка	Apotheke
на авто́бусе	mit dem Bus	де́тский, -ая, -ое, -ие	Kinder-
но́мер	Nummer		
четы́ре	vier	де́тский сад	Kindergarten
идти́, иду́, идёшь	gehen	удо́бно	praktisch, bequem
пешко́м	zu Fuß	сожале́ние	Bedauern
проспе́кт	Prospekt, breite Straße	к сожале́нию	leider
		парк	Park
Гага́рин, Ю́рий	Juri Gagarin *sowjetischer Kosmonaut*	поликли́ника	Poliklinik
		туда́	dorthin
два *m.*	zwei	на́до	man muß

[1] Achten Sie auf die Stimmassimilation im Wort вокза́л: Das к wird wie г ausgesprochen.

трамва́й	Straßenbahn	ну вот	nun, da haben wir's
на трамва́е	mit der Straßenbahn	опя́ть	wieder
вот и	da ist (schon)	наве́рх	nach oben, hinauf
три	drei		
небольшо́й, -ая, -ое, -ие	klein, nicht groß	*Übung 4*	
спорти́вный, -ая, -ое, -ые	Sport-	плюс	plus
		бу́дет	*hier:* ergibt
площа́дка	Platz	ми́нус	minus
спорти́вная площа́дка	Sportplatz		
игра́ть, -áю, -áешь	spielen	*Übung 7*	
		Че́хов	Anton Tschechow
краси́вый, -ая, -ое, -ые	schön		*russ. Schriftsteller (1860–1904)*
высо́кий, -ая, -ое, -ие	hoch, groß	ле́нинский, -ая, -ое, -ие	Lenin-, leninistisch
отвеча́ть, -áю, -áешь	antworten	Охо́тный ряд	*Straße im Zentrum Moskaus*
спра́шивать, -аю, -аешь	fragen	Пу́шкин	Alexander Puschkin
оди́н	ein, eins		*russ. Dichter (1799–1837)*
ну	nun	револю́ция	Revolution

8B Grammatik

1. Die Grundzahlen von 0 bis 10

0	ноль	6	шесть
1	оди́н, одна́, одно́	7	семь
2	два, две	8	во́семь
3	три	9	де́вять
4	четы́ре	10	де́сять
5	пять		

Die Zahlwörter оди́н und два haben, wie Adjektive, verschiedene Endungen und richten sich nach dem Genus des jeweiligen Bezugswort. Das Grundzahlwort оди́н hat drei Formen: оди́н *(m.)*, одна́ *(f.)* und одно́ *(n.)*. Das Grundzahlwort два hat 2 Formen: два *(m. und n.)* sowie две *(f.)*.
Nach den Zahlen 2–4 steht das Substantiv im Genitiv Singular.

оди́н авто́бус	одна́ остано́вка	одно́ письмо́
два авто́буса	две остано́вки	два письма́
три авто́буса	три остано́вки	три письма́
четы́ре авто́буса	четы́ре остано́вки	четы́ре письма́

2. Genitiv Singular der femininen Substantive auf -я, -ия und -ь

Nominativ Singular		Genitiv Singular	
Endung	Beispielwort	Endung	Beispielwort
-я	семья́	-и	семьи́
-ия	ста́нция	-ии	ста́нции
-ь	пло́щадь	-и	пло́щади

3. Die Konjugation der Verben идти́ und е́хать

	идти́ *gehen*		е́хать *fahren*
я	иду́	я	е́ду
ты	идёшь	ты	е́дешь
он, она́, оно́	идёт	он, она́, оно́	е́дет
мы	идём	мы	е́дем
вы	идёте	вы	е́дете
они́	иду́т	они́	е́дут

4. Mit einem Fahrzeug fahren

На чём они́ е́дут?	*Womit fahren sie?*
Ни́на и Мо́ника е́дут на авто́бусе.	*Nina und Monika fahren mit dem Bus.*
Кла́ус е́дет на трамва́е.	*Klaus fährt mit der Straßenbahn.*
Мы е́дем на маши́не.	*Wir fahren mit dem Auto.*
Друзья́ е́дут на метро́.	*Die Freunde fahren mit der U-Bahn.*

Die Angabe des Verkehrsmittels erfolgt in der Konstruktion **на** + **Präpositiv.**

5. Die Konstruktion на́до + Infinitiv

Здесь нет поликли́ники.	*Hier gibt es keine Poliklinik.*
Туда́ на́до е́хать на трамва́е.	*Dorthin muß man mit der Straßenbahn fahren.*

Der Verbindung des prädikativen Adverbs **на́до** + **Infinitiv** entsprechen im Deutschen die Konstruktionen *es ist notwendig, man muß.*

6. Substantivierte Adjektive

На у́лице Че́хова есть больша́я парикма́херская.	In der Tschechowstraße gibt es einen großen Friseursalon.
Моя́ жена́ рабо́тает в большо́й парикма́херской.	Meine Frau arbeitet in einem großen Friseursalon.

Manche Adjektive sind zu Substantiven geworden und werden nicht mehr als Adjektive empfunden. Diese Substantive werden wie Adjektive dekliniert und können ein Attribut bei sich haben.

7. Die Pluralform des Familiennamens

Э́то Ни́на Бело́ва.
Э́то Оле́г Бело́в.
Э́то Оле́г и Ни́на Бело́вы.

Die Pluralform des Familiennamens hat die Endung **-ы**.

8C Übungen

1. *Sprechen Sie der Stimme auf der Cassette nach!*
оди́н, два, три, четы́ре, пять, шесть, семь, во́семь, де́вять, де́сять; оди́н студе́нт, одна́ студе́нтка, одно́ письмо́, два студе́нта, две студе́нтки

2. *Sprechen Sie folgende Wörter der Stimme auf der Cassette nach. Achten Sie auf die Stimmassimilation im Wortinnern:*
авто́бус   остано́вка   идти́   площа́дка   вокза́л

3. *Konjugieren Sie die Verben* спра́шивать, отвеча́ть, игра́ть!

4. *Rechnen Sie russisch – mündlich und schriftlich!*
(+ плюс; − ми́нус; = бу́дет)
Muster: $1+2=3$ оди́н плюс два бу́дет три
          $10-2=8$ де́сять ми́нус два бу́дет во́семь

$1+2=3$	$5+2=7$	$10-3=7$
$2+2=4$	$4+4=8$	$9-8=1$
$4+1=5$	$8+1=9$	$8-8=0$
$3+3=6$	$5+5=10$	$9-3=6$

8C

5. *Schreiben Sie die Grundzahlen aus, und lösen Sie die Klammern auf!*

   Muster: 1 (машина) – одна́ маши́на

   1 (авто́бус), 4 (гру́ппа), 2 (телеви́зор), 3 (студе́нт), 1 (шко́ла), 4 (магази́н), 2 (ра́дио), 3 (гости́ница), 2 (перево́дчица), 1 (пло́щадь), 2 (пло́щадь)

6. *Antworten Sie auf die Fragen bejahend und verneinend!*

   Muster: У вас ря́дом есть парк?
   Да, у нас ря́дом есть парк.
   Нет, у нас ря́дом нет па́рка.

   У вас ря́дом есть поликли́ника (кинотеа́тр, видеосало́н, остано́вка трамва́я, ста́нция метро́, вокза́л, магази́н «Промтова́ры», гастроно́м, шко́ла, кафе́)?

7. *Sprechen Sie der Stimme auf der Cassette nach!*

   у́лица Че́хова, у́лица Дру́жбы, Ле́нинский проспе́кт, Охо́тный ряд, пло́щадь Пу́шкина, пло́щадь Револю́ции

   Bilden Sie jetzt kurze Dialoge nach folgendem Muster:

   парикма́херская – у́лица Че́хова

   А: Скажи́те, пожа́луйста, где здесь парикма́херская?
   Б: Парикма́херская на у́лице Че́хова.
   А: Спаси́бо.

   Jetzt sind Sie an der Reihe!

   де́тский сад – у́лица Дру́жбы; шко́ла – проспе́кт Гага́рина; гастроно́м – пло́щадь Пу́шкина; остано́вка авто́буса – пло́щадь Револю́ции; спорти́вная площа́дка – у́лица Че́хова

8. *Bilden Sie kurze Dialoge nach folgendem Muster:*

   кинотеа́тр – у́лица Че́хова – трамва́й но́мер семь

   А: Скажи́те, пожа́луйста, где здесь кинотеа́тр?
   Б: К сожале́нию, здесь нет кинотеа́тра.
   Кинотеа́тр на у́лице Че́хова.
   Туда́ на́до е́хать на трамва́е но́мер семь.
   А: Спаси́бо.

   Jetzt sind Sie an der Reihe!

   a) видеосало́н – Ле́нинский проспе́кт – авто́бус но́мер три
   b) магази́н «Промтова́ры» – проспе́кт Гага́рина – трамва́й но́мер во́семь
   c) поликли́ника – пло́щадь Пу́шкина – метро́
   d) ста́нция метро́ – пло́щадь Револю́ции – авто́бус но́мер де́вять
   e) парк – у́лица Дру́жбы – метро́

8C

9. *Schauen Sie sich diese Bilder an, und antworten Sie auf die Frage:* На чём они́ е́дут до це́нтра го́рода?

Muster: Ната́ша е́дет на метро́ до ста́нции «Пло́щадь Револю́ции»

Йо́зеф ...

Тури́сты ...

Мы ...

8C

10. *Übersetzen Sie ins Russische!*

   a) Ich wohne in einem Neubauviertel. b) Vom Stadtzentrum muß man dorthin mit der Metro bis zur Station „Universität" fahren und dann noch vier Haltestellen mit der Straßenbahn bis zum Puschkinplatz. c) Die Haltestelle der Straßenbahn ist nicht weit entfernt von dem Haus, in dem (wo) ich wohne. d) Das ist sehr günstig. e) Unser Viertel ist schön (Wir haben ein schönes Viertel). f) Dicht dabei ist ein schöner (gibt es einen schönen) Park, ein Sportplatz, drei Geschäfte, eine Poliklinik, ein Kindergarten und zwei Schulen. g) Aber leider gibt es hier kein Kino. h) Unser Kino „Freundschaft" liegt auf dem Gagarin-Prospekt. i) Dorthin muß man zunächst mit der Straßenbahn fahren und dann mit dem Bus.

 11. *Eine Frau sucht eine Poliklinik.*
   Hören Sie sich die Erklärung an, und kennzeichnen Sie die Lage der Poliklinik auf diesem Plan!

 12. *Ihr russischer Freund beschreibt Ihnen am Telefon den Weg zu seinem Haus. Vervollständigen Sie nach diesem Gespräch die Wegbeschreibung auf diesem Zettel:*

> Снача́ла . . . . ,
> пото́м . . . . ,
> а пото́м . . . .
> А́дрес . . . .

Und jetzt beschreiben Sie Ihrem Bekannten den Weg vom Stadtzentrum zu Ihrem Haus!

13. *Stellen Sie sich vor, Sie sind in eine neue Wohnung umgezogen. Beschreiben Sie die Umgebung!*

9A Text

Из дневника́ Мо́ники.

Monika führt ein russisches Tagebuch. Heute beschreibt sie in ihrem Tagebuch den gestrigen Besuch bei den Belows.

Вчера я была у Нины. Год назад семья Нины получила квартиру. Раньше Беловы жили в коммунальной квартире в центре города, а теперь они живут в новой отдельной квартире, но почти на окраине города.
В их квартире четыре комнаты, кухня, ванная, туалет, прихожая и балкон.
Вчера я видела всю семью Нины. Здесь живут вместе три поколения: дедушка Нины Алексей Петрович, её родители Мария Степановна и Николай Алексеевич, Нина, её старший брат Игорь и её младшая сестра Вера.
Дедушка пенсионер. Раньше он работал в школе. Он учитель.
Его сын, Николай Алексеевич (отец

9A

Нины) — архитектор. Вчера он много рассказывал о старой архитектуре Москвы. Мария Степановна врач, она работает в больнице. Игорь биолог. Он уже окончил университет и работает в научно-исследовательском институте. Нина тоже работает и учится заочно в Политехническом институте. Вера ещё школьница. Игоря и отца Нины я знала уже раньше, а Веру, мать и дедушку Нины я видела вчера впервые. Получить квартиру в Москве очень трудно. Надо долго стоять в очереди на квартиру. И теперь Беловы стоят в очереди на телефон. У них нет телефона. "Телефон — это наша проблема номер два", — говорит Нина.

дневни́к	Tagebuch	год	Jahr
вчера́	gestern	наза́д	zurück
быть	sein	год наза́д	vor einem Jahr
была́	war *weibliche Form der 1., 2. und 3. Pers. Sing. Präteritum von* быть	получи́ть	erhalten
		она́ получи́ла	sie erhielt
		кварти́ра	Wohnung
		ра́ньше	früher

9A

они́ жи́ли	sie wohnten
коммуна́льная кварти́ра	Gemeinschaftswohnung[1]
тепе́рь	jetzt
отде́льный, -ая, -ое, -ые	separat
отде́льная кварти́ра	eigene Wohnung
почти́	fast
окра́ина	Rand, Randgebiet
их *Possessivpronomen*	ihr, ihnen gehörig *Pl.*
ко́мната	Zimmer
ку́хня	Küche
ва́нная	Badezimmer
прихо́жая	Diele
балко́н	Balkon
ви́дела	sah *weibliche Form der 1., 2. und 3. Person Sing.*
всю	ganz *Akk. des Determinativpronomens* вся *f.*
вме́сте	zusammen
поколе́ние	Generation
де́душка *m.*	Großvater
Алексе́й Петро́вич	Alexej Petrowitsch
её *Possessivpronomen*	ihr, ihr gehörig *Sing.*
Мари́я Степа́новна	Maria Stepanowna
Никола́й Алексе́евич	Nikolai Alexejewitsch
ста́рший, -ая, -ее, -ие	älterer
брат	Bruder
И́горь	Igor
мла́дший, -ая, -ее, -ие	jüngerer
сестра́	Schwester
пенсионе́р	Rentner
он рабо́тал	er arbeitete
учи́тель *m.*	Lehrer
его́[2] *Possessivpronomen*	sein, ihm gehörig
архите́ктор	Architekt
мно́го	viel
он расска́зывал	er erzählte
ста́рый, -ая, -ое, -ые	alt
архитекту́ра	Architektur
врач *m.*	Arzt, Ärztin
больни́ца	Krankenhaus
био́лог	Biologe
око́нчить	absolvieren, beenden
он око́нчил	er absolvierte
нау́чно-иссле́довательский, -ая, -ое, -ие	wissenschaftlich
институ́т	Institut
нау́чно-иссле́довательский институ́т	wissenschaftliches Forschungsinstitut
у́чится	(er, sie) lernt, studiert
зао́чно	extern, als Fernstudent
политехни́ческий, -ая, -ое, -ие	polytechnisch
Политехни́ческий институ́т	Polytechnische Hochschule
знать	*hier:* kennen
зна́ла	kannte *weibl. Form der 1., 2. und 3. Pers. Sing. Prät.*
впервы́е	zum ersten Mal
тру́дно	schwierig
до́лго	lange
стоя́ть	stehen
о́чередь *f.*	Schlange wartender Menschen
стоя́ть в о́череди	Schlange stehen
о́чередь на кварти́ру	Warteliste für eine neue Wohnung
Grammatik	
кого́[2]	wen *Akk. von* кто
и́мя *n.*	Vorname
о́тчество	Vatersname
Übung 10	
А́нна Андре́евна Ахма́това	Anna Andrejewna Achmatowa (1889–1966), *russ. Lyrikerin*
Мари́на Ива́новна Цвета́ева	Marina Iwanowna Zwetajewa (1892–1941), *russ. Lyrikerin*
Андре́й Дми́триевич Са́харов	Andrej Dmitrijewitsch Sacharow (1921–1989), *sowjet. Physiker*
Алекса́ндр Иса́евич Солжени́цын	Alexander Issajewitsch Solschenizyn (geb. 1918), *russ. Schriftsteller*

---

[1] Wohnung, in der mehrere Mietparteien gleichberechtigt wohnen, meist jede in einem Zimmer, und sich Küche und Bad teilen.
[2] Das г wird wie в gesprochen.

9B

9B Grammatik

1. Das Präteritum

Präsens:
Йо́зеф рабо́тает на заво́де.
Хе́льга рабо́тает в шко́ле.
Ра́дио рабо́тает.
Студе́нты рабо́тают.

Präteritum:
Йо́зеф рабо́тал на заво́де.
Хе́льга рабо́тала в шко́ле.
Ра́дио рабо́тало.
Студе́нты рабо́тали.

Das Präteritum wird im Russischen vom Infinitivstamm gebildet. Den Infinitivstamm erhält man, wenn man von der Infinitivform die Endung -ть bzw. -ти abstreicht: рабо́тать – рабо́та. An den Infinitivstamm fügt man die Suffixe -л, -ла, -ло oder -ли an. Anders als im Präsens richtet sich die Form des Präteritums nicht nach Personen, sondern nach Genus und Numerus des Subjekts. Im Singular lautet bei männlichem Subjekt die Endung -л, bei weiblichem Subjekt -ла und bei sächlichem -ло. Für die 1., 2. und 3. Person Plural gibt es nur eine Endung: -ли.

So sagt z. B. eine männliche Person, die von sich selbst spricht, я рабо́тал, eine weibliche sagt я рабо́тала. Wenn man eine männliche Person per „du" anredet, sagt man ты рабо́тал, bei einer weiblichen entsprechend ты рабо́тала, und wenn man jemanden siezt, sagt man вы рабо́тали.

Numerus	Genus	Person	рабо́тать
Sing.	m.	я, ты, он	рабо́тал
	f.	я, ты, она́	рабо́тала
	n.	оно́	рабо́тало
Pl.	m., f., n.	мы, вы, они́	рабо́тали

2. Das Präteritum von быть

Кла́ус **был** в Большо́м теа́тре. *Klaus war im Bolschoi-Theater.*
Мо́ника **была́** у Ни́ны. *Monika war bei Nina.*
Письмо́ **бы́ло** в маши́не. *Der Brief war im Auto.*
Мы **бы́ли** на Кра́сной пло́щади. *Wir waren auf dem Roten Platz.*

		быть
Sing.	m.	был
	f.	была́
	n.	бы́ло
Plural		бы́ли

In Lektion 1 wurde gesagt, daß das Russische im Präsens ohne die Formen des Hilfsverbs *sein* auskommt. Dies gilt jedoch nicht für das Präteritum.

Die Bildungsweise der Präteritumsformen von быть ist regelmäßig, wie unter 1. beschrieben. Beachten Sie aber den Betonungswechsel!

3. Akkusativ (4. Fall) Singular der Substantive

Genus	Nominativ Singular кто? *wer?* что? *was?* Endung	Beispielwort	Akkusativ Singular кого́? *wen?* что? *was?* Endung	Beispielwort
m. unbelebt	–	университе́т	–	университе́т
	-ь	Кремль	-ь	Кремль
	-й	музе́й	-й	музе́й
m. belebt	–	брат	-а	бра́та
	-ь	учи́тель	-я	учи́теля
	-й	Алексе́й	-я	Алексе́я
f.	-а	кварти́ра	-у	кварти́ру
	-я	семья́	-ю	семью́
	-ия	фами́лия	-ию	фами́лию
	-ь	пло́щадь	-ь	пло́щадь
n.	-о	письмо́	-о	письмо́
	-е	мо́ре	-е	мо́ре
	-ие	поколе́ние	-ие	поколе́ние

Что ви́дела Мо́ника?	*Was hat Monika gesehen?*
Мо́ника ви́дела **Кремль.**	*Monika hat den Kreml gesehen.*
Кого́ ви́дела Мо́ника?	*Wen hat Monika gesehen?*
Мо́ника ви́дела **И́горя.**	*Monika hat Igor gesehen.*
Что ты зна́ешь?	*Was kennst du?*
Я зна́ю **музе́й** Че́хова.	*Ich kenne das Tschechow-Museum.*
Кого́ ты зна́ешь?	*Wen kennst du?*
Я хорошо́ зна́ю **Алексе́я.**	*Ich kenne Alexej gut.*

9B

Bei männlichen Substantiven wird im Akkusativ Singular zwischen sogenannten unbelebten und belebten Objekten unterschieden. Bei belebten Substantiven, d. h. Substantiven, die Lebewesen (Menschen oder Tiere) bezeichnen, ist der Akkusativ Singular gleich dem Genitiv Singular. Bei unbelebten Substantiven, also solchen, die unbelebte Dinge oder Begriffe bezeichnen, ist der Akkusativ gleich dem Nominativ Singular.

Bei weiblichen Substantiven wird im Singular diese Unterscheidung nicht gemacht. Sie haben immer dieselbe Akkusativendung, egal, ob das Objekt ein Lebewesen bezeichnet oder nicht:

Я зна́ю **кварти́ру** Ни́ны.	*Ich kenne Ninas Wohnung.*
Я хорошо́ зна́ю **сестру́** Ни́ны.	*Ich kenne Ninas Schwester gut.*

4. Flüchtiges -o- und flüchtiges -e-

Э́то **оте́ц** Ни́ны.	Я был в Москве́ оди́н **день**.
Я зна́ю **отца́** Ни́ны.	Я был в Москве́ три **дня**.

Bei verschiedenen Substantiven männlichen Geschlechts fällt der im Nominativ Singular vor dem letzten Konsonanten des Stammes stehende Vokal -o- oder -e- bei der Deklination aus. Die Substantive оте́ц und день gehören zu dieser Gruppe.

5. Das Geschlecht der Substantive

Э́то де́душк**а** Ни́ны.
Я зна́ю де́душк**у** Ни́ны.

Manche Substantive, die männliche Personen bezeichnen, enden im Nominativ Singular auf -а/-я. Hier richtet sich das Geschlecht nicht nach der Endung, sondern nach dem natürlichen Geschlecht der bezeichneten Person. Solche Substantive werden aber wie weibliche Substantive dekliniert.

6. Die Possessivpronomen его, её, их

Э́то И́горь.	*Das ist Igor.*
Э́то **его́** оте́ц.	*Das ist sein Vater.*
Э́то **его́** мать.	*Das ist seine Mutter.*
Э́то **его́** роди́тели.	*Das sind seine Eltern.*

9B

Это Ве́ра.	Das ist Wera.
Это **её** оте́ц.	Das ist ihr Vater.
Это **её** мать.	Das ist ihre Mutter.
Это **её** роди́тели.	Das sind ihre Eltern.
Это А́гнес и Ва́льтер.	Das sind Agnes und Walter.
Это **их** сын.	Das ist ihr Sohn.
Это **их** дочь.	Das ist ihre Tochter.
Это **их** де́ти.	Das sind ihre Kinder.
Это **его́** дочь.	Das ist seine Tochter.
Я зна́ю **его́** дочь.	Ich kenne seine Tochter.
Это **её** сын.	Das ist ihr Sohn.
Я зна́ю **её** сы́на.	Ich kenne ihren Sohn.
Это **их** маши́на.	Das ist ihr Wagen.
Я зна́ю **их** маши́ну.	Ich kenne ihren Wagen.

Ein persönliches Possessivpronomen der 3. Person entsprechend dem deutschen *sein, ihr* kennt das Russische nicht.

Statt des Possessivpronomens der 3. Person werden im Russischen die Genitive des Personalpronomens – **его́, её, их** – gebraucht. Im Unterschied zu den Personalpronomen wird ihnen aber kein -н- vorangestellt, wenn das Wort vor ihnen auf Vokal auslautet (vgl. у **н**его́ aber э́то его́ ...). Diese Possessivpronomen sind unveränderlich. **Его́** steht für einen Besitzer männlichen oder sächlichen Geschlechts, **её** für einen Besitzer weiblichen Geschlechts, **их** für mehrere Besitzer. Beachten Sie die Aussprache des Pronomens его́: hier wird г wie в ausgesprochen.

7. Der russische Name

Jeder Russe hat drei Namen: **и́мя** *(Vorname)*, **о́тчество**[1] *(Vatersname)*, **фами́лия** *(Familienname)*: Никола́й Алексе́евич Бело́в, Мари́я Степа́новна Бело́ва.

Der Vatersname wird vom Vornamen des Vaters abgeleitet:

Алексе́й Петро́вич	(оте́ц – Пётр)
Мари́я Степа́новна	(оте́ц – Степа́н)
Никола́й Алексе́евич	(оте́ц – Алексе́й)
Ни́на Никола́евна	(оте́ц – Никола́й)

Die Endungen **-ович/-овна** werden bei Vornamen mit hartem Stammauslaut gebraucht, die Endungen **-евич/-евна** bei Vornamen mit Stammauslaut auf -ь, -й.

---

[1] Die Buchstabenverbindung тч im Wort о́тчество *(Vatersname)* wird wie ч ausgesprochen.

9C Übungen

1. *Hören Sie sich den gesprochenen Lektionstext mehrmals an. Sprechen Sie ihn dann Satz für Satz nach. Setzen Sie Betonungszeichen, und vergleichen Sie diese mit dem abgedrucken Text im Lösungsschlüssel.*

2. *Fügen Sie anstelle der Punkte das Verb* быть *im Präteritum ein.*
   Muster: Мои́ друзья́ ... в Москве́.
   Мои́ друзья́ **бы́ли** в Москве́.
   a) На́ша перево́дчица ... в гости́нице «Москва́».
   b) Никола́й Алексе́евич ... на заво́де.
   c) Тури́сты из ФРГ ... в Кремле́.
   d) Письмо́ ... в ко́мнате.
   e) Спорти́вная площа́дка ... недалеко́ от до́ма.
   f) Кафе́ ... ра́ньше на у́лице Че́хова.
   g) Роди́тели ... в шко́ле.
   h) Но́вый дом ... на окра́ине го́рода.

3. *Bilden Sie das Präteritum! Denken Sie daran, daß das Präteritum vom Infinitivstamm gebildet wird!*
   Muster: рабо́тать: он рабо́тал, она́ рабо́тала, оно́ рабо́тало, они́ рабо́тали
   звать, изуча́ть, знать, де́лать, жить, говори́ть, звони́ть, хоте́ть, спать, е́хать, стоя́ть, понима́ть, расска́зывать, око́нчить, спра́шивать, отвеча́ть

4. *Fügen Sie anstelle der Punkte die in Klammern stehenden Verben im Präteritum ein!*
   Muster: Вчера́ на́ша гру́ппа ... в Кремле́. (быть)
   Вчера́ на́ша гру́ппа **была́** в Кремле́.
   a) Бело́вы ... кварти́ру. (получи́ть)
   b) Вчера́ мой де́душка ... о ста́рой архитекту́ре Москвы́. (расска́зывать)
   c) Где вы ра́ньше ...? (рабо́тать)
   d) Кла́ус, что ты ... в Москве́? (де́лать)
   e) Я ... ру́сский язы́к. (изуча́ть)
   f) Вы уже́ ... но́мер в гости́нице? (поменя́ть)
   g) Ни́на ... ра́ньше в коммуна́льной кварти́ре. (жить)
   h) И́горь ... университе́т. (око́нчить)
   i) Сего́дня в шко́ле мы ... о ФРГ. (говори́ть)
   j) На чём Мо́ника ... до це́нтра го́рода? (е́хать)

5. *Stellen Sie Fragen zu den hervorgehobenen Wörtern!*
   Muster: Мари́на изуча́ет **неме́цкий язы́к**.
   Что изуча́ет Мари́на?

a) Администра́тор поменя́л **но́мер**.
b) Бело́вы получи́ли **кварти́ру**.
c) Мо́ника ви́дела сего́дня **Ни́ну**.
d) И́горь око́нчил **университе́т**.
e) Учи́тель уже́ зна́ет **мать Ве́ры**.

6. *Lesen Sie diese kurze Erzählung, und lösen Sie die Klammern auf!*

   a) Пе́тер око́нчил (университе́т) в Бо́нне. b) Тепе́рь он хо́чет изуча́ть (ру́сский язы́к) в Москве́. c) Он получи́л (но́мер) в гости́нице «Интури́ст». d) Пе́тер уже́ был ра́ньше в Москве́, он хорошо́ зна́ет (Москва́) и (её архитекту́ра). e) Сего́дня он ви́дел (перево́дчица Ната́ша) и (шофёр Оле́г). f) Оле́г и Ната́ша его́ ста́рые хоро́шие друзья́. Они́ бы́ли у Пе́тера в Бо́нне и хорошо́ зна́ют (его́ семья́: оте́ц, мать и сестра́ Хе́льга).

7. *Fügen Sie anstelle der Punkte die Possessivpronomen* его́, её, их *ein!*

   a) Моя́ сестра́ живёт здесь. Э́то ... ко́мната. b) Э́то Хе́льга и Йо́зеф. А э́то ... де́ти. c) Наш оте́ц рабо́тает здесь. Э́то ... заво́д. d) Э́то Кла́ус, а э́то ... друзья́. e) Студе́нты изуча́ют ру́сский язы́к. Э́то ... учи́тель. f) Вот шофёр Оле́г Ивано́в. В гараже́ стои́т ... маши́на. g) Ни́на и ... роди́тели живу́т в но́вой кварти́ре.

8. *Vervollständigen Sie diese kurzen Dialoge, indem Sie die passenden Fragen zu den gegebenen Antworten stellen!*

   a) *А:* ....?
      Б: Ни́на живёт тепе́рь на окра́ине го́рода.
      А: ....?
      Б: Да, она́ получи́ла кварти́ру.
   b) *А:* ....?
      Б: И́горь рабо́тает.
      А: ....?
      Б: Да, он уже́ око́нчил университе́т.
      А: ....?
      Б: Он рабо́тает в нау́чно-иссле́довательском институ́те.

9. *Beantworten Sie die Fragen zum Lektionstext!*

   a) Где была́ Мо́ника вчера́? b) Где жи́ли Бело́вы ра́ньше? c) Что получи́ли Бело́вы год наза́д? d) Где они́ живу́т тепе́рь? e) В но́вой кварти́ре есть ва́нная и балко́н? f) Кто живёт в но́вой кварти́ре? g) Где рабо́тал ра́ньше де́душка? h) О чём расска́зывал вчера́ оте́ц Ни́ны? i) Где рабо́тает Мари́я Степа́новна? j) Что око́нчил ста́рший брат Ни́ны? k) Кого́ Мо́ника ви́дела вчера́ впервы́е? l) В кварти́ре есть телефо́н?

9C

10. *Schreiben Sie folgende russische Namen in die Tabelle!*

    Алекса́ндр Серге́евич Пу́шкин, Анто́н Па́влович Че́хов, А́нна Андре́евна Ахма́това, Мари́на Ива́новна Цвета́ева, Андре́й Дми́триевич Са́харов, Алекса́ндр Иса́евич Солжени́цын

И́мя	О́тчество	Фами́лия
Александр	Сергеевич	Пушкин

11. *Hier sind einige Zeitungsausschnitte. Suchen Sie die russischen Namen und schreiben Sie sie aus! Welche Namen haben Sie in die Tabelle eingetragen?*

    Не зна́ю, из-за чего́ поссо́рились Анато́лий Степа́нович Ивано́в и Андре́й Миха́йлович Турко́в. Возмо́жно, оди́н друго́го обозва́л «гусако́м» или еще как оби́дел, а то́лько А. Ивано́в напеча́тал за стра́нной по́дписью «Гла́вный реда́ктор журна́ла "Молода́я гва́рдия"» (есте́ственно, в своём журна́ле — № 10 с. г.) репли́ку «АНДРЕ́Й ТУРКО́В, КАКО́Й-НИКА́КО́Й — КРИ́ТИК, НО ВРАТЬ-ТО ЗАЧЕ́М?». Си́льное назва́ние, а вот зачи́н репли́ки — не о́чень. Са́ми посуди́те.

    22 ОКТЯБРЯ́ НА О́БЩЕМ СОБРА́НИИ ДВИЖЕ́НИЯ «ПИСА́ТЕЛИ В ПОДДЕ́РЖКУ ПЕРЕСТРО́ЙКИ» («АПРЕ́ЛЬ») ВПЕРВЫ́Е БЫЛА́ ВРУЧЕНА́ УЧРЕЖДЁННАЯ АССОЦИА́ЦИЕЙ ПРЕ́МИЯ И́МЕНИ А. Д. СА́ХАРОВА «ЗА ГРАЖДА́НСКОЕ МУЖЕСТВО́ ПИСА́ТЕЛЯ».
    Лауреа́том её ста́ла Ли́дия Корне́евна Чуко́вская. В дальне́йшем пре́мия бу́дет

12. *Stellen Sie sich vor, daß nicht Monika, sondern Sie die Belows in ihrer neuen Wohnung besucht haben. Führen Sie jetzt ein Gespräch mit anderen Teilnehmern Ihres Russischkurses über den gestrigen Besuch. Das Gespräch kann z. B. mit der Frage beginnen* «Где вы бы́ли вчера́?»

    Diese Übung können Sie in verschiedenen Varianten in Ihrer Gruppe wiederholen, z. B.: Вы и ва́ша семья́ живёте тепе́рь в но́вой, отде́льной кварти́ре.

    oder: Ва́ша сестра́ и её муж получи́ли кварти́ру в це́нтре го́рода. Райо́н не о́чень хоро́ший. О́чень шу́мно.

10A

10A Text

У Беловых.

Während Ihres Besuchs bei den Belows hat Monika unter anderem folgende Gespräche geführt:

Мо́ника: Игорь, я слы́шала, ты уже́ рабо́таешь?
И́горь: Да, я око́нчил моско́вский университе́т два го́да наза́д.
Мо́ника: Два го́да наза́д? Ну коне́чно, ведь я не ви́дела тебя́ почти́ три го́да!
И́горь: Мо́ника, мне уже́ 27 (два́дцать семь) лет!
Мо́ника: Как бы́стро идёт вре́мя! У тебя́ интере́сная рабо́та?
И́горь: Да. Сейча́с на́ша лаборато́рия де́лает большо́й и о́чень интере́сный прое́кт.
Мо́ника: А кака́я те́ма прое́кта?
И́горь: Эколо́гия.

Мо́ника: Ве́ра, что ты де́лаешь?
Ве́ра: Я де́лаю уро́ки, учу́ биоло́гию.
Мо́ника: Тру́дная те́ма?
Ве́ра: Не о́чень. Если я что-то не понима́ю, то всегда́ спра́шиваю ста́ршего бра́та. Ведь он био́лог.
Мо́ника: Ве́ра, ско́лько тебе́ лет?
Ве́ра: Мне 15 (пятна́дцать) лет. А вам ско́лько?
Мо́ника: 24 (два́дцать четы́ре) го́да.

Мо́ника: У вас краси́вый вид из окна́!
Ни́на: Мо́ника, посмотри́! Ты ви́дишь там высо́кую иглу́?
Мо́ника: Да, ви́жу. Я зна́ю, это телеба́шня в Оста́нкине.
Ни́на: Пра́вильно. А тепе́рь посмотри́ сюда́. Ви́дишь большо́е бе́лое зда́ние?

10A

Мóника: Вѝжу. Что э́то?
Нѝна: Э́то больнѝца. Там рабо́тает на́ша ма́ма.

Мóника: Мари́я Степа́новна, ско́лько лет вы стоя́ли в о́череди на кварти́ру?
М. С.: О́чень до́лго. Почти́ 12 (двена́дцать) лет.

Моско́вский университе́т

у Бело́вых	bei den Belows	рабо́та	Arbeit
слы́шать, -шу, -шишь	hören	лаборато́рия	Laboratorium
моско́вский, -ая, -ое, -ие	Moskauer	прое́кт	Projekt
		те́ма	Thema
коне́чно[1]	natürlich	эколо́гия	Ökologie
ведь	doch, ja	уро́к	*hier:* Hausaufgabe
почти́	fast	учи́ть, учу́, у́чишь	lernen
тебя́	dich *Akk. von* ты	биоло́гия	Biologie
мне	mir *Dat. von* я	тру́дный, -ая, -ое, -ые	schwierig
два́дцать	zwanzig	е́сли	wenn, falls
лет	*Gen. Pl. zu* год	что́-то	etwas
бы́стро	schnell	всегда́	immer
вре́мя *n.*	Zeit	ско́лько	wieviel
у тебя́	bei dir, du hast *Gen. von* ты	тебе́	dir *Dat. von* ты
		Ско́лько тебе́ лет?	Wie alt bist du?

---

[1] Das ч wird wie ш gesprochen.

пятна́дцать	fünfzehn	бе́лый, -ая, -ое, -ые	weiß
вам	euch, Ihnen *Dat.* *von* вы	зда́ние	Gebäude
		двена́дцать	zwölf
посмотри́	schau		
ви́деть, ви́жу, ви́дишь	sehen	*Übung 9*	
		спра́ва	rechts
игла́	Nadel	сле́ва	links
телеба́шня	Fernsehturm	пря́мо	geradeaus
сюда́	hierher	напро́тив	gegenüber

10B Grammatik

1. Der Akkusativ Singular der Adjektive

	Nominativ	Akkusativ
maskulinum unbelebt	како́й? *welcher?* Э́то но́в**ый**, больш**о́й**, высо́к**ий**, хоро́ш**ий** дом.	како́й? *welchen?* Я ви́жу но́в**ый**, больш**о́й**, высо́к**ий**, хоро́ш**ий** дом.
maskulinum belebt	како́й? *welcher?* Э́то но́в**ый** учи́тель. Э́то ма́леньк**ий** Оле́г. Э́то ста́рш**ий** брат Ни́ны.	како́го? *welchen?* Я зна́ю но́в**ого** учи́теля. Я зна́ю ма́леньк**ого** Оле́га. Я зна́ю ста́рш**его** бра́та Ни́ны.
femininum	кака́я? *welche?* Э́то но́в**ая**, больш**а́я**, высо́к**ая**, хоро́ш**ая** гости́ница. Э́то ста́рш**ая** сестра́ Ве́ры.	каку́ю? *welche?* Я ви́жу но́в**ую**, больш**у́ю**, высо́к**ую**, хоро́ш**ую** гости́ницу. Я хорошо́ зна́ю ста́рш**ую** сестру́ Ве́ры.
neutrum	како́е? *welches?* Э́то но́в**ое**, больш**о́е**, высо́к**ое**, хоро́ш**ее** зда́ние. Э́то ста́рш**ее** поколе́ние.	како́е? *welches?* Я ви́жу но́в**ое**, больш**о́е**, высо́к**ое**, хоро́ш**ее** зда́ние. Я хорошо́ зна́ю ста́рш**ее** поколе́ние.

Der Akkusativ Singular maskulinum stimmt mit dem Nominativ überein, wenn sich das Adjektiv auf ein Substantiv bezieht, das Unbelebtes benennt. Bei belebten männlichen Substantiven ist der Akkusativ des Adjektivs gleich dem Genitiv. Das gilt auch, wenn das männliche Substantiv wie ein weibliches dekliniert wird, z. B. ста́рый де́душк**а** – ста́р**ого** де́душк**у** (vgl. Lektion 9).

10B

	Nominativ	Akkusativ
m. unbel.	Akk. = Nom.	
m. bel.	но́вый большо́й хоро́ший	но́вого большо́го хоро́шего
f.	но́вая	но́вую
n.	Akk. = Nom.	

Hier eine Übersicht zum leichteren Einprägen der Akkusativendungen.

Beachten Sie, daß nur bei den **stammbetonten** Adjektiven auf Zischlaut die Akkusativform maskulinum belebt auf -его lautet!

In den Endungen -ого/-его wird г wie в ausgesprochen.

2. Die Grundzahlen von 11 bis 30

11	оди́ннадцать	21	два́дцать оди́н
12	двена́дцать	22	два́дцать два
13	трина́дцать	23	два́дцать три
14	четы́рнадцать	24	два́дцать четы́ре
15	пятна́дцать	25	два́дцать пять
16	шестна́дцать	26	два́дцать шесть
17	семна́дцать	27	два́дцать семь
18	восемна́дцать	28	два́дцать во́семь
19	девятна́дцать	29	два́дцать де́вять
20	два́дцать	30	три́дцать

Beachten Sie die Reihenfolge der Bestandteile von getrennt geschriebenen zusammengesetzten Zahlen: Zehner – Einer.

Beachten Sie zur Aussprache dieser Zahlwörter die Übung 2.

3. Die Formen von год nach Grundzahlen

Ско́лько лет? *Wieviel Jahre?* Как до́лго? *Wie lange?*		
оди́н	год	два́дцать оди́н	год
два три четы́ре	го́да	два́дцать два два́дцать три два́дцать четы́ре	го́да
пять	лет	два́дцать пять	лет

In Verbindung mit der Zahl 1 und den auf 1 endenden zusammengesetzten Zahlen steht der Nominativ Singular **год**; in Verbindung mit den Zahlen 2, 3, 4 und den auf 2, 3, 4 endenden zusammengesetzten Zahlen steht der Genitiv Singular **го́да**. Nach den übrigen Zahlen steht der Genitiv Plural **лет**.

4. Altersangabe

И́горь Никола́евич, ско́лько вам лет?	Igor Nikolajewitsch, wie alt sind Sie?
– Мне 27 лет.	– Ich bin 27 Jahre alt.
Мо́ника, ско́лько тебе́ лет?	Monika, wie alt bist du?
– Мне 24 го́да.	– Ich bin 24 Jahre alt.

So erkundigt man sich nach dem Alter, und so nennt man sein Alter. Die Formen мне, тебе́, вам sind Dative der Personalpronomen я, ты und вы.

5. Die Konjugation der Verben **ви́деть** und **учи́ть**

	ви́деть *sehen*		учи́ть *lernen*
я	ви́жу	я	учу́
ты	ви́дишь	ты	у́чишь
он, она́, оно́	ви́дит	он, она́, оно́	у́чит
мы	ви́дим	мы	у́чим
вы	ви́дите	вы	у́чите
они́	ви́дят	они́	у́чат

Beachten Sie den Konsonantenwechsel und die Endung -у nach dem Zischlaut in der 1. Pers. Sing.

Beachten Sie den Betonungswechsel und die Endungen -у und -ат nach dem Zischlaut in der 1. Pers. Sing. und in der 3. Pers. Pl.

10C Übungen

1. *Hören Sie sich den Lektionstext auf der Kassette mehrmals an! Sprechen Sie dabei abwechselnd die Rollen von Igor, Monika, Wera und Nina mit!*

2. *Hören Sie sich die Zahlen an, sprechen Sie nach!*
оди́ннадцать, двена́дцать, трина́дцать, четы́рнадцать, пятна́дцать, шестна́дцать, семна́дцать, восемна́дцать, девятна́дцать, два́дцать, два́дцать

10C

один, двадцать два, двадцать три, двадцать четыре, двадцать пять, двадцать шесть, двадцать семь, двадцать восемь, двадцать девять, тридцать

3. *Rechnen Sie russisch (mündlich und schriftlich)!*
   Muster: 10 + 10 = 20 десять плюс десять будет двадцать
   30 − 10 = 20 тридцать минус десять будет двадцать

10 + 1 = 11	19 − 1 = 18	30 − 8 = 22
12 + 3 = 15	20 + 5 = 25	20 + 9 = 29
14 + 2 = 16	24 − 3 = 21	21 + 7 = 28
13 + 4 = 17	27 − 4 = 23	26 − 6 = 20

4. *Lesen Sie diese Dialoge, und fügen Sie anstelle der Punkte* год, года *oder* лет *ein!*
   a) – Здравствуйте! Меня зовут Алексей. Я уже большой. Мне 3 ...
   b) – Игорь Николаевич, вам 26 ...?
      – Нет, мне уже 27 ...
      – Сколько ... вы работаете в лаборатории?
      – Я работаю здесь 2 ...
   c) – Нина, сколько тебе ...?
      – Мне 21 ... Я ещё студентка.
   d) – Алексей Петрович, сколько ... вы работали в школе?
      – Почти 30 ...
   e) – Моника, ты знаешь, когда Игорь окончил университет?
      – Знаю. 2 ... назад.

5. *Heute war Monika im Zentrum Moskaus. Jetzt versucht sie zu erzählen, was sie alles dort gesehen hat. Helfen Sie ihr! Verwenden Sie die in Klammern stehenden Wörter!*

   Моника говорит:
   Сегодня я была в центре Москвы. Там я видела (гостиница «Интурист», Красная площадь, Кремль, Большой театр, красивая старая улица, маленькое кафе, большая парикмахерская, новый магазин, станция метро «Охотный ряд», Исторический музей, интересная архитектура).

6. *Und jetzt erzählt Monika von ihrem Besuch bei den Belows. Lösen Sie die Klammern auf!*

   a) Вчера я была у Нины. Её семья получила (новая отдельная квартира). b) Я хорошо знаю (Нина и её брат Игорь). c) А вчера я видела (вся большая семья Нины). d) Я видела (дедушка, мать и отец Нины, её старший брат Игорь, её младшая сестра Вера). e) Два года назад Игорь окончил (московский университет). f) Сейчас он работает в научно-иссле́довательском институ́те. Его́ лаборато́рия де́лает (большо́й и интере́сный прое́кт).   g) Из окна́ кварти́ры я ви́дела (высо́кая игла́ – Оста́нкинская телеба́шня).

7. *Beantworten Sie die Fragen zum Lektionstext!*
   a) Когда́ И́горь око́нчил моско́вский университе́т?   b) Где он рабо́тает?   c) Како́й прое́кт де́лает лаборато́рия?   d) Что де́лает Ве́ра?   e) Ско́лько лет Бело́вы стоя́ли в о́череди на кварти́ру?

8. *Übersetzen Sie ins Russische!*
   a) Vor drei Jahren bekam Oleg eine neue eigene Wohnung.   b) Er wartete sehr lange – fast zehn Jahre – auf die Wohnung.   c) Früher wohnte Oleg in einer großen, alten Gemeinschaftswohnung.   d) Dort wohnten vier Familien zusammen.   e) Jetzt wohnt Oleg nicht im Zentrum Moskaus, sondern am Rande der Stadt.   f) Seine Wohnung ist sehr klein: ein Zimmer, Küche, Bad, Toilette, Vorraum.   g) Die Wohnung hat keinen Balkon.   h) Aus dem Fenster des Zimmers sieht Oleg den Fernsehturm in Ostankino.   i) Das ist eine schöne Aussicht.

9. *Und in diesem Haus wohnt Oleg. Wir wissen schon, daß er aus dem Fenster seines Zimmers eine schöne Aussicht auf den Fernsehturm in Ostankino hat. Was noch kann Oleg aus diesem Fenster sehen? Und was sieht er aus seinem Küchenfenster? Vielleicht helfen Ihnen dabei noch folgende Wörter:*

| спра́ва | *rechts* | пря́мо | *geradeaus* |
| сле́ва | *links* | напро́тив | *gegenüber* |

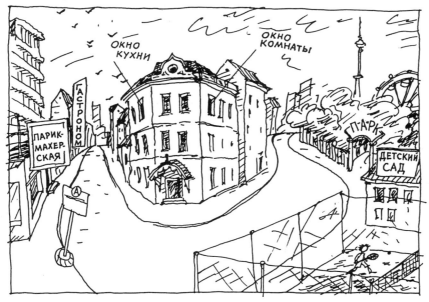

10. *Die Belows wollen natürlich alles über Monikas Wohnung wissen. Zur besseren Erklärung macht Monika eine Skizze. Schauen Sie sich diese Skizze an, und versuchen Sie, die Wohnung zu beschreiben!*

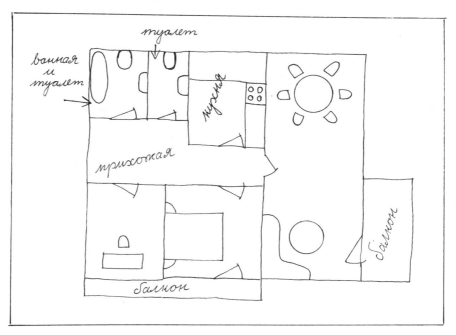

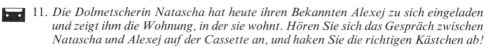 11. *Die Dolmetscherin Natascha hat heute ihren Bekannten Alexej zu sich eingeladen und zeigt ihm die Wohnung, in der sie wohnt. Hören Sie sich das Gespräch zwischen Natascha und Alexej auf der Cassette an, und haken Sie die richtigen Kästchen ab!*

    a) Наташа живёт в коммунальной квартире.
    b) В квартире живут Ивановы и Шаровы.
    c) В квартире нет телефона.
    d) Студент Николай Шаров живёт в отдельной квартире.

12. *Beantworten Sie die Fragen:*
    a) Где вы живёте?
    b) Это большой или маленький город?
    c) Вы живёте в отдельной квартире?
    d) У вас большая квартира?
    e) У вас есть балкон?
    f) У вас красивый вид из окна?
    g) Кто ещё живёт в квартире?

11A

11A Text

Что вы бу́дете де́лать за́втра?

Morgen haben unsere Touristen den ganzen Tag frei. Marina, Franz, Klaus und Monika unterhalten sich darüber, wie sie diesen Tag verbringen werden.

Мари́на:	Господи́н Кра́узе, у вас за́втра свобо́дный день. Что вы бу́дете де́лать?
Франц:	По́сле за́втрака я е́ду на Арба́т. По́сле обе́да я бу́ду отдыха́ть, а пото́м иду́ в Большо́й теа́тр.
Мари́на:	Что идёт за́втра в Большо́м теа́тре?
Франц:	Бале́т «Ива́н Гро́зный». Бу́дет танцева́ть Наде́жда Па́влова.
Мари́на:	О! Наде́жда Па́влова прекра́сно танцу́ет па́ртию Анаста́сьи.

На Арба́те

11A

Мари́на: Кла́ус, а ты что бу́дешь де́лать?
Кла́ус: В 10 часо́в утра́ я е́ду в университе́т. Профе́ссор Виногра́дов бу́дет чита́ть ле́кцию о Бори́се Пастерна́ке. Меня́ интересу́ет ру́сская литерату́ра.
Мари́на: А пото́м?
Кла́ус: В час дня я и мой моско́вский друг бу́дем обе́дать в рестора́не «Славя́нский база́р», а пото́м мы хоти́м гуля́ть и фотографи́ровать го́род. Я всегда́ мно́го фотографи́рую.
Мари́на: А что бу́дет де́лать твой оте́ц?
Кла́ус: Он хо́чет смотре́ть телеви́зор. За́втра бу́дет интере́сный футбо́льный матч. А по́сле у́жина он идёт на конце́рт в Филармо́нию.
Мо́ника: А я иду́ в Центра́льный дом журнали́ста. За́втра там ве́чер «Росси́я и национа́льные пробле́мы». На ве́чере бу́дут выступа́ть изве́стный писа́тель Чинги́з Айтма́тов и поэ́т Евге́ний Евтуше́нко. Моя́ подру́га Ни́на то́же идёт. Нас интересу́ют поли́тика и культу́ра.
Мари́на: Когда́ нача́ло ве́чера?
Мо́ника: Нача́ло в два́дцать часо́в. А в три часа́ я иду́ в Мане́ж. Там сейча́с интере́сная вы́ставка «Совреме́нная жи́вопись и скульпту́ра».
Мари́на: Меня́ то́же интересу́ет э́та вы́ставка. Но я ещё там не была́.

Die Vokabelliste zu dieser Lektion ist ziemlich lang. Aber keine Angst! Lesen Sie zuerst die ganze Liste durch, und schreiben Sie alle internationalen Wörter und solche, die Ihnen bekannt vorkommen, heraus. Sie werden sehen, wie kurz die Vokabelliste dann ist!

бу́дете	(Sie) werden	о *Interjektion*	oh
за́втра	morgen	Наде́жда Па́влова	Nadeshda Pawlowa
по́сле + *Gen.*	nach		*Primaballerina des*
за́втрак	Frühstück		*Bolschoi-Theaters*
Арба́т	*Fußgängerzone in Moskau*	прекра́сно	hervorragend
		па́ртия	*hier:* Partie
обе́д	Mittagessen	Анаста́сья	Anastasia
бу́ду	(ich) werde	па́ртия Анаста́сьи	Partie der Anastasia
отдыха́ть, -а́ю, -а́ешь	sich erholen	бу́дешь	(du) wirst
		час	Stunde *hier:* Uhr
бале́т	Ballett	в 10 часо́в	um 10 Uhr
Ива́н Гро́зный	Iwan der Schreckliche *russ. Zar (1530–1584)*	у́тро	Morgen
		профе́ссор	Professor
		чита́ть, -а́ю, -а́ешь	lesen
танцева́ть, танцу́ю, танцу́ешь	tanzen	ле́кция	Vorlesung, Vortrag

11A

читáть лéкцию	eine Vorlesung halten	полúтика	Politik
Борúс Пастернáк	Boris Pasternak *russ. Lyriker und Prosadichter (1890–1960)*	культýра	Kultur
		начáло	Beginn
интересовáть, интересýю, интересýешь	interessieren	манéж	Manege *hier: Ausstellungshalle in Moskau*
литератýра	Literatur	вы́ставка	Ausstellung
дня	*Gen. von* день	совремéнный, -ая, -ое, -ые	modern, zeitgenössisch
час дня	ein Uhr mittags	жúвопись *f.*	Malerei
в час дня	um ein Uhr mittags	скульптýра	Bildhauerkunst, Skulptur
бýдем	(wir) werden	э́та *f. Demonstrativpronomen*	diese
обéдать, -аю, -аешь	zu Mittag essen		
ресторáн	Restaurant	*Übung 12*	
славя́нский, -ая, -ое, -ие	slawisch	Алексáндр Бородúн	Alexander Borodin *russ. Komponist (1833–1887)*
базáр	Markt	óпера	Oper
гуля́ть, -я́ю, -я́ешь	spazieren	князь *m.*	Fürst
фотографúровать, фотографúрую, фотографúруешь	fotografieren	спектáкль *m.*	Vorstellung, Theateraufführung
бýдет	(er, sie) wird	Михаúл Глúнка	Michail Glinka *russ. Komponist (1804–1857)*
смотрéть, -рю́, -ришь	schauen, betrachten		
смотрéть телевúзор	fernsehen	Руслáн	Ruslan *männlicher Vorname*
футбóльный, -ая, -ое, -ые	Fußball-	Людмúла	Ludmila *weiblicher Vorname*
матч	sportlicher Wettkampf, Spiel	Тагáнка	Taganka *Stadtteil von Moskau*
ýжин	Abendessen	Теáтр на Тагáнке	Taganka-Theater
концéрт	Konzert	Михаúл Булгáков	Michail Bulgakow *russ. Schriftsteller (1891–1940)*
филармóния	Philharmonie		
центрáльный, -ая, -ое, -ые	zentral	мáстер	Meister
журналúст	Journalist	Маргарúта	Margarita *weiblicher Vorname*
вéчер	Abend *hier:* Abendveranstaltung	Бертóльт Брехт	Bertolt Brecht
Россúя	Rußland	человéк	Mensch
национáльный, -ая, -ое, -ые	national	Сезуáн	Sezuan
бýдут	(sie) werden	совремéнник	Zeitgenosse
выступáть, -áю, -áешь	auftreten	Алексáндр Вампúлов	Alexander Wampilow *russ. Dramatiker (1937–1972)*
извéстный, -ая, -ое, -ые[1]	berühmt, bekannt	Валентúн	Valentin *männl. Vorname*
писáтель *m.*	Schriftsteller	Валентúна	Valentina *weibl. Vorname*
Чингúз Айтмáтов	Tschingis Aitmatow *kirgisischer Schriftsteller (geb. 1928)*		
		Übung 13	
поэ́т	Lyriker, Poet	сеáнс	Kinovorstellung
Евгéний Евтушéнко	Jewgeni Jewtuschenko *russ. Dichter (geb. 1933)*	Андрéй Рублёв	Andrej Rubljow *russ. Maler (um 1360(70)–1430)*

---

[1] Das т wird nicht gesprochen.

11A/11B

зе́ркало	Spiegel	интерде́вочка	*Abk. von* интернациона́льная де́вочка (= *internationales Mädchen*)
блонди́н	blonder Mann		
боти́нок	Schuh		
белору́сский, -ая, -ое, -ие	weißrussisch		
		фильм *m.*	Film
джаз	Jazz		
то́лько	nur	*Übung 17*	
В джа́зе то́лько де́вушки	*russ. Titel des amerik. Films „Manche mögen's heiß"*	рома́н	Roman
Чайко́вский	(Pjotr) Tschaikowski *russ. Komponist (1840–1893)*		

11B Grammatik

1. Das Futur von быть *(sein)*

За́втра **я бу́ду** в Москве́.	*Morgen werde ich in Moskau sein.*
Где **ты бу́дешь** за́втра?	*Wo wirst du morgen sein?*
Кла́ус **бу́дет** сего́дня в университе́те.	*Klaus wird heute in der Universität sein.*
Мы то́же **бу́дем** сего́дня в университе́те.	*Wir werden heute auch in der Universität sein.*
Вы бу́дете сего́дня на ве́чере в До́ме журнали́ста?	*Werdet Ihr heute bei der Abendveranstaltung im Haus des Journalisten sein?*
За́втра **они́ бу́дут** в филармо́нии.	*Morgen werden sie in der Philharmonie sein.*

2. Das zusammengesetzte Futur

Я бу́ду рабо́тать.	*Ich werde arbeiten.*
Ты бу́дешь рабо́тать.	*Du wirst arbeiten.*
Он бу́дет рабо́тать.	*Er wird arbeiten.*
Мы бу́дем рабо́тать.	*Wir werden arbeiten.*
Вы бу́дете рабо́тать.	*Ihr werdet arbeiten.*
Они́ бу́дут рабо́тать.	*Sie werden arbeiten.*

Das Futur wird im Russischen bei gewissen Verben (vgl. Lektion 19B 3) durch die Verbindung der **Futurformen von быть** + **Infinitiv** gebildet.

3. Das Präsens zur Bezeichnung einer Handlung in der Zukunft

Что ты де́лаешь за́втра?	Was machst du morgen?
За́втра я снача́ла рабо́таю в больни́це, а пото́м е́ду в теа́тр.	Morgen arbeite ich zuerst im Krankenhaus, dann fahre ich ins Theater.

Ebenso wie im Deutschen kann auch im Russischen ein noch nicht begonnenes Geschehen im Präsens ausgedrückt werden.

4. Der Akkusativ nach den Präpositionen в und на auf die Frage Куда́? (Wohin?)

Куда́ вы идёте?	Wohin gehen Sie?
Я иду́ в Большо́й теа́тр.	Ich gehe ins Bolschoi-Theater.
Куда́ ты е́дешь?	Wohin fährst du?
Я е́ду на вы́ставку.	Ich fahre zur Ausstellung.

Während wir auf die Frage Где? (Wo?) mit den Präpositionen в und на und dem Präpositiv antworten, müssen wir auf die Frage Куда́? (Wohin?) zwar ebenfalls mit den Präpositionen в und на, dann aber mit dem Akkusativ antworten.

Präpositiv Где? (Wo?)	Akkusativ Куда́? (Wohin?)
в Кремле́	в Кремль
в музе́е	в музе́й
в рестора́не	в рестора́н
в больни́це	в больни́цу
на вы́ставке	на вы́ставку
на проспе́кте	на проспе́кт
на у́лице	на у́лицу
на пло́щади	на пло́щадь
на ле́кции	на ле́кцию
на ве́чере	на вече́р

Beachten Sie den Gebrauch der Präpositionen в und на!

11B

5. Akkusativ der Personalpronomen

Nominativ	Akkusativ
я	меня́
ты	тебя́
он	его́
она́	её
оно́	его́
мы	нас
вы	вас
они́	их

Hier müssen Sie keine neuen Formen lernen. Sie kennen diese Formen ja schon aus Lektion 7B 6 vom Genitiv der Personalpronomen. Im Russischen sind bei den Personalpronomen die Formen für Genitiv und Akkusativ nämlich identisch.

6. Die Konjugation der Verben auf -овать und -евать

	-ова- → -у-		-ева- → -у-
	фотографи́ровать *fotografieren*	интересова́ть *interessieren*	танцева́ть *tanzen*
я	фотографи́рую	интересу́ю	танцу́ю
ты	фотографи́руешь	интересу́ешь	танцу́ешь
он, она́, оно́	фотографи́рует	интересу́ет	танцу́ет
мы	фотографи́руем	интересу́ем	танцу́ем
вы	фотографи́руете	интересу́ете	танцу́ете
они́	фотографи́руют	интересу́ют	танцу́ют

Eine Reihe originär russischer Verben und viele aus Fremdwörtern abgeleitete Verben enden auf -овать bzw. nach Zischlaut oder ц auf -евать. Beachten Sie die Betonung! Bei stammbetontem Infinitiv liegt die Betonung auf der gleichen Silbe wie im Infinitiv (фотографи́ровать). Bei endbetontem Infinitiv liegt die Betonung gewöhnlich auf der Silbe vor der Personalendung (интересова́ть, танцева́ть).

11B

7. Die Uhrzeit und die Formen von час nach Zahlen

Кото́рый час? Ско́лько вре́мени?	*Wie spät ist es?*		
1	час[1]	21 два́дцать оди́н	час
2 два 3 три 4 четы́ре	часа́	22 два́дцать два 23 два́дцать три 24 два́дцать четы́ре	часа́
5 пять 6 шесть ... 20 два́дцать	часо́в		

Zeitangaben wie *1 Uhr, 2 Uhr* etc. werden mit Hilfe des Wortes час *(Stunde)* gebildet. Nach der Zahl 1 sowie nach zusammengesetzten Zahlen, die auf оди́н enden (also nicht nach оди́ннадцать!), steht час im Nominativ Singular.

In Verbindung mit den Zahlen 2, 3, 4 und den im Russischen auf два, три und четы́ре endenden Zahlen (also nicht nach двена́дцать, трина́дцать, четы́рнадцать!), steht der Genitiv Singular часа́.

Nach allen übrigen Zahlen – auch nach ноль – steht der Genitiv Plural часо́в (vgl. Lektion 10B 3).

Achten Sie darauf, daß das unbetonte а in den Wörtern часа́ und часо́в wie и ausgesprochen wird.

8. Der Akkusativ bei der Angabe der Uhrzeit

Когда́? *Wann?* Во ско́лько часо́в? *Um wieviel Uhr?*			
в	час[1]	в два́дцать оди́н	час
два в три четы́ре	часа́	два́дцать два в два́дцать три два́дцать четы́ре	часа́
пять шесть в ... два́дцать	часо́в		

Die Zeitangabe *um ... Uhr* wird im Russischen mit der Präposition в und dem Akkusativ gebildet: в час, в три часа́, в шесть часо́в.

---

[1] Bei der Zeitangabe *1 Uhr* und *um 1 Uhr* wird die Zahl оди́н weggelassen.

11C Übungen

1. *Hören Sie sich den Lektionstext auf der Cassette mehrmals an! Sprechen Sie dabei abwechselnd die Rollen von Marina, Franz, Klaus und Monika mit!*

2. *Hören Sie sich folgende Fragen auf der Cassette an! Beantworten Sie diese Fragen bejahend! Wenn Sie Ihr Hörverstehen schulen wollen, sollten Sie die nach dem Muster angegebenen Begriffe dabei nicht mitlesen. Üben Sie nach dem Muster:*
   AC: Вас интересует русский язык?
   Sie: Да, меня интересует русский язык.
   Jetzt sind Sie an der Reihe. Sprechen Sie in die Pausen!
   a) русская литература   b) политика   c) современная живопись   d) балет   e) футбольный матч
   Geben Sie jetzt eine verneinende Antwort!
   Muster:
   AC: Вас интересует выставка в Манеже?
   Sie: Нет, меня не интересует выставка в Манеже.
   a) вечер в Доме журналиста   b) национальные проблемы   c) русская живопись   d) лекция о Борисе Пастернаке

3. *Fügen Sie anstelle der Punkte die Personalpronomen im Akkusativ ein!*
   a) Сегодня я иду на выставку в Манеж. ... интересует современная скульптура. b) А ты куда идёшь? Что ... интересует? c) Йозеф хочет смотреть телевизор. ... интересует футбольный матч. d) Моника идёт в музей Чехова. ... интересует русская литература. e) Вы идёте в Большой театр? ... интересует балет «Иван Грозный»? f) Нет, мы идём на вечер в Дом журналиста. ... интересует политика. g) Клаус и его московский друг идут на лекцию о Борисе Пастернаке. ... интересует русская литература.

4. *Fügen Sie anstelle der Punkte das Verb* идти *in der erforderlichen Form ein (vgl. Lektion 8B 3.).*
   a) Куда вы ...? – Мы ... на спортивную площадку. b) Куда ... твой друг? – Он ... на выставку в Манеж. c) Куда ... Клаус и Йозеф? – Они ... в Дом журналиста на лекцию о Большом театре. d) Марина, куда ты сегодня ...? – Сегодня я ... на концерт в Филармонию. e) А Наташа? Она тоже ... на концерт? – Нет, Наташа ... в ресторан.

5. *Fügen Sie anstelle der Punkte das Verb* ехать *in der erforderlichen Form ein (vgl. Lektion 8B 2.).*
   a) Куда ты ...? В музей? – Нет, я ... в магазин «Дружба». b) Куда ... твои родители? – Они ... в центр города. c) Куда вы ...? – Мы ... на Арбат. d) А Моника? – Она ... в парк. e) Куда завтра ... ваш шофёр? – Он ... в Ярославль.

6. *Beantworten Sie die Fragen! Verwenden Sie dabei die rechts stehenden Wörter!*
   Muster: Куда́ ты идёшь?   (теа́тр)
             Я иду́ **в теа́тр**.
   a) Куда́ мы сего́дня идём?   (ле́кция)
   b) Куда́ ты идёшь?   (вы́ставка)
   c) Куда́ идёт учи́тельница?   (шко́ла)
   d) Куда́ вы идёте?   (спорти́вная площа́дка)
   e) Куда́ иду́т де́ти?   (де́тский сад)
   f) Куда́ ты е́дешь?   (парк)
   g) Куда́ е́дет шофёр Ивано́в?   (гара́ж)
   h) Куда́ мы е́дем?   (Кра́сная пло́щадь)
   i) Куда́ вы е́дете?   (Кремль)
   j) Куда́ е́дут студе́нты?   (университе́т)

7. *Ergänzen Sie die Sätze! Verwenden Sie die rechts stehenden Wörter!*
   Muster: Вчера́ мы бы́ли ...
             А мы сего́дня е́дем ...   (центр Москвы́)
             Вчера́ мы бы́ли **в це́нтре Москвы́**.
             А мы сего́дня е́дем **в центр Москвы́**.
   a) Вчера́ мы бы́ли ...
      А мы сего́дня идём ...   (Кра́сная пло́щадь, Кремль)
   b) Вчера́ Бело́вы бы́ли ...
      А Ивано́вы сего́дня е́дут ...   (музе́й Че́хова)
   c) Кла́ус был вчера́ ...
      А Мо́ника идёт сего́дня ...   (вы́ставка)
   d) Вчера́ я был ...
      А ты идёшь сего́дня ...?   (Большо́й теа́тр)

8. *Beantworten Sie folgende Fragen!*
   Muster: Вы **бу́дете рабо́тать** за́втра?
             Да, я **бу́ду рабо́тать** за́втра.
   a) Мо́ника **бу́дет расска́зывать** о ФРГ? b) Вы **бу́дете обе́дать**? c) Ты **бу́дешь чита́ть** рома́н «До́ктор Жива́го»? d) Де́ти **бу́дут гуля́ть** в па́рке? e) Ваш брат **бу́дет смотре́ть** футбо́льный матч? f) Мы **бу́дем смотре́ть** бале́т «Ива́н Гро́зный»?

9. *Ersetzen Sie das Präsens der Verben durch das Futur!*
   Muster: Я **смотрю́** телеви́зор.
             Я **бу́ду смотре́ть** телеви́зор.

   a) Де́ти гуля́ют в па́рке. b) Кла́ус фотографи́рует Кра́сную пло́щадь и Кремль. c) Мы танцу́ем в рестора́не. d) Писа́тель Чинги́з Айтма́тов выступа́ет в До́ме журнали́ста. e) На́ша дочь изуча́ет неме́цкий язы́к. f) Мой друг рабо́тает в нау́чно-иссле́довательском институ́те. g) Я звоню́ из гости́ницы. h) Вы смо́трите футбо́льный матч?

11C

10. *Fügen Sie die in Klammern stehenden Verben in der erforderlichen Form im Futur ein!*

   Muster: Мы ... в ресторане «Славянский базар». (обедать)
   Мы будем обедать в ресторане «Славянский базар».

   a) После обеда отец ... письмо (писать), а я ... телевизор (смотреть).
   b) Завтра профессор Виноградов ... лекцию о русской литературе. (читать)
   c) Надежда Павлова ... сегодня в Большом театре. (танцевать)   d) Вы ... на вечере? (выступать)   e) Немецкие студенты ... русский язык в Москве. (изучать)   f) Завтра мы ... город. (фотографировать)

11. *Beantworten Sie die Fragen zum Lektionstext!*

   a) Куда едет господин Краузе после завтрака?   b) Что будет делать господин Краузе после обеда?   c) Что идёт в Большом театре?   d) Кто будет танцевать в Большом театре?   e) Что интересует Клауса?   f) Где будет читать лекцию профессор Виноградов?   g) Где будут обедать завтра Клаус и его московский друг?   h) Что они будут делать после обеда?   i) Что интересует отца Клауса?   j) Где будет выступать писатель Чингиз Айтматов?   k) Когда начало вечера в Доме журналиста?   l) Кто идёт на вечер в Дом журналиста?

12. *Heute machen wir einen Spaziergang durch die Stadt! Wir sehen die Programmanzeige von Moskauer Theatern und versuchen, sie zu lesen.*

Большой театр	Театр на Таганке	Театр «Современник»
Александр Бородин опера «Князь Игорь» Начало спектакля в 12 часов.	Михаил Булгаков «Мастер и Маргарита» Начало спектакля в 13 часов.	Александр Вампилов «Валентин и Валентина» Начало спектакля в 19 часов.
Михаил Глинка опера «Руслан и Людмила» Начало спектакля в 20 часов.	Бертольт Брехт «Добрый человек из Сезуана» Начало спектакля в 20 часов.	

Hören Sie sich die Programmanzeige auf der Cassette an! Übersetzen Sie jetzt die Programmanzeige! Die neuen Wörter, die Sie für Ihre Übersetzung brauchen, finden Sie in der Vokabelliste zu dieser Lektion.

Sind Sie fertig?

Dann hören Sie sich einen Dialog an! Lesen Sie mit!

А: Что идёт сегодня в Большом театре?
Б: Опера Александра Бородина «Князь Игорь».
А: Когда начало спектакля?
Б: В 12 часов.

Schauen Sie sich jetzt die Programmanzeige an, und bilden Sie weitere Dialoge!

13. *Und hier können Sie sehen, welche Filme in zwei Moskauer Kino laufen. Übersetzen Sie die Filmtitel! Nehmen Sie dazu die Vokabelliste zu dieser Übung zur Hilfe.*

начало сеанса	Кинотеатр «Россия»	Кинотеатр «Космос»
11⁰⁰	Андрей Рублёв	Белорусский вокзал
14⁰⁰	Зеркало	В джазе только девушки
17⁰⁰	Высокий блондин в чёрном ботинке	Чайковский
20⁰⁰	Маленькая Вера	Интердевочка

Hören Sie sich die richtige Aussprache der Filmtitel auf der Cassette an!

Hören Sie sich jetzt diesen Dialog an! Lesen Sie gleichzeitig mit!

А: Какой фильм идёт в кинотеатре «Россия» в одиннадцать часов?
Б: В одиннадцать часов идёт фильм «Андрей Рублёв».

Bilden Sie jetzt weitere Dialoge!

14. *Marina hat für Ihre Gruppe einen Tagesplan vorbereitet. Dieser Plan liegt jetzt vor Ihnen.*

10⁰⁰	Центр города: Красная площадь Кремль
13⁰⁰	Обед в ресторане «Славянский базар»
15⁰⁰	Манеж Выставка «Современная живопись»
18⁰⁰	Ужин в новом кафе на Арбате
20⁰⁰	Большой театр Опера Михаила Глинки «Руслан и Людмила»

11C

Versuchen Sie jetzt, den Tagesablauf dieser Gruppe zu beschreiben. Unser Beispiel hilft Ihnen dabei:

В десять часов утра туристы едут в центр города: на Красную площадь и в Кремль. Там они будут гулять и фотографировать.

15. *Stellen Sie sich vor, Sie sind auf der Durchreise in Moskau. Leider haben Sie nur zwei Tage zur Verfügung, dann müssen Sie weiterfliegen. Sie möchten aber möglichst viel von der Stadt sehen. Wie würde Ihr Tagesablauf heute und morgen aussehen? Stellen Sie einen Plan für 2 Tage Ihres Aufenthalts in Moskau zusammen!*

16. *Übersetzen Sie den Text zu diesem Bild, und beantworten Sie die Frage!*

Писатель Иванов живёт в коммунальной квартире. Сегодня он хочет писать роман, но не может работать. Скажите, почему?

11C

17. *Sie möchten heute abend ins Kino gehen, um den Film « Ма́ленькая Ве́ра » zu sehen. Die automatische Telefonansage informiert Sie über Kinoprogramme, die heute in verschiedenen Kinos der Stadt laufen. Notieren Sie sich das Kino, in dem der Film « Ма́ленькая Ве́ра » läuft, und den Beginn der Veranstaltung!*

> «Ма́ленькая Ве́ра»
> Кинотеа́тр: . . . .
> Нача́ло сеа́нса: . . . .

18. *Bei einer internationalen Veranstaltung in Ihrer Heimatstadt haben Sie einen russischen Gast kennengelernt und zu sich nach Hause eingeladen. Machen Sie ihn mit den Mitgliedern Ihrer Familie bekannt. Anschließend entwickelt sich ein lebhaftes Gespräch zwischen allen Anwesenden und dem Gast. Ihre Familie möchte alles über ihn wissen: wo er wohnt, was er macht, welche Interessen er hat ... Außer Ihnen aber spricht keiner Russisch. Übernehmen Sie die Rolle eines Dolmetschers! Und hier sind die Fragen, die Ihre Familie an ihren Gast stellt:*

a) Woher kommen Sie? b) Wo wohnen Sie in der Stadt (Stadtmitte, Neubauviertel, am Rande der Stadt)? c) Haben Sie Familie? d) Haben Sie Kinder? e) Was machen Sie? f) Arbeiten Sie? g) Sind Sie Student? h) Wo arbeiten Sie? i) Was studieren Sie? j) Was macht Ihre Frau? k) Und Ihre Kinder? l) Was interessiert Sie? m) Was haben Sie schon alles in der Bundesrepublik gesehen?

12A

12A Text

До свидáния, Москвá!

Heute verlassen unsere Touristen Moskau. Sie fahren mit dem Zug nach Sankt Petersburg.

Сегóдня Марúна и её мáленькая грýппа éдут на пóезде в Санкт-Петербýрг. Скóрый пóезд ухóдит в двáдцать три часá пятнáдцать минýт. Сейчáс ужé двáдцать два часá сóрок две минýты. Турúсты тóлько что приéхали на Ленингрáдский вокзáл. Онú стоя́т на перрóне и ждут, когдá бýдет объя́влена посáдка. Нúна тóже здесь. Онá провожáет Мóнику. У Мóники плохóе настроéние. Ей грýстно. Кто знáет, когдá онá снóва бýдет в Москвé? Вот проводнúк открывáет дверь вагóна. Марúна даёт емý билéты, он проверя́ет их и пропускáет грýппу в вагóн. Все занимáют местá в купé. Пóезд мéдленно отхóдит от перрóна. «Счастлúвого путú!» — говорúт Нúна. «До свидáния, Нúна! До свидáния, Москвá!»

Heißwasserbereiter im Zug

пóезд	Zug	провожáть, -áю, -áешь	begleiten *hier:* zur Bahn bringen
éхать на пóезде	mit dem Zug fahren	плохóй, -áя, -óе, -úе	schlecht
скóрый, -ая, -ое, -ые	schnell	настроéние	Laune, Stimmung
скóрый пóезд	Schnellzug	ей	ihr *Dat. von* онá
уходúть, ухожý, ухóдишь	*hier:* abfahren	грýстно[1]	traurig
		ей грýстно	sie ist traurig
минýта *Gen.Pl.:* минýт	Minute	снóва	wieder
тóлько что	eben erst, gerade	проводнúк	Schaffner
приéхать, приéду, приéдешь	(an-)kommen	открывáть, -áю, -áешь	öffnen
ленингрáдский, -ая, -ое, -ие	Leningrader	дверь *f.*	Tür
		вагóн	Waggon
перрóн	Bahnsteig	давáть, даю́, даёшь	geben
ждать, жду, ждёшь	warten	емý	ihm *Dat. von* он
бýдет объя́влена	wird angekündigt	билéт *Nom. Pl.:* билéты	Fahrkarte
посáдка	Einsteigen	проверя́ть, -я́ю, -я́ешь	kontrollieren, überprüfen

[1] Das т wird nicht gesprochen.

12A/12B

пропуска́ть, -а́ю, -а́ешь	durchlassen, vorbeilassen	путь *m.* Счастли́вого пути́!	Weg, Fahrt, Reise Gute Reise!
занима́ть, -а́ю, -а́ешь	besetzen, einnehmen	*Übung 10*	
ме́сто *Nom. Pl.:* места́	Platz	но́вость *f.; Nom. Pl.:* но́вости	Neuigkeit, Neuheit
купе́	Abteil	переда́ча	Rundfunk- oder Fernsehsendung
ме́дленно	langsam		
отходи́ть, отхожу́, отхо́дишь	*hier:* abfahren	до́ктор Жива́го	Doktor Schiwago *Familienname*
счастли́вый[1], -ая, -ое, -ые	glücklich		

12B Grammatik

1. Die Grundzahlen von 40 bis 100

40 со́рок	80 во́семьдесят
50 пятьдеся́т	90 девяно́сто
60 шестьдеся́т	100 сто
70 се́мьдесят	

Zur Aussprache der Zahlen vgl. Übung 2.

2. Die Uhrzeit

	Кото́рый час? / Ско́лько вре́мени? *Wie spät ist es?*	В кото́ром часу́? / Во ско́лько часо́в? *Um wieviel Uhr?*
1.00	час	в час
1.30	час три́дцать мину́т	в час три́дцать мину́т
2.00	два часа́	в два часа́
2.15	два часа́ пятна́дцать мину́т	в два часа́ пятна́дцать мину́т
12.45	двена́дцать часо́в со́рок пять мину́т	в двена́дцать часо́в со́рок пять мину́т
13.20	трина́дцать часо́в два́дцать мину́т	в трина́дцать часо́в два́дцать мину́т
22.02	два́дцать два часа́ две мину́ты	в два́дцать два часа́ две мину́ты
0.51	ноль часо́в пятьдеся́т одна́ мину́та	в ноль часо́в пятьдеся́т одну́ мину́ту

---

[1] In счастли́вый wird сч wie langes щ ausgesprochen, das т wird nicht gesprochen.

12B/12C

Wie im Deutschen erfolgt die offizielle Angabe der Uhrzeit durch einfache Aneinanderreihung von Stunden und Minuten. *Um* wird durch die Präposition **в** mit dem Akkusativ ausgedrückt.

Beachten Sie:

три́дцать одна́	мину́та
три́дцать две три́дцать три три́дцать четы́ре	мину́ты
три́дцать пять	мину́т

3. Die Konjugation von дава́ть und ждать

	дава́ть *geben*		ждать *warten*
я	даю́	я	жду
ты	даёшь	ты	ждёшь
он, она́, оно́	даёт	он, она́, оно́	ждёт
мы	даём	мы	ждём
вы	даёте	вы	ждёте
они́	даю́т	они́	ждут

4. Der Dativ in unpersönlichen Sätzen

Э́то Мо́ника.	*Das ist Monika.*
Ей гру́стно.	*Sie ist traurig.*

In Verbindung mit einigen prädikativen Adverbien wird der Dativ in unpersönlichen Sätzen zur Bezeichnung des logischen Subjekts gebraucht. Diesen Konstruktionen entspricht im Deutschen in der Regel ein persönlicher Satz.

12C Übungen

1. *Hören Sie sich den Lektionstext auf der Cassette mehrmals an!*

2. *Hören Sie sich die Zahlen an, sprechen Sie nach!*
   со́рок   пятьдеся́т   шестьдеся́т   се́мьдесят   во́семьдесят   девяно́сто   сто

3. *Heute wiederholen wir die Konjugation der Verben. Konjugieren Sie folgende Verben:*
   провожа́ть, открыва́ть, проверя́ть, пропуска́ть, занима́ть (vgl. Lektion 4B 2);
   смотре́ть, стоя́ть (vgl. Lektion 5B 1);
   танцева́ть, фотографи́ровать (vgl. Lektion 11B 6);
   ждать, дава́ть (vgl. Lektion 12B 3).

4. *Wählen Sie das richtige Verb aus der Klammer, und fügen Sie es anstelle der Punkte ein!*
   a) Проводни́к ... на́ши биле́ты. (занима́ет, проверя́ет, пропуска́ет)
   b) По́езд ме́дленно ... от перро́на. (е́дет, гуля́ет, отхо́дит)
   c) Ни́на ... Мо́нику. (смо́трит, провожа́ет, чита́ет)
   d) На ве́чере бу́дет ... изве́стный поэ́т. (идти́, выступа́ть, поменя́ть)
   e) Меня́ ... но́вая вы́ставка в Мане́же. (интересу́ет, фотографи́рует, открыва́ет)

5. *Unterstreichen Sie in den folgenden Wortreihen jeweils das Wort, das in seiner Bedeutung nicht zu den anderen Wörtern der Reihe paßt.*
   Muster: оте́ц, жена́, сестра́, дочь, <u>фами́лия</u>, семья́
   a) авто́бус, остано́вка, маши́на, трамва́й, метро́
   b) дом, окно́, дверь, ко́мната, го́род
   c) у́лица, музе́й, пло́щадь, проспе́кт, райо́н
   d) сего́дня, вчера́, за́втра, письмо́, сейча́с
   e) вокза́л, перро́н, по́езд, перево́дчик, ваго́н

6. *Wie lautet der Gegensatz?*
   a) плохо́е настрое́ние –
   b) е́хать бы́стро –
   c) больша́я гру́ппа –
   d) но́вый дом –

7. *Lesen Sie folgenden Text:*
   В кинотеа́тре «Ко́смос»
   – Скажи́те, пожа́луйста, что у вас сего́дня идёт?
   – «Интердево́чка».
   – А биле́ты есть?
   – Есть.
   – Да́йте, пожа́луйста, два биле́та.
   Bilden Sie ähnliche Dialoge. Verwenden Sie dazu die Programmanzeigen aus Lektion 11, Übung 12 und 13.

8. *Hören Sie sich die Uhrzeiten auf der Cassette an, und schreiben Sie sie mit. Vergleichen Sie das Geschriebene mit den Angaben im Lösungsschlüssel.*

12C

9. *Beantworten Sie mündlich und schriftlich die Frage* Который час? / Сколько времени?

   Muster: `14:55`   Сейчас четырнадцать часов пятьдесят пять минут.

a) `10:09` b) `2:12` c) `16:31` d) `7:25`

e) `9:58` f) `12:30` g) `19:45` h) `3:15`

i) `1:44` j) `6:02` k) `4:45` l) `15:37`

10. *Lesen Sie dieses Fernsehprogramm, und übersetzen Sie es. Die neuen Wörter finden Sie in der Vokabelliste zu dieser Lektion.*

8.00	Новости
9.20	Передача «Современная живопись»
10.45	Концерт
11.30	Передача «Москва вчера, сегодня, завтра»
12.55	Футбольный матч
17.15	Фильм «Три сестры»
20.00	Борис Пастернак и его роман «Доктор Живаго» Вечер из Дома журналиста
22.10	Фильм-концерт «Моя Москва»

a) *Bilden Sie jetzt Dialoge nach folgendem Muster:*
   А: Во сколько часов идёт футбольный матч?
   Б: Футбольный матч идёт в двенадцать часов пятьдесят пять минут.

b) *Und jetzt bilden Sie Dialoge nach diesem Muster:*
   А: Вы сегодня будете смотреть футбольный матч?
   Б: Да, буду. А когда начало матча?
   А: В двенадцать пятьдесят пять.

11. *Heute schreibt Franz wieder einen Brief an seine Russischlehrerin in der Bundesrepublik. Helfen Sie ihm, diesen Text ins Russische zu übersetzen!*

Liebe Frau Maus!
Wie schnell vergeht die Zeit! Morgen fahren wir schon mit dem Zug nach Sankt Petersburg. Heute war ich wieder im Bolschoi-Theater. Ich sah das Ballett „Iwan der Schreckliche". Nadeschda Pawlowa hat wunderbar die Partie der Anastasia getanzt! Morgen haben wir einen freien Tag. Nach dem Frühstück gehe ich in die Manege. Dort ist jetzt die interessante Ausstellung „Moderne Malerei und Skulptur". Dann werde ich spazierengehen und die Stadt fotografieren. Um 22 Uhr fahren wir zum Leningrader Bahnhof. Unser Zug fährt um 23 Uhr 15 Minuten ab. Ich bin sehr guter Stimmung.
Auf Wiedersehen!
Ihr Schüler Franz Krause

 12. *Hören Sie sich ein Telefongespräch an!*
– Алло́! Э́то Ната́ша?
– Да, э́то я.
– Здра́вствуй! Э́то Ни́на.
– Ни́на?! До́брый день! Как дела́?
– Спаси́бо. Хорошо́. Ты зна́ешь сего́дня идёт фильм «Ма́ленькая Ве́ра».
– А где он идёт?
– В кинотеа́тре «Росси́я». Я хочу́ посмотре́ть. А ты?
– Я то́же. Когда́ нача́ло сеа́нса?
– В 20 часо́в.
– Прекра́сно. Дава́й встре́тимся че́рез два часа́.
– Где?
– О́коло кинотеа́тра.
– Договори́лись. До встре́чи!
– Пока́!

Laden Sie jetzt Ihren Freund / Ihre Freundin ins Kino, ins Theater, ins Konzert, zur Ausstellung oder zum Fußballspiel ein, und vereinbaren Sie einen Treffpunkt nicht weit von Kino, Theater, Ausstellungshalle, Museum, Philharmonie usw. Benutzen Sie dabei den Lektionstext und die Programmanzeigen aus Lektion 11.

13A

13A Text

Что вы читаете?

Nun fährt unsere kleine Gruppe nach Sankt Petersburg. Marina und Monika fahren in demselben Abteil und können nicht einschlafen. Marina liest eine Zeitung.

Мóника:	Марúна, что вы читáете?
Марúна:	«Аргумéнты и фáкты». Это небольшáя, но интерéсная газéта. В ней всегдá есть актуáльная информáция.
Мóника:	А я выпúсываю газéту «Москóвские нóвости».
Марúна:	На рýсском языкé?
Мóника:	Нет, что вы! В оригинáле я ещё не могý читáть «Москóвские нóвости». Эта газéта печáтается в Кёльне на немéцком языкé. А что вы ещё читáете?
Марúна:	Что ещё? Я выпúсываю журнáл «Столúца» и газéту «Недéля». Мой муж регуля́рно читáет газéту «Коммерсáнт». Иногдá мы покупáем «Литератýрную газéту» и «Огонёк».
Мóника:	«Огонёк»? Я знáю этот журнáл. В нём бывáют хорóшие иллюстрáции.
Марúна:	Да, и интерéсные статьú тóже. Но сáмые популя́рные у нас – это «тóлстые» журнáлы. «Нóвый мир», «Октя́брь», «Невá», «Москвá» ...
Мóника:	Почемý «тóлстые»?
Марúна:	Потомý что они действúтельно тóлстые. В них есть всё: ромáны, расскáзы, стихú, пьéсы, актуáльные интервью́, пúсьма и докумéнты, рецéнзии на нóвые кнúги ... Там публикýются писáтели, поэ́ты, истóрики, экономúсты, полúтики.
Мóника:	Я впервы́е слы́шу про такúе журнáлы. А где онú продаю́тся?
Марúна:	Иногдá онú продаю́тся в киóске «Союзпечáть». Но обы́чно мы выпúсываем эти журнáлы.
Мóника:	Киóск «Союзпечáть» – это газéтно-журнáльный киóск?
Марúна:	Прáвильно. В киóске «Союзпечáть» продаю́тся газéты, журнáлы, конвéрты, откры́тки, значкú, почтóвые мáрки и дáже кнúги.

13A

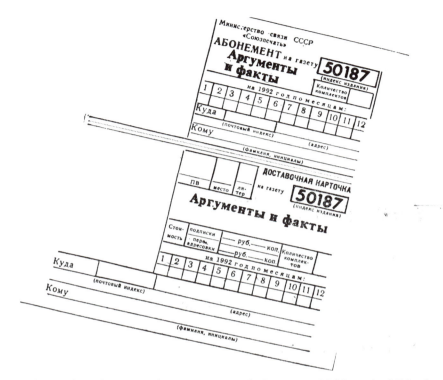

Auch in dieser Lektion kommen viele neue internationale Wörter vor. Welche sind es? Schreiben Sie sie aus der Vokabelliste heraus!

аргуме́нт *Nom. Pl.:* аргуме́нты	Argument, Beweis	печа́тается	(es) wird gedruckt
факт *Nom. Pl.:* фа́кты	Tatsache, Fakt	журна́л	Zeitschrift
газе́та	Zeitung	столи́ца	Hauptstadt
в ней	in ihr *Präp. von* она́	неде́ля	Woche
актуа́льный, -ая, -ое, -ые	aktuell	регуля́рно	regelmäßig
информа́ция	Information	коммерса́нт	Kaufmann, Großhändler
выпи́сывать, -аю, -аешь	abonnieren	иногда́	manchmal
на ру́сском языке́	in russischer Sprache	покупа́ть, -а́ю, -а́ешь	kaufen
Что вы!	Wo denken Sie hin!	литерату́рный, -ая, -ое, -ые	literarisch, Literatur-
оригина́л	Original	огонёк	Feuerchen
в оригина́ле	im Original	э́тот	dieser
печа́таться, печа́таюсь, печа́таешься	gedruckt werden	в нём	in ihm *Präp. von* он
		быва́ть, -а́ю, -а́ешь	sein, zu sein pflegen
		иллюстра́ция *Nom. Pl.:* иллюстра́ции	Illustration
		статья́ *Nom. Pl.:* статьи́	Artikel

13A

са́мый, -ая, -ое, -ые	dient bei Adjektiven zur Bildung des Superlativs	про + Akk	von, über
популя́рный, -ая, -ое, -ые	populär	тако́й, -а́я, -о́е, -и́е	solcher, solch einer, so einer
са́мые популя́рные журна́лы	die populärsten Zeitschriften	продава́ться, прода́ю́сь, продаёшься	verkauft werden
то́лстый, -ая, -ое, -ые	dick	продаю́тся	werden verkauft
мир	hier: Welt	кио́ск	Kiosk
октя́брь m.	Oktober	Союзпеча́ть f.	Unionspresse
Нева́	Newa Fluß	обы́чно	gewöhnlich
потому́ что	weil	э́ти Pl.	diese
действи́тельно	tatsächlich	газе́тно-журна́льный кио́ск	Zeitungs- und Zeitschriftenstand
в них	in ihnen Präp. von они	конве́рт Nom. Pl.: конве́рты	Briefumschlag
всё	alles	откры́тка Nom. Pl.: откры́тки	Postkarte, Ansichtskarte
расска́з Nom. Pl.: расска́зы	Erzählung	значо́к Nom. Pl.: значки́	Abzeichen
стихи́ Pl.	Gedicht(e)	почто́вый, -ая, -ое, -ые	Post-
пье́са Nom. Pl.: пье́сы	Bühnenstück	почто́вая ма́рка Nom. Pl.: почто́вые ма́рки	Briefmarke
интервью́ idkl.	Interview(s)	да́же	sogar
пи́сьма Pl.	Briefe		
докуме́нт Nom. Pl.: докуме́нты	Dokument	*Grammatik*	
реце́нзия Nom. Pl.: реце́нзии	Rezension	друг	Freund
кни́га Nom. Pl.: кни́ги	Buch	подру́га	Freundin
реце́нзии на кни́ги	Buchrezensionen		
публикова́ться, публику́юсь, публику́ешься	veröffentlicht, publiziert werden	*Übung 10*	
		медици́нский, -ая, -ое, -ие	medizinisch
публику́ются	werden publiziert	изве́стие Nom. Pl.: изве́стия	Nachricht
исто́рик Nom. Pl.: исто́рики	Historiker	строи́тельство	Bau, Bauen
экономи́ст Nom. Pl.: экономи́сты	Wirtschaftswissenschaftler	микробиоло́гия	Mikrobiologie
		ю́ность f.	Jugend

13B Grammatik

1. Nominativ Plural der Substantive

Genus	Nominativ Singular endet auf	Beispielwort	Nominativ Plural Endung	Beispielwort
m.	harte Konsonanten (außer -г, -к, -х und Zischlaute)	журна́л	-ы	журна́лы
	-г, -к, -х -ж, -ш, -ч, -щ	исто́рик гара́ж	-и	исто́рики гаражи́
	-ь	писа́тель	-и	писа́тели
	-й	музе́й	-и	музе́и
f.	-а (außer vor -г, -к, -х und Zischlauten)	газе́та	-ы	газе́ты
	-га, -ка, -ха -жа -ша, -ча, -ща	кни́га госпожа́	-и	кни́ги госпожи́
	-я	статья́	-и	статьи́
	-ия	иллюстра́ция	-ии	иллюстра́ции
	-ь	но́вость	-и	но́вости
n.	-о	письмо́	-а	пи́сьма
	-е	мо́ре	-я	моря́
	-ие	поколе́ние	-ия	поколе́ния

Im Russischen haben die Substantive eine größere Zahl verschiedener Pluralendungen. In unserer Tabelle sind die häufigsten Endungen dargestellt.

Beim Wechsel vom Singular zum Plural gibt es Substantive mit fester und solche mit wechselnder Betonung.

Bei den **sächlichen Substantiven** mit Betonungswechsel handelt es sich in der Regel um zweisilbige Substantive. Die Betonung im Plural ist der Singularbetonung jeweils entgegengesetzt.

13B

Die zwei- und die dreisilbigen **weiblichen Substantive** weisen häufig Betonungswechsel auf. Beim Zurückziehen der Betonung auf den Stamm verwandelt sich bei einigen weiblichen Substantiven im Plural e in ё: жена́ – жёны, сестра́ – сёстры.

Eine Reihe von **männlichen Substantiven** weist ebenfalls Betonungswechsel auf.

2. Besondere Bildungsweisen des Nominativs Plural

Zahlreiche stammbetonte männliche Substantive haben im Nominativ Plural die Endung **-а** bzw. **-я**. Diese Pluralendung trägt dann immer die Betonung. Folgende Substantive aus den Lektionen 1 bis 13 gehören zu dieser Gruppe:

а́дрес	– адреса́	ма́стер	– мастера́
ве́чер	– вечера́	но́мер	– номера́
го́род	– города́	профе́ссор	– профессора́
дом	– дома́	учи́тель	– учителя́

Das Wort **год** *(Jahr)* hat im Plural zwei Formen ohne Bedeutungsunterschied: **го́ды** und **года́**.

Bei einigen Maskulina fallen -e- oder -o- beim Deklinieren aus:

Beachten Sie auch die Pluralformen bei folgenden Substantiven:

оте́ц	– отцы́		друг	– друзья́
день	– дни		сын	– сыновья́
значо́к	– значки́		дочь	– до́чери
боти́нок	– боти́нки		мать	– ма́тери
			челове́к	– лю́ди

3. Das Demonstrativpronomen э́тот

maskulinum	femininum	neutrum	Plural
Како́й го́род?	Кака́я газе́та?	Како́е мо́ре?	Каки́е кни́ги?
Э́тот го́род	Э́та газе́та	Э́то мо́ре	Э́ти кни́ги
Diese Stadt	*Diese Zeitung*	*Dieses Meer*	*Diese Bücher*

Die sächliche Form **э́то** wird außerdem als Subjekt in der Bedeutung *das (ist), das (sind)* gebraucht. Dabei bezieht sich **э́то** unveränderlich auf Substantive männlichen, weiblichen und sächlichen Geschlechts im Singular und Plural: Э́то мой друг. Э́то моя́ подру́га. Э́то моё письмо́. Э́то мои́ друзья́.

4. Präpositiv der Personalpronomen

Nom.	Präp.
я	(обо) мне́
ты	(о) тебе́
он	(о) нём
она́	(о) ней
оно́	(о) нём
мы	(о) нас
вы	(о) вас
они́	(о) них

In Lektion 4 wurde bereits erwähnt, daß der Präpositiv nur in Verbindung mit Präpositionen auftritt. Hier haben wir als Beispiel die Präposition о gewählt. Beachten Sie dabei die besondere Form in Verbindung mit dem Personalpronomen я: обо мне́.

5. Der Superlativ der Adjektive

са́мый хоро́ший друг	der beste Freund
са́мая интере́сная газе́та	die interessanteste Zeitung
са́мое большо́е мо́ре	das größte Meer
са́мые популя́рные журна́лы	die populärsten Zeitschriften

Der Superlativ kann mit Hilfe des Wortes са́мый gebildet werden. Dabei stimmen са́мый und das Adjektiv jeweils mit ihrem Bezugswort in Genus, Numerus und Kasus überein. Са́мый wird wie ein Adjektiv vom Typ краси́вый dekliniert.

Я живу́ в са́мом большо́м го́роде Росси́и.   Ich wohne in der größten Stadt Rußlands.

6. Die Konjugation präfigierter Verben

	продава́ть *verkaufen*
я	продаю́
ты	продаёшь
он, она́, оно́	продаёт
мы	продаём
вы	продаёте
они́	продаю́т

Wie im Deutschen kann man auch im Russischen durch das Voransetzen von Präfixen die Bedeutung eines Verbs verändern (hier дава́ть *(geben)* – продава́ть *(verkaufen)*). Das präfigierte Verb wird genauso konjugiert wie das Grundverb.

7. Reflexive Verben

a) Мы хоти́м встре́титься о́коло ста́нции метро́. — *Wir wollen uns in der Nähe der U-Bahn-Station treffen.*
b) Я наде́юсь, у тебя́ есть э́та кни́га. — *Ich hoffe, du hast dieses Buch.*
c) В кио́ске продаю́тся газе́ты и журна́лы. — *Am Kiosk werden Zeitungen und Zeitschriften verkauft.*

13B/13C

Formales Kennzeichen der reflexiven Verben im Russischen ist die Partikel **-ся**. Die russischen reflexiven Verben haben im Deutschen verschiedene Entsprechungen, u. a.:

a) Verben mit der Bedeutung der gegenseitigen Handlung (reziprok-reflexive Verben)
b) Verben, die Gemütsbewegungen ausdrücken (allgemein-reflexive Verben)
c) Verben mit passiver Bedeutung.

8. Die Konjugation reflexiver Verben

	печа́та**ться** *gedruckt werden*	публикова́**ться** *publiziert werden*
я	печа́таю**сь**	публику́ю**сь**
ты	печа́таешь**ся**	публику́ешь**ся**
он, она́, оно́	печа́тает**ся**	публику́ет**ся**
мы	печа́таем**ся**	публику́ем**ся**
вы	печа́таете**сь**	публику́ете**сь**
они́	печа́тают**ся**	публику́ют**ся**

Das Präsens reflexiver Verben wird durch Anfügen von **-ся** bzw. **-сь** an die Personalendungen gebildet. **-ся** steht nach konsonantisch auslautenden Personalendungen, **-сь** steht nach vokalisch auslautenden Personalendungen. Beachten Sie die Aussprache: Die Buchstabenverbindungen -ться, -тся werden wie [ца] ausgesprochen.

13C Übungen

1. *Setzen Sie die Substantive in den Plural!*

   a) тури́ст, заво́д, журна́л, сад, вестибю́ль, телефо́н, оте́ц, фильм, писа́тель, био́лог, язы́к, матч, трамва́й, парк, врач, день, гара́ж, музе́й.
   b) семья́, у́лица, ле́кция, кни́га, маши́на, ста́нция, вы́ставка, пло́щадь, дочь, ку́хня, статья́, жена́, мать
   c) поколе́ние, мо́ре, де́ло, ме́сто

2. *Setzen Sie die Substantive, die Possessivpronomen und Adjektive in den Plural!*
   Muster: Э́то **мой журна́л**.
   Э́то **мой журна́лы**.

   a) Э́то мой друг. b) Э́то хоро́шая но́вость. c) Э́то интере́сный челове́к. d) Э́то его́ боти́нок. e) Э́то наш профе́ссор. f) Э́то ва́ша фотогра́фия. g) Э́то большо́й музе́й. h) Э́то её письмо́. i) Э́то ста́рый ру́сский го́род. j) Э́то их сестра́.

3. *Setzen Sie die Demonstrativpronomen* э́тот, э́та, э́то, э́ти *ein!*
   Muster: ... врач рабо́тает в больни́це на пло́щади Ле́нина.
   Э́тот врач рабо́тает в больни́це на пло́щади Ле́нина.
   a) ... пье́са идёт в теа́тре «Совреме́нник». b) ... письмо́ я получи́л вчера́. c) ... лю́ди рабо́тают на заво́де. d) ... журна́л продаётся в кио́ске «Союзпеча́ть». e) ... студе́нты изуча́ют ру́сский язы́к. f) ... газе́та печа́тается в Москве́. g) ... кафе́ о́чень хоро́шее. h) ... профе́ссор чита́ет за́втра ле́кцию о ру́сской литерату́ре. i) ... стихи́ публику́ются впервы́е.

4. *Setzen Sie die Pronomen* э́тот, э́та, э́то, э́ти *ein!*
   a) Кто ...? – ... студе́нтка. ... студе́нтка изуча́ет ру́сский язы́к.
   b) Что ...? – ... журна́л «Нева́». Я чита́ю ... журна́л.
   c) ... газе́ты «Неде́ля» и «Коммерса́нт». Где продаю́тся ... газе́ты? ... газе́ты продаю́тся в кио́ске «Союзпеча́ть».

5. *Fügen Sie anstelle der Punkte das entsprechende Personalpronomen im Präpositiv ein!*
   Muster: Вчера́ мы бы́ли на **бале́те «Ива́н Гро́зный»**. Сего́дня мы говори́ли о ...
   Сего́дня мы говори́ли **о нём**.
   a) Архите́ктор Ивано́в хорошо́ зна́ет **Москву́**. Он интере́сно расска́зывает о ... b) Я выпи́сываю **журна́л «Огонёк»**. В ... печа́таются интере́сные статьи́. c) Почему́ **ты** не был сего́дня в шко́ле? Учи́тель спра́шивал о ... d) Э́то на́ши **газе́ты**. В ... всегда́ есть актуа́льная информа́ция. e) Э́то **письмо́** из ФРГ. Я тебе́ уже́ говори́ла о ... f) Моя́ сестра́ живёт в Оде́ссе, а **я** живу́ в Москве́. Моя́ сестра́ ча́сто ду́мает обо ... g) Вчера́ **мы** выступа́ли на ве́чере в До́ме журнали́ста. Сего́дня в газе́те была́ интере́сная статья́ о ... h) **Вы** бу́дете за́втра в университе́те? Профе́ссор Виногра́дов спра́шивал о ...

6. *Beantworten Sie die Fragen, gebrauchen Sie dabei die in Klammern stehenden Wörter!*
   Muster: В како́м райо́не вы живёте? (са́мый большо́й райо́н го́рода)
   Я живу́ **в са́мом большо́м райо́не го́рода**.
   a) В како́й газе́те печа́тается э́тот журнали́ст? (са́мая популя́рная газе́та)
   b) В како́м до́ме вы живёте? (са́мый высо́кий дом в райо́не)
   c) Каки́е статьи́ вас интересу́ют? (са́мые актуа́льные статьи́)
   d) О како́м рома́не бу́дет чита́ть ле́кцию наш профе́ссор? (са́мый изве́стный рома́н Михаи́ла Булга́кова «Ма́стер и Маргари́та»)
   e) В како́й больни́це рабо́тает э́тот врач? (са́мая больша́я больни́ца)
   f) В како́м письме́ была́ э́та информа́ция? (са́мое интере́сное письмо́ из Москвы́)

7. *Fügen Sie anstelle der Punkte die nötigen Verben im Präsens ein! Gebrauchen Sie dabei die in Klammern stehenden Verben!*
   (публикова́ться, печа́таться, встре́титься, наде́яться, продава́ться)

13C

a) В журнале «Новый мир» ... роман «Доктор Живаго». b) Эти газеты ... в Москве. c) Мы хотим ... в ресторане на Абрате. d) Я ..., ты уже был на новой выставке. e) Открытки и конверты ... в киоске «Союзпечать».

8. *Beantworten Sie die Fragen zum Lektionstext!*
a) Что читает Марина? b) Какая это газета? c) Какую газету выписывает Моника? d) На каком языке Моника читает «Московские новости»? e) Почему Марина покупает журнал «Огонёк»? f) Какие журналы самые популярные в России? g) Где продаются эти журналы? h) Кто в них публикуется? i) Что продаётся в киоске «Союзпечать»?

9. *Beantworten Sie folgende Fragen!*
a) Какие газеты и журналы вы читаете? b) Почему вы читаете эти газеты и журналы? c) Где продаются эти газеты и журналы? d) Какие газеты и журналы вы выписываете? e) Вы читаете газеты и журналы на русском языке? f) Какие газеты и журналы самые популярные в ФРГ? g) Вы читаете книги? h) Вас интересуют стихи? i) Вас интересует русская литература?

10. *Erinnern Sie sich noch an die Familie Below aus Moskau? Hier ist die Liste der Zeitungen und Zeitschriften, die die Belows abonnieren. Nina liest die Zeitschrift „Theater" und die „Literaturzeitung". Sie interessiert sich für Theater und Literatur. Was meinen Sie, welche Periodika lesen Alexej Petrowitsch, Maria Stepanowna, Nikolai Alexejewitsch, Igor und Wera? Und warum lesen sie diese?*

Um diese Fragen richtig zu beantworten, lesen Sie noch einmal den Text der Lektion 10. Die Bedeutung der neuen Wörter in den Zeitungs- und Zeitschriftentiteln finden Sie im Vokabelverzeichnis dieser Lektion.

Fangen Sie jetzt so an:

Нина студентка. Она читает журнал «Театр» и «Литературную газету», потому что её интересуют театр и литература.

Вера читает журнал «Юность», потому что она школьница.

Алексей Петрович ...

Газеты
Аргументы и факты
Литературная газета
Медицинская газета
Известия
Журналы
Строительство и архитектура
Новый мир
Микробиология
Семья и школа
Театр
Экология
Юность

 11. *Hören Sie sich das Gespräch am Kiosk «Союзпечать» an und sagen Sie, was Wera gekauft hat.*
Welche Zeitungen und Zeitschriften würden Sie gerne kaufen? Bilden Sie ähnliche Dialoge!

14A

14A Text

Такая у нас профессия.
Auf der Fahrt nach St. Petersburg stehen Klaus und Franz vor dem Schlafengehen vor ihrem Abteil und rauchen. Dabei kommen sie ins Gespräch mit einem Ehepaar aus Petersburg, Olga und Sergej. Beide sind Geologen.

Рассказывает Сергей:
Я родился в Екатеринбурге. Екатеринбург находится на Урале. Там есть очень красивые места. Я много путешествовал с рюкзаком и палаткой, мечтал стать геологом. После школы я два года служил в армии на севере. А потом приехал в Санкт-Петербург. В Петербурге я учился в Горном институте. Каждое лето я проводил в экспедиции. С Олей я познакомился на Кавказе. Я встретил её в экспедиции. Через год мы поженились.

Рассказывает Ольга:
А я родилась в Санкт-Петербурге. Для меня это самый красивый город в мире. Я всегда интересовалась географией: разные города и страны, разная природа, разный климат.
Мы с Сергеем уже везде были – на севере, на юге, в Сибири ... Мы всегда в пути – днём и ночью. Такая у нас профессия. А сейчас мы едем домой в отпуск.
У меня есть хорошая идея! Приходите к нам в гости! У нас дома есть диапозитивы и книги о нашей стране. И мы познакомим вас с нашей семьёй.

Клаус и Франц:
Спасибо за приглашение. Мы с удовольствием придём!

профессия	Beruf	путешествовать, -ствую, -ствуешь	wandern, weit reisen
родиться	geboren werden		
родился	(ich *m.*) wurde geboren	с *Instr.*	mit
Екатеринбург	Jekaterinburg *in der Sowjet-Zeit:* Swerdlowsk	рюкзак	Rucksack
		с рюкзаком	mit (einem) Rucksack
		палатка	Zelt
находиться, нахожусь, находишься	sich befinden	с палаткой	mit (einem) Zelt
		мечтать, -аю, -аешь	träumen
Урал	Ural, Uralgebiet		

14A

стать, ста́ну, ста́нешь + *Instr.*	werden	на ю́ге	im Süden
гео́лог	Geologe	Сиби́рь *f.*	Sibirien
стать гео́логом	Geologe werden	днём	am Tage, tagsüber
служи́ть, -жу́, -жишь	dienen, Dienst leisten	но́чью	nachts
а́рмия	Armee	домо́й	nach Hause
се́вер	Norden	о́тпуск	Urlaub
на се́вере	im Norden	иде́я	Idee
учи́ться, учу́сь, у́чишься	studieren, lernen	приходи́те	kommen Sie, kommt
учи́лся	(ich *m.*) studierte, lernte	к + *Dat.*	zu
		нам	uns *Dat. von* мы
го́рный, -ая, -ое, -ые	Berg-, Bergbau-	в го́сти	zu Besuch
Го́рный институ́т	Bergbauhochschule	до́ма	zu Hause
ка́ждый, -ая, -ое, -ые	jeder	диапозити́в	Dia
ле́то	Sommer	о на́шей стране́	über unser Land
ка́ждое ле́то	jeden Sommer	познако́мить, -млю, -мишь	(miteinander) bekannt machen
проводи́ть, -ожу́, -о́дишь	verbringen	с на́шей семьёй	mit unserer Familie
экспеди́ция	Expedition	за + *Akk.*	für
О́ля	Olja *Kurzform von* О́льга	приглаше́ние	Einladung
с О́лей	mit Olja	спаси́бо за приглаше́ние	danke für die Einladung
познако́миться, -млюсь, -мишься	sich (miteinander) bekannt machen	удово́льствие	Vergnügen
Кавка́з	Kaukasus	с удово́льствием	mit Vergnügen, gern
на Кавка́зе	im Kaukasus	придём	(wir) kommen, (wir) werden kommen
встре́тить, -е́чу, -е́тишь	treffen, begegnen		
пожени́ться	heiraten	*Grammatik*	
родила́сь	(ich *f.*) wurde geboren	кем	*Instrumental von* кто
для + *Gen.*	für	чем	womit *Instr. von* что
интересова́ться + *Instr.* -су́юсь, -су́ешься	sich interessieren für	*Übung 7*	
		неме́цко-ру́сский, -ая, -ое, -ие	deutsch-russisch
интересова́лась	(ich *f.*) interessierte mich	слова́рь *m.*	Wörterbuch
геогра́фия	Geografie	учи́тельский, -ая, -ое, -ие	Lehrer-
интересова́ться геогра́фией	sich für Geografie interessieren	за рулём	am Steuer
ра́зный, -ая, -ое, -ые	verschieden	*Übung 9*	
города́ *Pl.*	Städte	Желя́бов	Scheljabow, Andrej *russ. Volkstümler (1851–1881)*
страна́ *Nom. Pl.:* стра́ны	Land	ко́рпус	*hier:* Gebäude
приро́да	Natur	*Übung 11*	
кли́мат	Klima	па́па *m.*	Papa, Vati
мы с Серге́ем	Sergej und ich	ма́ма	Mama, Mutti
везде́	überall		
юг	Süden	*Übung 12*	
		телефи́льм	Fernsehfilm *Abk. von* телевизио́нный фильм

14B Grammatik

1. Instrumental Singular der Substantive

Genus	Nominativ Singular кто? что? endet auf	Beispielwort	Instrumental Singular кем? чем? Endung	Beispielwort
m.	harte Konsonanten (außer Zischlaute und -ц)	геолог	-ом	геологом
	-ж, -ш, -ч, -щ, -ц	врач матч	-ом -ем	врачо́м ма́тчем
	-ь	учи́тель день	-ем -ём	учи́телем днём
	-й	Серге́й	-ем	Серге́ем
f.	-а (außer vor -ц und Zischlauten)	пала́тка	-ой	пала́ткой
	-жа -ша, -ча, -ща, -ца	госпожа́ Ната́ша	-ой -ей	госпожо́й Ната́шей
	-я	О́ля семья́	-ей -ёй	О́лей семьёй
	-ия	геогра́фия	-ией	геогра́фией
	-ь	ночь	-ью	но́чью
n.	-о	ме́сто	-ом	ме́стом
	-е	мо́ре	-ем	мо́рем
	-ие	удово́льствие	-ием	удово́льствием

Die im Instrumental endbetonten männlichen und weiblichen Substantive mit Stammauslaut auf weiche Konsonanten haben statt **-ем** und **-ей** die Endungen **-ём** und **-ёй**, z. B.: день – днём; семья́ – семьёй.

Sächliche Substantive auf **-ие** haben im Instrumental dagegen sowohl betont als auch unbetont die Endung **-ием**, z. B.: удовóльствие – удовóльствием; бытиé *(das Sein)* – бытиéм.

Bei männlichen und weiblichen Substantiven mit Stammauslaut auf **-ж, -ш, -ч, -щ, -ц** stehen im Instrumental **-ом** und **-ой**, wenn die Endung betont ist, und **-ем** und **-ей**, wenn die Endung unbetont ist, z. B.: врачóм, госпожóй, aber мáтчем, Натáшей.

Beachten Sie **flüchtiges -о-** und **flüchtiges -е-** bei männlichen Substantiven (vgl. dazu Lektion 13B 2): отéц – отцóм.

Die Substantive **мать** und **дочь** haben auch für den Instrumental Sonderformen:

> мать – мáтерью;   дочь – дóчерью

2. Gebrauch des Instrumentals

Der Instrumental wird u. a. in folgenden Fällen gebraucht:

a) Zur Bezeichnung der Zeit, z. B.

    Мы всегдá в путú – днём и нóчью.   *Wir sind immer unterwegs – tagsüber und nachts (Tag und Nacht).*

b) Als Prädikatsnomen nach einigen Verben, z. B. nach dem Verb **стать** *(werden)*:

    Я хочý стать геóлогом.   *Ich möchte Geologe werden.*

c) Nach einigen Verben, die den Instrumental ohne Präposition verlangen, z. B.:

    Óльга интересýется геогрáфией.   *Olga interessiert sich für Geografie.*

d) Nach einigen Verben, die den Instrumental mit Präposition verlangen, z. B. mit der Präposition **с**:

    Мы хотúм познакóмить вас с нáшей семьёй.   *Wir möchten Sie mit unserer Familie bekannt machen.*

e) Nach der Präposition **с** zum Ausdruck der Gemeinsamkeit einer Handlung, z. B.:

    С кем ты был в теáтре?   *Mit wem warst du im Theater?*
    Я был в теáтре с Сергéем.   *Ich war mit Sergej im Theater.*

14B

Beachten Sie die Bedeutung folgender Verbindung:

Мы с Сергéем бы́ли в теа́тре.   *Sergej und ich waren im Theater.*

Im Russischen liegt der Ton auf der Gemeinsamkeit. Das Prädikat steht im Plural.

f) Nach der Präposition с zur Angabe der Art und Weise der Handlung, z. B.:

Мы с удово́льствием придём.   *Mit Vergnügen kommen wir.*

Blick aus dem Zugfenster

3. Das Präteritum reflexiver Verben

Genus	Person	учи́ться *lernen, studieren*	интересова́ться *sich interessieren*
m.	я, ты, он	учи́**лся**	интересова́**лся**
f.	я, ты, она́	учи́**лась**	интересова́**лась**
n.	оно́	учи́**лось**	интересова́**лось**
m., f., n.	мы, вы, они́	учи́**лись**	интересова́**лись**

Das Präteritum reflexiver Verben wird durch Anfügen von **-лся, -лась, -лось, -лись** an den Infinitivstamm gebildet.

135

14B/14C

4. Transitive und intransitive Verben

Transitiv sind Verben, die mit einem Objekt im Akkusativ ohne Präposition (direktes Objekt) verbunden werden.

| Мы **познако́мим вас** с на́шей семьёй. | *Wir machen Sie mit unserer Familie bekannt.* |

Intransitive Verben sind solche, die kein Akkusativobjekt bei sich haben können. Sie werden entweder ohne Objekt gebraucht, oder auf sie folgt ein indirektes Objekt.

| С О́лей я **познако́мился** на Кавка́зе. | *wörtl.:* Mit Olja *habe ich mich im Kaukasus bekannt gemacht.* |

Die Reflexivendung -ся kennzeichnet, daß das betreffende Verb im Gegensatz zu dem Verb ohne -ся intransitiv ist.

Ве́ра у́чит биоло́гию. *trans.*   *Wera lernt Biologie.*
Ве́ра у́чится в шко́ле. *intrans.*   *Wera lernt in der Schule. (Wera besucht die Schule.)*

Вчера́ я встре́тил О́льгу. *trans.*   *Gestern habe ich Olga getroffen.*
Вчера́ я встре́тился с О́льгой. *intrans.*   *Gestern habe ich mich mit Olga getroffen.*

14C Übungen

1. *Hören Sie sich den Lektionstext auf der Cassette mehrmals an! Lesen Sie mit!*

2. *Hören Sie sich folgende Sätze auf der Cassette an! Reagieren Sie nach folgendem Muster auf die Sätze:*

   AC: Я иду́ в филармо́нию с дру́гом.
   Sie: Я то́же иду́ в филармо́нию с дру́гом.

   Jetzt sind Sie an der Reihe:
   Я иду́ в Большо́й теа́тр с бра́том.
   Я иду́ на конце́рт с жено́й.
   Я иду́ на футбо́льный матч с Серге́ем.
   Я иду́ в рестора́н с госпожо́й Ма́ус.
   Я хочу́ познако́мить вас с отцо́м.
   Я хочу́ познако́мить вас с И́горем.

Я хочу́ познако́мить вас с Ната́шей и О́лей.
Я хочу́ познако́мить вас с на́шей семьёй.
Я интересу́юсь поли́тикой.
Я интересу́юсь геогра́фией.
Я интересу́юсь ма́тчем ФРГ – Росси́я.
Я хочу́ стать врачо́м.
Я хочу́ стать учи́телем.
Я хочу́ стать инжене́ром.
Я хочу́ стать перево́дчицей.

3. *Fügen Sie anstelle der Punkte das Verb* учи́ть *bzw.* учи́ться *ein!*
   a) Кла́ус, ты ... или рабо́таешь? – Я ... в университе́те.
   b) Где ... Ве́ра? – Она́ ... в шко́ле.
   c) Ве́ра, что ты ...? – Я ... биоло́гию.
   d) Твои́ друзья́ хорошо́ ...? – Да, они́ ... хорошо́.
   e) И́горь, когда́ ты бу́дешь ... уро́ки? – Я бу́ду ... уро́ки по́сле обе́да.

4. *Lösen Sie die Klammern auf!*
   Muster: Де́ти бы́ли в музе́е с ... (учи́тель)
   Де́ти бы́ли в му́зее **с учи́телем.**
   a) На ве́чере в До́ме журнали́ста мы познако́мились с ... (писа́тель из Оде́ссы). b) В теа́тре Мо́ника встре́тилась с ... (Ни́на). c) Я е́хал сего́дня в трамва́е с ... (О́ля и её оте́ц). d) Серге́й мно́го путеше́ствовал с ... (рюкза́к и пала́тка). e) Он мечта́л стать ... (гео́лог). f) Мой друг Оле́г интересу́ется ... (медици́на и биоло́гия). g) Он хо́чет стать ... (врач). h) Вас интересу́ет ру́сский язы́к? – Да, я с ... (удово́льствие) изуча́ю ру́сский язы́к. i) На́ши друзья́ – гео́логи. Они́ всегда́ в пути́ – ... (день и ночь). j) Вчера́ Кла́ус у́жинал с ... (Ната́ша). k) Вы хоти́те познако́миться с ... (на́ша семья́)?

5. *Ersetzen Sie diese Sätze durch Sätze mit Instrumental!*
   Muster: Меня́ интересу́ет архитекту́ра Москвы́.
   Я интересу́юсь архитекту́рой Москвы́.
   a) Нас интересу́ют литерату́ра и теа́тр. b) Их интересу́ет ле́кция о Бори́се Пастерна́ке. c) Тебя́ интересу́ет Ура́л? d) Меня́ интересу́ет жи́вопись. e) Его́ интересу́ет гости́ница «Интури́ст». f) Её интересу́ет переда́ча «Москва́ вчера́, сего́дня, за́втра». g) Вас интересу́ет Кремль?

6. *Lesen Sie die Sätze, und stellen Sie Fragen zu den hervorgehobenen Wörtern!*
   Muster: Серге́й роди́лся **в Екатеринбу́рге.**
   Где роди́лся Серге́й?
   a) Екатеринбу́рг нахо́дится **на Ура́ле.**
   b) Серге́й мечта́л стать **гео́логом.**
   c) Серге́й служи́л **два го́да** в а́рмии.

14C

d) Сергéй приéхал **в Санкт-Петербýрг**.
e) Сергéй учи́лся **в Гóрном институ́те**.
f) **Óльга** родила́сь в Санкт-Петербýрге.
g) Óльга интересова́лась **геогра́фией**.
h) Óльга познакóмилась **с Сергéем** на Кавкáзе.
i) Сергéй встрéтил **Óльгу** в экспеди́ции.
j) Óльга и Сергéй **éдут домóй**.

7. *Wera Belowa sitzt im Lesesaal der Stadtbücherei. Hier sind auch einige ihrer Schulkameraden. Alle lesen Fachliteratur. Was meinen Sie, was wollen diese Schüler in Zukunft werden? Schlagen Sie zum besseren Verständnis der Buchtitel in der Vokabelliste dieser Lektion nach.*

a) Татья́на   b) Николáй   c) Пётр

д) Натáша   e) Сергéй   f) Óльга

8. *Am Ende des Gesprächs im Zug hat Franz ein Erinnerungsfoto von Olga und Sergej gemacht. Zu Hause in Deutschland zeigt er dieses Foto seiner Russischlehrerin, Frau Maus, und erzählt ihr von dem jungen Paar. Übernehmen Sie Franz' Rolle!*

9. *Hier ist eine Seite aus dem Notizbuch von Klaus. Erkundigen Sie sich bei Klaus nach Anschrift und Telefonnummer seiner russischen Bekannten. Bilden Sie Dialoge nach folgendem Muster:*

г.	= гóрод
ул.	= ýлица
д.	= дом
кв.	= кварти́ра

14C

✉	☎
Олег Иванов г. Москва, пр. Гагарина д. 25, кв. 18	328-66-37
Комаровские Сергей и Ольга Санкт-Петербург ул. Куплинская, д. 8, корпус 1, кв. 50	173-05-91
Марина Шарова г. Санкт-Петербург ул. Желябова д. 13, кв. 84	312-52-24

— В каком городе живёт Марина Шарова?
— Марина живёт в Санкт-Петербурге.
— А на какой улице?
— На улице Желябова, дом 13, квартира 84.
— Вы знаете её телефон?
— Да, знаю. Её телефон ...

10. *Stellen Sie sich vor, Sie haben die Adresse eines Russen/einer Russin bekommen, der/die mit Ihnen korrespondieren will. Heute schreiben Sie Ihren ersten Brief nach Rußland. Dem Brief legen Sie ein Foto von Ihrer Familie bei. Verwenden Sie bei dieser Aufgabe Wörter und Wendungen, die Sie in den Lektionen 1–14 gelernt haben.*

11. *Übersetzen Sie! Die neuen Wörter finden Sie in der Vokabelliste zu dieser Lektion.*
    — Папа, где ты родился?
    — Я родился в Москве.
    — А мама?
    — Мама родилась в Екатеринбурге.
    — А я?
    — А ты родился в Киеве.
    — Как хорошо, что мы все вместе встретились!

12. *Hören Sie sich das Gespräch zwischen Wera und ihrem Großvater an, und beantworten Sie folgende Fragen:*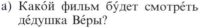
    a) Какой фильм будет смотреть дедушка Веры?
    b) Почему он будет смотреть этот фильм?

    Suchen Sie diese Sendung im abgebildeten Fernsehprogramm, und beantworten Sie noch eine Frage:
    c) Когда начало фильма?

САНКТ - ПЕТЕРБУРГ. 7.30 — Здравствуйте! 7.40, 17.35 — Мультфильмы. 8.00 — Док. телефильмы. 9.10 — «Поп-магазин». 9.20 — Телефильм-балет. 10.35 — «Вечный муж». Худ. фильм. 1-я серия. 11.55 — ТО «Область»: «Новые времена». 12.25 — «Парадоксы музыки». 13.25 — Киноканал «Осень». «Олеся». Худ. фильм. 14.25 — Фильм-монография о творчестве Е. Камбуровой. 15.30 — «Поехал поезд в Бульзибар». Худ.

15A

15A Text

Санкт-Петербу́рг

Heute macht unsere Gruppe eine Stadtrundfahrt durch Sankt Petersburg. Die Dolmetscherin und Fremdenführerin Marina erklärt den Touristen, was sie alles sehen.

Мы нахо́димся на берегу́ реки́ Невы́, на Дворцо́вой на́бережной. Посмотри́те! На ма́леньком о́строве стои́т Петропа́вловская кре́пость. Здесь Пётр Пе́рвый основа́л Санкт-Петербу́рг. В кре́пости расположе́но са́мое высо́кое зда́ние го́рода – Петропа́вловский собо́р.

А сейча́с наш авто́бус стои́т на Ки́ровском мосту́. Отсю́да хорошо́ видна́ Стре́лка Васи́льевского о́строва. Васи́льевский о́стров – са́мый большо́й в де́льте Невы́. Пе́ред ва́ми знамени́тый архитекту́рный анса́мбль Стре́лки: Би́ржа,Ростра́льные коло́нны, ба́шни Кунстка́меры и Тамо́жни.

Стрелка Васильевского острова

Спра́ва от нас бы́вшая ца́рская резиде́нция – Зи́мний дворе́ц. Сейча́с в зда́нии Зи́мнего дворца́ располо́жен всеми́рно изве́стный музе́й «Эрмита́ж».

Не́вский проспе́кт – гла́вная у́лица Санкт-Петербу́рга, центр культу́рной и обще́ственной жи́зни го́рода. Он начина́ется у Адмирал-

15A

тейства, недалеко́ от Невы́, и конча́ется на пло́щади Алекса́ндра Не́вского, то́же у Невы́. Здесь располо́жены дворцы́, музе́и, хра́мы, теа́тры, Публи́чная библиоте́ка, магази́ны, рестора́ны, кинотеа́тры. Посмотри́те напра́во! Это Каза́нский собо́р. А сле́ва, напро́тив Каза́нского собо́ра, вы ви́дите зда́ние са́мого большо́го кни́жного магази́на в го́роде. Это «Дом кни́ги».

Сейча́с мы с ва́ми нахо́димся на пло́щади Иску́сств. Пря́мо пе́ред на́ми Ру́сский музе́й, сле́ва – Ма́лый теа́тр о́перы и бале́та. А тут теа́тр Музыка́льной коме́дии и Филармо́ния. В це́нтре пло́щади, в скве́ре, стои́т па́мятник Пу́шкину.

Адмиралтейство

бе́рег	Ufer	ви́ден, видна́, ви́дно, видны́	(ist/sind) zu sehen, kann man sehen
на берегу́ *Präp.*	am Ufer	стре́лка	кleiner Pfeil
река́	Fluß	Стре́лка Васи́льевского о́строва	Ostspitze der Basilius-Insel
дворцо́вый, -ая, -ое, -ые	Schloß-	де́льта	Delta
на́бережная	Kai	пе́ред + *Instr.*	vor *örtlich*
о́стров	Insel	пе́ред ва́ми	vor Ihnen/euch
кре́пость *f.*	Festung	знамени́тый, -ая, -ое, -ые	berühmt
Петропа́вловская кре́пость	Peter-Paul-Festung	архитекту́рный -ая, -ое, -ые	architektonisch
Пётр Пе́рвый	Peter der Große *wörtl.*: Peter der Erste; *russ.* Zar (1672–1725)	анса́мбль *m.*	Ensemble
		би́ржа	Börse
основа́ть	gründen	коло́нна	Säule
расположен, -а, -о, -ы	(ist/sind) gelegen, aufgestellt	Ростра́льные коло́нны *Pl.*	Rostral-Säulen
собо́р	Kathedrale	Кунстка́мера	Kunstkammer
Петропа́вловский собо́р	Peter-und-Paul-Kathedrale	тамо́жня	Zollamt
мост	Brücke	спра́ва от + *Gen.*	rechts von
на мосту́ *Präp.*	auf der Brücke	бы́вший, -ая, -ое, -ые	ehemalig
Ки́ровский мост	Kirow-Brücke	ца́рский, -ая, -ое, -ие	Zaren-
отсю́да	von hier aus	резиде́нция	Residenz
		зи́мний, -яя, -ее, -ие	Winter-, winterlich

15A/15B

дворе́ц *Gen.:* дворца́ *Pl.:* дворцы́	Palast, Schloß
Зи́мний дворе́ц	Winterpalast
всеми́рно изве́стный, -ая, -ое, -ые	weltbekannt
Эрмита́ж	Eremitage
Не́вский проспе́кт	Newski-Prospekt
гла́вный, -ая, -ое, -ые	Haupt-
культу́рный, -ая, -ое, -ые	Kultur-, kulturell
обще́ственный, -ая, -ое, -ые	öffentlich, gesellschaftlich
жизнь *f.*	Leben
начина́ться	beginnen
у + *Gen.*	an, neben, bei
конча́ться	enden
Алекса́ндр Не́вский	Alexander Newski *russ. Fürst (1220–1263)*
хра́м	Kirche, Tempel
публи́чный, -ая, -ое, -ые	öffentlich
Публи́чная библиоте́ка	die Öffentliche Bibliothek
напра́во	nach rechts, rechts
Каза́нский собо́р	Kasaner Kathedrale
сле́ва	links
напро́тив + *Gen.*	gegenüber
кни́жный, -ая, -ое, -ые	Buch-, Bücher-
кни́жный магази́н	Buchhandlung
пло́щадь Иску́сств	Platz der Künste
пря́мо	direkt
пе́ред на́ми	vor uns *Instr. von* мы
Ма́лый теа́тр о́перы и бале́та	das Kleine Opern- und Balletttheater
музыка́льный, -ая, -ое, -ые	Musik-, musikalisch
коме́дия	Komödie
сквер	Grünanlage
па́мятник	Denkmal
па́мятник Пу́шкину	Puschkin-Denkmal
Grammatik	
кана́вка	kleiner Graben
Зи́мняя кана́вка	Wintergraben
Übung 4	
Мо́йка	Moika *Fluß*
Ге́рцен	Herzen, Alexander *russ. Schriftsteller (1812–1870)*
спу́тник	Sputnik
Übung 6	
тролле́йбусный, -ая, -ое, -ые	Trolleybus-
маршру́т	Reiseroute; Linie
Э́нгельс	Engels, Friedrich
Тухаче́вский	Tuchatschewski, Michail, *Marschall der Sowjetunion (1893–1937)*
Влади́мирский, -ая, -ое, -ие	Wladimirsker *von* Влади́мир
трамва́йный, -ая, -ое, -ые	Straßenbahn-
Двинско́й, -а́я, -о́е, -и́е	Dwinsker *Adjektiv von* Двина́ *Fluß*
Тихоре́цкий, -ая, -ое, -ие	Tichorezker *Adjektiv von* Тихоре́цк *russ. Stadt*
авто́бусный, -ая, -ое, -ые	Autobus-
Финля́ндский вокза́л	Finnischer Bahnhof

15B Grammatik

1. Adjektive mit weichem Stammauslaut

Außer dem uns bereits bekannten Deklinationstyp der Adjektive gibt es noch einen weiteren: den der Adjektive mit weichem Stammauslaut. Die Nominativ-Singular-Endungen dieser Adjektive lauten:

	Singular		Plural
maskulinum	femininum	neutrum	m., f., n.
зи́мн**ий** (дворе́ц)	Зи́мн**яя** (кана́вка)	зи́мн**ее** (зда́ние)	зи́мн**ие** (дни)

Зимняя канавка

2. Der Genitiv Singular der Adjektive

Nominativ:

«Дом книги» — **самый большой книжный** магазин в городе.
Это **Зимний** дворец.
Это **Петропавловская** крепость.

Вот **Зимняя** канавка.

Это **новое, высокое, большое** здание.

Это **зимнее** здание ресторана.

Genitiv:

Слева вы видите здание **самого большого книжного** магазина в городе.
Мы стоим около **Зимнего** дворца.
Мы живём недалеко от **Петропавловской** крепости.
Клаус фотографирует Монику около **Зимней** канавки.
Мы стоим около **нового, высокого, большого** здания.
Давайте встретимся около **зимнего** здания ресторана.

15B

	Stamm-auslaut	Nominativ	Genitiv
m.	hart	краси́вый большо́й хоро́ший	краси́вого большо́го хоро́шего
	weich	зи́мний	зи́мнего
f.	hart	краси́вая больша́я хоро́шая	краси́вой большо́й хоро́шей
	weich	зи́мняя	зи́мней
n.	hart	краси́вое большо́е хоро́шее	краси́вого большо́го хоро́шего
	weich	зи́мнее	зи́мнего

Die stammbetonten Adjektive mit Stammauslaut auf Zischlaut haben im Genitiv die Endung -его und -ей.

In der Genitivendung -ого, -его wird г wie в ausgesprochen.

3. Der Präpositiv Singular auf -ý/-ю́

Nominativ	Präpositiv
бе́рег мост сад	на берегу́ на мосту́ в саду́

Eine Reihe von männlichen Substantiven hat im Präpositiv Singular nach den Präpositionen на und в statt der Endung -e die stets betonte Endung -ý/-ю́.

4. Der Präpositiv Singular neutraler Substantive auf -ие

Nominativ	Präpositiv
Э́то зда́ние Зи́мнего дворца́.	В зда́нии Зи́мнего дворца́ нахо́дится музе́й.

5. Die Präpositionen перед, от und напротив

> Мы стои́м **пе́ред Ру́сским музе́ем**.

Die Präposition **пе́ред** *(vor)* regiert den Instrumental.

> Адмиралте́йство нахо́дится недалеко́ **от Зи́мнего дворца́**.
> «Дом кни́ги» располо́жен **напро́тив Каза́нского собо́ра**.

Die Präpositionen **от** *(von)* und **напро́тив** *(gegenüber)* regieren den Genitiv.

6. Die Kurzform des Partizips Präteritum Passiv

Зи́мний дворе́ц **располо́жен** на берегу́ Невы́.	Der Winterpalast ist am Ufer der Newa gelegen.
Вы́ставка **располо́жена** в Ру́сском музе́е.	Die Ausstellung befindet sich (wörtl.: ist aufgestellt) im Russischen Museum.
Адмиралте́йство **располо́жено** недалеко́ от Зи́мнего дворца́.	Die Admiralität ist in der Nähe des Winterpalasts gelegen.
На Не́вском проспе́кте **располо́жены** магази́ны, теа́тры, рестора́ны.	Auf dem Newski-Prospekt befinden sich (wörtl.: sind gelegen) Geschäfte, Theater und Restaurants.

Im Partizip verschmelzen zwei Wortarten: Verb und Adjektiv. Vom Verb hat die Partizipform den Stamm, vom Adjektiv die Endung. Die Kurzformen des Partizips Präteritum Passiv werden nur prädikativ gebraucht, sie kommen also nur im Nominativ vor und sind deshalb nicht deklinierbar. Bei bestimmten Verben wird die Kurzform des Partizips Präteritum Passiv mit dem Suffix -н-/-ен- gebildet. Die Endung der Kurzform (-н/-ен, -на/-ена, -но/-ено und -ны/-ены) richtet sich nach dem Genus und Numerus des Substantivs oder Pronomens, auf das sie sich bezieht.

15C Übungen

1. *Hören Sie sich den Lektionstext auf der Cassette mehrmals an! Lesen Sie mit!*

2. *Antworten Sie auf die Fragen verneinend!*
   Muster: У вас есть ста́рший брат?
              Нет, у меня́ нет ста́ршего бра́та.

   a) У вас есть хоро́шая подру́га? b) У вас в райо́не есть большо́й парк?
   c) На у́лице Гага́рина есть кни́жный магази́н? d) У Оле́га есть мла́дшая

15C

сестра? e) Сегодня в газете есть интересная информация? f) У вас есть русский друг? g) Около станции метро есть газетно-журнальный киоск? h) У вас дома есть зимний сад?

3. *Setzen Sie die in Klammern stehenden Wörter in die erforderliche Form!*

   Клаус фотографирует отца ...

   – около (бывшая царская резиденция – Зимний дворец, Зимняя канавка, Казанский собор),
   – на (берег Невы, Дворцовая набережная, Васильевский остров, Кировский мост, Невский проспект, площадь Искусств),
   – перед (памятник Пушкину, здание Русского музея),
   – у (Адмиралтейство).

4. *Lisa arbeitet im Sankt Petersburger Auskunftsbüro. Ihr Kiosk befindet sich auf dem Newski-Prospekt. Viele Menschen kommen vorbei und erkundigen sich nach verschiedenen Adressen.*

   Турист: Скажите, пожалуйста, где находится ресторан «Север»?
   Лиза: Ресторан «Север» находится на Невском проспекте, дом номер 46.
   Турист: Спасибо.

   Bilden Sie Dialoge mit folgenden Adressen:

   a) Музей-квартира Пушкина (А. С. Пушкина). Набережная реки Мойки, 12
   b) Дом архитектора. Улица Герцена, 52
   c) Кинотеатр «Спутник». Улица Бабушкина, 40
   d) Гостиница «Москва». Площадь Александра Невского, 2
   e) Дом книги. Невский проспект, 28
   f) Кафе «Белые ночи», Проспект Майорова, 41

   Üben Sie diese Dialoge zu zweit. Übernehmen Sie abwechselnd die Rolle eines Touristen und Lisas Rolle!

Кунсткамера

5. *Schauen Sie sich diesen Stadtplan an, und fragen Sie den Milizionär nach verschiedenen Plätzen, Gebäuden usw.!*

   Muster: Скажи́те, пожа́луйста, где нахо́дится остано́вка авто́буса?

   a) остано́вка авто́буса
   b) де́тский сад
   c) шко́ла № 20
   d) гастроно́м
   e) кафе́ «Се́вер»
   f) видеосало́н

Hören Sie sich jetzt die Dialoge auf der Cassette an. Notieren Sie die Antworten des Milizionärs, und überprüfen Sie diese Antworten anhand des Stadtplans.

6. *Vor Ihnen liegt ein Auszug aus dem Heft „Sankt Petersburg. Linien des öffentlichen Verkehrs". Übersetzen Sie zuerst diese Information. Die Angaben in der Vokabelliste werden Ihnen helfen.*

Тролле́йбусные маршру́ты:
№ 4. Проспе́кт Э́нгельса – метро́ «Пло́щадь Ле́нина»
№ 19. У́лица Тухаче́вского – Влади́мирская пло́щадь

Трамва́йные маршру́ты:
№ 42. Ма́лый проспе́кт (Васи́льевский о́стров) – Дви́нская у́лица
№ 46. Тихоре́цкий проспе́кт – река́ Оккерви́ль

Авто́бусные маршру́ты:
№ 37. Финля́ндский вокза́л – Белору́сская у́лица

15C

Lesen Sie jetzt folgenden Dialog:

А: Где начинается и кончается маршрут троллейбуса номер четыре?
Б: Этот маршрут начинается на проспекте Энгельса и кончается около станции метро «Площадь Ленина».
А: Простите, я вас не понял/не поняла.
Б: Троллейбус номер четыре идёт от проспекта Энгельса до станции метро «Площадь Ленина».
А: Спасибо, я вас понял/поняла.

Bilden Sie nach diesem Muster weitere Dialoge!

7. *Franz hat während der Stadtrundfahrt durch Sankt Petersburg Notizen gemacht. Leider hat er einiges nicht richtig verstanden und dementsprechend falsch in sein Notizbuch eingetragen. Hier ist eine Seite aus seinem Notizbuch. Lesen Sie die Eintragungen, und versuchen Sie, die Fehler zu finden! Unser Lektionstext kann Ihnen dabei helfen.*

a) Петропавловская крепость стоит на маленьком острове.
b) Пётр Первый основал Санкт-Петербург на Васильевском острове.
c) Васильевский остров – самый большой в дельте Невы.
d) Всемирно известный музей «Эрмитаж» расположен в здании Зимнего дворца.
e) Главная улица Санкт-Петербурга – Невский проспект.
f) Памятник Пушкину стоит напротив Казанского собора.
g) Публичная библиотека находится на Невском проспекте.
h) Невский проспект начинается недалеко от Невы, на площади Александра Невского.

16A

16A Text

Что ты весь день де́лал?

Wolodja, Marinas Ehemann, ist stark erkältet und muß heute den ganzen Tag zu Hause bleiben. Nach einem langen Arbeitstag kommt Marina nach Hause und möchte wissen, wie es Ihrem Mann geht und wie er diesen Tag verbracht hat.

Мари́на:	Ну, как твои́ дела́, Воло́дя? Что ты де́лал весь день?
Воло́дя:	По́сле за́втрака я писа́л пи́сьма.
Мари́на:	Ты написа́л письмо́ в Омск?
Воло́дя:	Коне́чно. Я написа́л три письма́, и в Омск то́же. Пото́м я до́лго чита́л «Огонёк». Ты зна́ешь, я прочита́л весь журна́л от нача́ла до конца́. После́дний но́мер журна́ла о́чень интере́сный.
Мари́на:	А пото́м чем ты занима́лся?
Воло́дя:	Пото́м я смотре́л телеви́зор. Была́ хоро́шая переда́ча о Пу́шкине. А пото́м я гото́вил у́жин.
Мари́на:	Ну, и что же ты пригото́вил на у́жин?
Воло́дя:	Котле́ты и сала́т.
Мари́на:	Молоде́ц! Ты уже́ поу́жинал?
Воло́дя:	Нет, что ты! Я ждал тебя́. Всё стои́т на столе́.
Мари́на:	Тогда́ дава́й у́жинать!

весь — ganz
Как твои́ дела́? — Wie geht es dir?
написа́ть, напишу́, напи́шешь *v.*[1] — schreiben
до́лго — lange
прочита́ть, -а́ю, -а́ешь *v.* — durchlesen
коне́ц — Ende
от нача́ла до конца́ — von Anfang bis Ende
после́дний, -яя, -ее, -ие — letzter
но́мер — *hier:* Ausgabe
занима́ться, -а́юсь, -а́ешься *uv.*[1] + *Instr.* — sich (mit etw.) beschäftigen
гото́вить, -влю, -вишь *uv.* — vorbereiten, zubereiten *hier:* kochen
пригото́вить, -влю, -вишь *v.* —
пригото́вить на у́жин — zum Abendessen zubereiten
котле́та — Frikadelle
сала́т — Salat
молоде́ц — Prachtkerl, bravo, alle Achtung
поу́жинать, -аю, -аешь *v.* — zu Abend essen
Что ты! — Wo denkst du hin!
тогда́ — dann
дава́й у́жинать — laß uns zu Abend essen

---

[1] Von jetzt an werden im Vokabelverzeichnis alle Verben in bezug auf ihre Aspektzugehörigkeit gekennzeichnet, und zwar unvollendete Verben mit *uv.* und vollendete Verben mit *v.*

16B Grammatik

1. Die Aspekte

Eine der Besonderheiten des Russischen (und anderer slawischer Sprachen) stellen die Aspekte des Verbs dar. Der Aspekt (lat. aspectus = Betrachtung) kennzeichnet die Betrachtungsweise, mit der der Sprechende eine bestimmte Handlung erfaßt.

Die meisten russischen Verben bilden Aspektpaare, denn es gibt zwei Aspekte: den unvollendeten (imperfektiven) und den vollendeten (perfektiven) Aspekt.

a) Сегодня Володя писал письма.	Wolodja schrieb heute Briefe.
b) Он написал три письма.	Er hat drei Briefe geschrieben.
c) Володя весь день читал журнал «Огонёк».	Den ganzen Tag las Wolodja die Zeitschrift „Ogonjok".
d) Он прочитал журнал «Огонёк» от начала до конца.	Er hat die Zeitschrift „Ogonjok" von Anfang bis Ende gelesen.

Der unvollendete Aspekt bezeichnet eine nicht abgeschlossene Handlung in ihrem Ablauf oder ihrer Dauer, ohne daß ihre zeitliche Begrenzung – Anfang und/oder Ende – in den Blickpunkt tritt (Satz a und c).

Der vollendete Aspekt bezeichnet eine abgeschlossene Handlung. Dabei tritt ihre zeitliche Begrenzung (Anfang und/oder Ende der Handlung) oder ihre Vollendung (Resultat einer Handlung) in den Blickpunkt (Satz b und d).

2. Die Bildung des vollendeten und unvollendeten Aspekts

Man unterscheidet hauptsächlich zwei Bildungsweisen des vollendeten und unvollendeten Aspekts:

a) Ein unvollendetes Verb wird durch Präfigierung, d. h. durch Voransetzen einer Vorsilbe, vollendet.

unvollendet	vollendet
писать	написать
ужинать	поужинать
читать	прочитать
готовить	приготовить
знакомиться	познакомиться

b) Ein vollendetes Verb wird durch Veränderung innerhalb des Wortstammes unvollendet.

vollendet	unvollendet
рассказать	рассказывать
окончить	оканчивать
дать	давать
изучить	изучать
ответить	отвечать
проверить	проверять
встретиться	встречаться

3. Aspekte und Zeitformen. Gebrauch der Aspekte im Präteritum

	Präsens	Präteritum
unvollendeter Aspekt	Сегодня Володя пишет письмо в ФРГ.	Сегодня Володя писал письмо в ФРГ.
vollendeter Aspekt	– – – – – – – –	Сегодня Володя написал письмо в ФРГ.

Vollendete Verben haben kein Präsens. Von unvollendeten Verben können alle drei Zeitformen (Präsens, Präteritum und Futurum – über Aspekte im Futurum s. Lektion 19) gebildet werden.

Präteritum	
unvollendeter Aspekt	vollendeter Aspekt
Zur Benennung einer Handlung oder zum Ausdruck des Handlungsablaufs:	Zur Bezeichnung einer abgeschlossenen Handlung oder ihres Resultats:
Сегодня Володя **писал** письмо в ФРГ.	Сегодня Володя **написал** письмо в ФРГ.
Володя долго **читал** журнал.	Володя **прочитал** весь журнал от начала до конца.
Die unvollendeten Verben stehen oft mit Zeitangaben, die die Dauer der Handlung betonen, z. B.:	
долго *lange*, весь день *den ganzen Tag*	

4. л-Einschub bei Verben der и-Konjugation

	готовить *vorbereiten*
я	гото**вл**ю
ты	готовишь
он, она, оно	готовит
мы	готовим
вы	готовите
они	готовят

Bei Verben der и-Konjugation, deren Präsensstamm auf -б, -п, -в oder –м auslautet, wird in der 1. Person Singular (nur dort!) ein -л eingefügt.

16B/16C

Außer готóвить kennen Sie bereits folgende Verben, die ebenfalls einen л-Einschub in der 1. Person Singular haben:

познакóмиться	– я познакóмлюсь	– ты познакóмишься
спать	– я сплю	– ты спишь

16C Übungen

1. *Hören Sie sich den Lektionstext auf der Cassette mehrmals an, und lesen Sie mit!*
2. *Prägen Sie sich die folgenden Aspektpaare ein:*

писáть	– написáть	покáзывать	– показáть
читáть	– прочитáть	расскáзывать	– рассказáть
готóвить	– приготóвить	изучáть	– изучи́ть
дéлать	– сдéлать	учи́ть	– вы́учить
смотрéть	– посмотрéть		

3. *Lesen Sie, und schreiben Sie die Sätze ab! Erklären Sie den Unterschied in der Bedeutung der vollendeten und der unvollendeten Verben. Beachten Sie die Zeitangaben, die die Dauer der Handlung betonen.*
   a) Сегóдня Клáус писáл пи́сьма. – Он написáл однó письмó в Москвý и два письмá в Санкт-Петербýрг.
   b) Мари́на весь день читáла журнáл. – Онá прочитáла весь журнáл от начáла до концá.
   c) Вчерá мой муж готóвил ýжин. – Он приготóвил хорóший ýжин.
   d) Студéнты покáзывали диапозити́вы об Иркýтске. – Студéнты показáли диапозити́вы об Иркýтске.
   e) Сегóдня на лéкции профéссор Виногрáдов óчень интерéсно расскáзывал о рýсской литератýре. – Сегóдня на лéкции профéссор Виногрáдов рассказáл о нóвом ромáне.
   f) Пóсле обéда Вéра дéлала урóки. – Пóсле обéда Вéра сдéлала урóки.
   g) Вчерá я дóлго смотрéл телеви́зор. – Я посмотрéл две передáчи и óдин фильм.
   h) Мы изучáли рýсский язы́к четы́ре гóда. – Мы хорошó изучи́ли рýсский язы́к.

4. *Reagieren Sie auf eine Aussage nach folgendem Beispiel:*
   Muster: Я готóвлю ýжин.
   А я ужé приготóвил ýжин.
   a) Я читáю ромáн «Мáстер и Маргари́та».
   b) Я пишý письмó в Москвý.
   c) Я дéлаю урóки.
   d) Я учý стихи́.
   e) Я смотрю́ нóвые фотогрáфии.
   f) Я покáзываю диапозити́вы.

16C

5. *Fügen Sie anstelle der Punkte das Verb im Präteritum im nötigen Aspekt ein!*
   a) Сегодня весь вечер Наташа ... телевизор. (смотреть/посмотреть)
   b) Володя долго ... обед. Он ... салат и котлеты. (готовить/приготовить)
   c) Студенты три года ... русский язык в Москве. Они хорошо ... русский язык. (изучать/изучить)
   d) После ужина ученик долго ... уроки. (делать/сделать)
   e) Вчера я ... новый большой рассказ от начала до конца. (читать/прочитать)
   f) Мы три часа ... новый материал. (учить/выучить)

6. *Fügen Sie anstelle der Punkte die Verben im Präteritum im nötigen Aspekt ein!*
   – Володя, что ты делал сегодня после обеда?
   – Я ... письма. (писать/написать)
   – Ты ... письмо в Екатеринбург? (писать/написать)
   – Да, конечно. Я ... письмо в Екатеринбург и два письма в Москву. (писать/написать)
   – А что делала Марина?
   – Сначала она ... книгу, а потом ... телевизор. (читать/прочитать; смотреть/посмотреть)
   – Она долго ... телевизор? (смотреть/посмотреть)
   – Нет, не очень. Она ... только один фильм. (смотреть/посмотреть)
   – А где были дети?
   – Дети тоже были дома. Они ... уроки. (делать/сделать)

7. *Beantworten Sie die Fragen zum Text!*
   a) Что делал Володя после завтрака? b) Он написал письмо в Омск? c) Какой журнал читал Володя? d) Он прочитал весь журнал? e) Чем занимался Володя потом? f) Что Володя приготовил на ужин? g) Где стоит ужин?

8. *Wiederholen Sie die reflexiven Verben (Lektion 13B 7 und 14B 3). Fügen Sie eines der rechts stehenden Verben ein!*
   a) Приходите к нам в гости. Я ... вас с нашей семьёй. Вы хотите ... с нашей семьёй? (познакомить/познакомиться)
   b) Серёжа, где ты ... с Олей? Я ... её в экспедиции на Кавказе. (встретить/встретиться)
   c) Мы ... в университете. Сегодня мы ... новый урок. (учить/учиться)
   d) Чем ... твой брат? Его ... политика и современная русская литература. (интересовать/интересоваться)

9. *Hören Sie das Gespräch zwischen Marina und Wolodja auf Ihrer Cassette an, und beantworten Sie folgende Fragen!*
   a) Почему Володя не приготовил ужин? b) Володя написал письмо в ФРГ? c) На каком языке он написал письмо в Берлин? d) Кто будет готовить ужин?

17A

17A Text

Где продаю́тся сувени́ры?

Franz möchte seinen Familienangehörigen von der Reise kleine Geschenke mitbringen. Er bittet Marina um Ihren Rat.

Франц:	Мари́на, помоги́те мне, пожа́луйста!
Мари́на:	В чём де́ло, Франц?
Франц:	Я хочу́ купи́ть небольши́е пода́рки жене́, бра́ту, отцу́ и ма́тери. Я был в магази́не «Берёзка». К сожале́нию, там всё сто́ит о́чень до́рого.
Мари́на:	Вы хоти́те купи́ть типи́чно ру́сские сувени́ры?
Франц:	Да. И кро́ме того́ пласти́нки прия́телю. Ему́ нра́вится ру́сский рок.
Мари́на:	Сове́тую вам зайти́ в магази́н «Худо́жественные про́мыслы». Это на Не́вском проспе́кте. Там есть ру́сские сувени́ры. А пласти́нки вы мо́жете купи́ть в магази́не «Рапсо́дия» на у́лице Желя́бова. Или в универма́ге «Гости́ный двор». Кста́ти, в «Гости́ном дворе́» то́же есть отде́л, где продаю́тся сувени́ры.
Франц:	Прости́те, я не по́нял, как называ́ется универма́г?
Мари́на:	«Гости́ный двор».
Франц:	Спаси́бо за сове́т, Мари́на.

Sergej und Olga haben die ganze Gruppe zu einem russischen Essen eingeladen. Unsere Touristen möchten ihren Gastgebern etwas schenken, wissen aber nicht recht was. Wieder gibt Marina zur rechten Zeit ihre guten Ratschläge.

Кла́ус:	Мари́на, у нас есть ма́ленькая пробле́ма.
Мари́на:	Кака́я?
Йо́зеф:	За́втра на́ша гру́ппа идёт в го́сти к Серге́ю и О́ле. Вы по́мните? Мы познако́мились с ни́ми в по́езде.
Мари́на:	Да-да, по́мню.
Кла́ус:	Мы хоти́м купи́ть им пода́рок, но не зна́ем како́й. Посове́туйте нам, пожалуйста.
Мари́на:	По-мо́ему, са́мый хоро́ший пода́рок – како́й-нибудь неме́цкий сувени́р или откры́тки и кни́ги о ФРГ. Но вы мо́жете принести́ про́сто цветы́ и буты́лку вина́.

17A

Franz fragt sich in einem großen Kaufhaus zur Musikabteilung durch.

Франц:	Скажи́те, пожа́луйста, где продаю́тся сувени́ры?
Продаве́ц:	На второ́м этаже́.
Франц:	А пласти́нки?
Продаве́ц:	В музыка́льном отде́ле, на тре́тьем этаже́.
Франц:	Спаси́бо.

Franz kauft Geschenke.

Франц:	Покажи́те, пожа́луйста, матрёшку!
Продавщи́ца:	Большу́ю или ма́ленькую?
Франц:	Большу́ю.
Продавщи́ца:	Пожа́луйста.
Франц:	Хоро́шая матрёшка. Я возьму́ её.
Продавщи́ца:	Вот квита́нция. Плати́те в ка́ссу но́мер два.
Франц:	Хорошо́.

сувени́р	Souvenir
помоги́те *Imperativ*	helfen Sie
купи́ть, куплю́, ку́пишь *v.*	kaufen
небольшо́й, -а́я, -о́е, -и́е	nicht groß, klein
пода́рок *Gen.:* пода́рка *Pl.:* пода́рки	Geschenk
жене́	*Dat. von* жена́
бра́ту	*Dat. von* брат
отцу́	*Dat. von* оте́ц
ма́тери	*Dat. von* мать
берёзка	kleine Birke *Dem. zu* берёза
сто́ить, сто́ю, сто́ишь *uv.*	kosten
до́рого	teuer
сто́ить до́рого	viel kosten
типи́чно	typisch
кро́ме того́	außerdem
пласти́нка	Schallplatte
прия́тель *m.; Dat.:* прия́телю	Freund
ему́	ihm *Dat. von* он
нра́виться, -влюсь, -вишься *uv.*	gefallen
ему́ нра́вится	ihm gefällt
рок	Rock(musik)
сове́товать, -тую, -туешь *uv.*	raten, empfehlen
вам	Ihnen, euch *Dat. von* вы
зайти́, зайду́, зайдёшь *v.*	vorbeischauen, hin(ein)gehen
худо́жественные про́мыслы *Pl.*	Kunstgewerbe
рапсо́дия	Rhapsodie
универма́г	Kaufhaus *Abkürzung von* универса́льный магази́н
двор	Hof
гости́ный двор	Verkaufshalle *alt*
кста́ти	übrigens
отде́л[1]	Abteilung
прости́те *Imperativ*	entschuldigen Sie
поня́ть, пойму́, поймёшь *v.*	verstehen
называ́ться, -а́юсь, -а́ешься *uv.*	genannt werden, heißen
сове́т	Rat
спаси́бо за сове́т к Серге́ю и О́ле	danke für den Rat zu Sergej und Olja
по́мнить, -ню, -нишь *uv.*	sich erinnern

---

[1] Die Verbindung тд wird wie langes д gesprochen.

17A/17B

с ни́ми	mit ihnen *Instr. von* они́	ка́сса	Kasse
им	ihnen *Dat. von* они́	*Grammatik*	
посове́туйте *Imp.*	beraten Sie	Ско́лько сто́ит …?	Wieviel kostet …?
по-мо́ему	meiner Meinung nach	рубль *m.; Gen. Pl.:* рубле́й	Rubel
како́й-нибудь	irgendein	шкату́лка	Schatulle
принести́, -су́, -сёшь *v.*	(mit)bringen	чек	Kassenbon
про́сто	einfach	копе́йка	Kopeke
цветы́ *Pl.*	Blumen	*Übung 9*	
буты́лка	Flasche	зени́т	Zenit
вино́	Wein	во́дка	Wodka
продаве́ц	Verkäufer	сиби́рский, -ая, -ое, -ие	sibirisch
второ́й, -а́я, -о́е, -ы́е	zweiter		
эта́ж	Etage, Stockwerk	*Übung 10*	
на второ́м этаже́[1]	in der ersten Etage	о́бувь *f.*	Schuhwerk
тре́тий, тре́тья, тре́тье, тре́тьи	dritter	оде́жда	Kleidung
на тре́тьем этаже́	in der zweiten Etage	това́р	Ware
продавщи́ца	Verkäuferin	игру́шка	Spielzeug
покажи́те *Imp.*	zeigen Sie	галантере́я	Galanterie-, Kurzwaren
матрёшка	Matrjoschka, Puppe in der Puppe	парфюме́рия	Parfümerie
взять, возьму́, возьмёшь *v.*	nehmen	канцеля́рский, -ая, -ое, -ие	Büro-
квита́нция	Beleg, Quittung	канцеля́рские това́ры *Pl.*	Büroartikel, Schreibwaren
плати́те *Imp.*	zahlen Sie		

17B Grammatik

1. Der Akkusativ Plural der Substantive, Adjektive und Possessivpronomen

Франц хо́чет купи́ть **журна́лы и пласти́нки**.	Franz möchte Zeitschriften und Schallplatten kaufen.
Тури́сты занима́ют **места́** в купе́.	Die Touristen nehmen die Plätze im Abteil ein.

Der Akkusativ Plural aller unbelebten Substantive ist gleich dem Nominativ Plural.

Франц хо́чет купи́ть **ру́сские сувени́ры**.	Franz möchte russische Souvenirs kaufen.
Вчера́ мы смотре́ли **на́ши но́вые диапозити́вы**.	Gestern haben wir unsere neuen Dias angeschaut.

Der Akkusativ Plural der Adjektive und der Possessivpronomen aller drei Geschlechter stimmt ebenfalls mit dem Nominativ überein, wenn sich das Adjektiv oder das Pronomen auf ein unbelebtes Substantiv bezieht.

---

[1] In der Etagenzählung unterscheidet sich das Russische vom Deutschen. Wie z. B. im Englischen gibt es im Russischen kein besonderes Wort für *Erdgeschoß*. Das deutsche *Erdgeschoß* heißt im Russischen пе́рвый *(erster)* эта́ж. Dementsprechend verschiebt sich die Etagenzählung weiter: Unser *erster Stock* heißt also второ́й эта́ж, *der zweite* тре́тий эта́ж usw.

2. Dativ Singular der Substantive

Genus	Nominativ Singular кто? что? endet auf	Beispielwort	Dativ Singular кому? чему? Endung	Beispielwort
m.	harte Konsonanten und Zischlaute	брат муж	-у	брáту мýжу
	-ь	прия́тель	-ю	прия́телю
	-й	Сергéй	-ю	Сергéю
f.	-а	женá	-е	женé
	-я	Óля	-е	Óле
	-ия	стáнция	-ии	стáнции
	-ь	плóщадь	-и	плóщади
n.	-о	мéсто	-у	мéсту
	-е	мóре	-ю	мóрю
	-ие	сожалéние	-ию	сожалéнию

Beachten Sie flüchtiges -о- und flüchtiges -е- bei männlichen Substantiven: отéц – отцý, день – дню.

3. Dativ der Personalpronomen

Nominativ	Dativ	
	ohne Präposition	mit Präposition
я	мне	ко мне́
ты	тебе́	к тебе́
он, оно́	ему́	к нему́
она́	ей	к ней
мы	нам	к нам
вы	вам	к вам
они́	им	к ним

4. Der Gebrauch des Dativs

a)	Сего́дня я написа́л письмо́ дру́гу в Со́чи. Ни́на дала́ но́вый рома́н **Анто́ну**.	Heute habe ich meinem Freund in Sotschi einen Brief geschrieben. Nina gab Anton den neuen Roman.
b)	**Оле́гу** 30 лет.	Oleg ist 30 Jahre alt.
c)	**Мари́не** гру́стно.	Marina ist traurig.
d)	Мо́ника звони́т **Ни́не**. **Ему́** нра́вится ру́сский язы́к.	Monika ruft Nina an. Ihm gefällt die russische Sprache.
e)	Сего́дня мы идём в го́сти **к Серге́ю и О́ле**. **К сожале́нию**, я не зна́ю, где нахо́дится э́тот го́род.	Heute gehen wir zu Sergej und Olja zu Besuch. Leider weiß ich nicht, wo diese Stadt liegt.

Der Dativ wird u. a. in folgenden Fällen gebraucht:

a) Er bezeichnet den Adressaten, d. h. das Objekt, auf das die indirekte Handlung gerichtet ist. In dieser Funktion folgt er z. B. auf die Verben дава́ть *(geben)*, говори́ть *(sagen)*, купи́ть *(kaufen)*.
b) Bei Altersangaben (Vgl. Lektion 10B 4).
c) In unpersönlichen Sätzen mit den Adverbien, die eine körperliche oder seelische Empfindung bezeichnen (Vgl. Lektion 12B 4).
d) Bei einigen Verben bezeichnet der Dativ – oft abweichend vom Deutschen – auch das unmittelbar betroffene Objekt. So folgt er z. B. auf die Verben: помо́чь

(helfen), советовать *(empfehlen)*, звонить *(anrufen)* (Deutsch: anrufen + Akk!).

e) Nach der Präposition к *(zu, an)*.

5. Bildung und Deklination der Ordnungszahlen

1. пе́рвый	11. оди́ннадцатый	21. два́дцать пе́рвый
2. второ́й	12. двена́дцатый	22. два́дцать второ́й
3. тре́тий	13. трина́дцатый	23. два́дцать тре́тий
4. четвёртый	14. четы́рнадцатый	*usw.*
5. пя́тый	15. пятна́дцатый	
6. шесто́й	16. шестна́дцатый	
7. седьмо́й	17. семна́дцатый	
8. восьмо́й	18. восемна́дцатый	
9. девя́тый	19. девятна́дцатый	
10. деся́тый	20. двадца́тый	

Die Ordnungszahlen werden wie Adjektive gebraucht. Sie haben Adjektivendungen und werden wie Adjektive mit hartem Stammauslaut dekliniert:

	Nominativ		Präpositiv	
m.	пе́рв**ый** / втор**о́й**	эта́ж	на пе́рв**ом** / втор**о́м**	этаже́
f.	пе́рв**ая** / втор**а́я**	гру́ппа	в / во пе́рв**ой** / втор**о́й**	гру́ппе
n.	пе́рв**ое** / втор**о́е**	письмо́	в / во пе́рв**ом** / втор**о́м**	письме́
Pl.	пе́рв**ые** / втор**ы́е**	этажи́	на пе́рв**ых** / втор**ы́х**	этажа́х

Die einzige Ordnungszahl, die keinen harten Stammauslaut hat, ist **тре́тий**. Merken Sie sich hier die abweichenden Endungen:

m.	тре́т**ий** эта́ж	на тре́т**ьем** этаже́
f.	тре́т**ья** гру́ппа	в тре́т**ьей** гру́ппе
n.	тре́т**ье** письмо́	в тре́т**ьем** письме́
Pl.	тре́т**ьи** этажи́	на тре́т**ьих** этажа́х

17B

6. Redewendungen beim Einkaufen

Die Vorgehensweise beim Einkauf in russischen Geschäften ist etwas anders als bei uns: In der entsprechenden Abteilung schaut man sich die Ware an und erkundigt sich nach dem Preis. Dann zahlt man an der zentralen Kasse unter Angabe der entsprechenden Abteilung. Mit dem Kassenbon geht man dann wieder zum Ladentisch und läßt sich die Ware aushändigen.

Wenn Franz also die Geschenke für seine Familie kauft, werden dabei folgende Redewendungen verwendet:[1]

Am Ladentisch:

Сколько стоит матрёшка?	*Wieviel kostet die Matrjoschka?*
Она стоит ... рублей.	*Sie kostet ... Rubel.*
Скажите, пожалуйста, а сколько стоит шкатулка?	*Sagen Sie bitte, und wieviel kostet die Schatulle?*
Я возьму её.	*Ich nehme Sie.*
Платите в кассу!	*Zahlen Sie an der Kasse!*

An der Kasse:

Отдел «Подарки», ... рублей.	*Abteilung Geschenke, ... Rubel.*
Пожалуйста, вот чек.	*Bitte, hier ist der Kassenbon.*

---

[1] Die neuen Wörter finden Sie im Vokabelverzeichnis.

7. Preisangaben

In Verbindung mit Zahlen verändern sich auch die Formen von рубль *(Rubel)* und копейка *(Kopeke)* nach der uns schon bekannten Regel: Nach оди́н/одна́ und den Zahlen, die als letztes Glied оди́н/одна́ haben, steht der Nominativ Singular рубль bzw. копейка, nach den Zahlen два/две, три, четы́ре und nach den auf два/две, три, четы́ре endenden Zahlen steht der Genitiv Singular рубля́ bzw. копе́йки und nach allen anderen Zahlen der Genitiv Plural рубле́й bzw. копе́ек.

оди́н	рубль	одна́	копейка
два три четы́ре	рубля́	две три четы́ре	копе́йки
пять шесть *usw.*	рубле́й	пять шесть *usw.*	копе́ек

17C Übungen

1. *Hören Sie sich folgende Wendungen auf der Cassette mehrmals an. Sprechen Sie sie in den Nachsprechpausen nach:*

   Покажи́те, пожа́луйста, матрёшку.
   Ско́лько она́ сто́ит?
   Покажи́те, пожа́луйста, шкату́лки.
   Ско́лько они́ стоя́т?
   Скажи́те, пожа́луйста, у вас есть бе́лое вино́?
   Ско́лько оно́ сто́ит?
   Скажи́те, пожа́луйста, у вас продаю́тся цветы́?
   Ско́лько стоя́т цветы́?

2. *Setzen Sie die jeweils passenden Zahlen ein.*
   Muster: (1 – 4 – 8; 2 – 6 – 21) ... рубля́ ... копейка
                                       4 рубля́   21 копейка

   a) (1 – 8 – 24; 4 – 11 – 41) ... рубле́й ... копе́йки
   b) (11 – 21 – 24; 1 – 12 – 62) ... рубле́й ... копе́ек
   c) (11 – 31 – 53; 12 – 21 – 33) ... рубль ... копе́йки
   d) (8 – 71 – 83; 2 – 12 – 41) ... рубле́й ... копе́ек
   e) (31 – 100 – 92; 47 – 42 – 1) ... рубля́ ... копейка

17C

3. *Ergänzen Sie рубль und копейка in der jeweils richtigen Form:*

   5 *рублей*   70 *копеек*   e) 83 _____   24 _____

   a) 100 _____   20 _____   f) 67 _____   71 _____

   b) 8 _____   98 _____   g) 39 _____   82 _____

   c) 71 _____   53 _____   h) 51 _____   19 _____

   d) 11 _____   66 _____   i) 12 _____   44 _____

4. *Beantworten Sie folgende Fragen! Setzen Sie dabei die eingeklammerten Wörter im Akkusativ ein!*
   Muster: Что смотрели студенты в клубе? (новые диапозитивы)
   Студенты смотрели в клубе **новые диапозитивы**.
   a) Какие газеты вы читаете? (центральные газеты)
   b) Что хочет купить Франц? (небольшие русские сувениры)
   c) Что получили Беловы и Ивановы? (новые отдельные квартиры)
   d) Какие журналы выписывает Нина? («толстые журналы»)
   e) Что проверяет проводник? (наши билеты)
   f) Что видели туристы в центре города? (высокие дома, красивые старые улицы, большие магазины).

5. *Beantworten Sie die Fragen, gebrauchen Sie dabei die Wörter in Klammern!*
   Muster: Кому ты показал новую квартиру? (жена)
   Я показал новую квартиру **жене**.
   a) Кому ты пишешь письмо? (друг)
   b) Кому ученик отвечает новый урок? (учитель)
   c) Кому Франц купил подарки? (отец и мать)
   d) Кому туристы показывают новые диапозитивы? (Сергей и Оля)
   e) Кому звонит Марина? (врач)
   f) Кому вы рассказали о новом фильме? (сестра)

6. *Fügen Sie anstelle der Punkte ein Personalpronomen ein!*
   Muster: Это мои **немецкие друзья**. Я помогаю ... изучать русский язык.
   Это мои немецкие друзья. Я помогаю **им** изучать русский язык.
   a) Это **наш учитель**. Мы отвечаем ... новый урок.   b) Это **моя маленькая дочь**. Я читаю ... интересную книгу.   c) **Мои родители** живут в Екатеринбурге. Сегодня я пишу ... письмо.   d) **Я** не знаю, где продаются пластинки. Помогите ..., пожалуйста!   e) **Мы** приехали из ФРГ. Покажите ... город, пожалуйста!   f) Что **вы** делаете сегодня вечером? Я хочу купить ... билеты в театр на Таганке.   g) **Ты** смотрел вчера телевизор? Мы хотим рассказать ... о футбольном матче.

7. *Fügen Sie anstelle der Punkte Personalpronomen ein!*

a) Вчера́ **я** был в Большо́м теа́тре. ... понра́вился но́вый бале́т. b) **Мо́ника** купи́ла матрёшку и шкату́лку. ... нра́вятся ру́сские сувени́ры. c) **Мои́ роди́тели** бы́ли на Кавка́зе. ... нра́вится Чёрное мо́ре. d) Я хочу́ купи́ть **дру́гу** пласти́нки. ... нра́вится ру́сский рок. e) **Ты** уже́ был в Оде́ссе? ... понра́вился э́тот го́род? f) Сего́дня **мы** слу́шали ле́кцию о ру́сской литерату́ре. ... о́чень понра́вилась э́та ле́кция. g) **Вы** гуля́ли в па́рке? ... понра́вился наш парк?

8. *Schlagen Sie Lektion 13 auf, und schreiben Sie alle Zeitungs- und Zeitschriftentitel aus dem Lektionstext heraus.*

        Газе́ты   Журна́лы

1. *Аргуме́нты и фа́кты*   1. *Столи́ца*
2. _____   2. _____
3. _____   3. _____
4. _____   4. _____
5. _____   5. _____
                                      6. _____

Am Kiosk Союзпеча́ть möchten Sie einige Zeitschriften und Zeitungen kaufen. Bilden Sie Dialoge nach folgendem Muster:

– Скажи́те, пожа́луйста, у вас продаётся газе́та «Аргуме́нты и фа́кты»?
– Да, продаётся./Нет, не продаётся.
– Спаси́бо.

9. *Sie befinden sich in einem Geschäft, in dem russische Souvenirs verkauft werden. Lesen Sie zuerst die Schildchen mit der Bezeichnung der Waren. Die neuen Wörter finden Sie im Vokabelverzeichnis dieser Lektion. Sprechen Sie jetzt der Stimme auf der Cassette nach:*

17C

Bilden Sie jetzt Dialoge mit der Verkäuferin nach folgendem Muster:
– Покажи́те, пожа́луйста, фотоаппара́т «Зени́т».
– Фотоаппара́т «Зени́т»? Пожа́луйста.
– Спаси́бо. Хоро́ший фотоаппара́т. Я возьму́ его́.

10. *Schauen Sie sich diesen Wegweiser durch ein großes Kaufhaus an, schlagen Sie die neuen Wörter im Vokabelverzeichnis nach, und hören Sie sich die richtige Aussprache auf der Cassette an!*

Bilden Sie jetzt Dialoge nach folgendem Muster:

– Скажи́те, пожа́луйста, где продаётся галантере́я?
– Галантере́я продаётся на второ́м этаже́.
– Спаси́бо.

Тре́тий эта́ж:
о́бувь, оде́жда, спорти́вные това́ры, игру́шки

Второ́й эта́ж:
галантере́я, парфюме́рия, пода́рки, сувени́ры

Пе́рвый эта́ж:
пласти́нки, кни́ги, канцеля́рские това́ры

18A

18A Text

Марина и Володя едут в Петергоф
Es ist Samstag morgen. Marina und Wolodja bereiten sich auf die Fahrt nach Peterhof vor.

Сегодня суббота. Марина и Володя собираются ехать в Петергоф. Там живут родители Марины и её сестра Надя. Сегодня в семье большой праздник. Надя выходит замуж. Марина только что пришла домой. Володя уже давно готов и ждёт Марину.

Володя: Где ты была так долго?
Марина: Сначала я сделала причёску в парикмахерской, а потом поехала на рынок и купила цветы.
Володя: Ты была на рынке? Но раньше ты всегда покупала цветы в магазине на Невском ...
Марина: На Невском магазин закрыт на ремонт. Поэтому сегодня я купила цветы на рынке. Надя будет рада. Она так любит цветы! Особенно красные и белые розы. К счастью, сегодня на рынке был хороший выбор.
Володя: Марина, ты готова? Пора ехать. Мы опаздываем.

18A

Leider kommen Marina und Wolodja doch zu spät am Bahnhof an. Ihr Zug ist eben abgefahren.

Володя: Ну вот, опоздали! Электричка только что ушла.
Марина: Давай посмотрим, когда отправляется следующая электричка!
Володя: Через двадцать минут. В 11.55 (одиннадцать пятьдесят пять). А в Петергоф она приходит в 12.34 (двенадцать тридцать четыре). Я надеюсь, загс находится недалеко от вокзала. Мы должны быть там в 13 часов.
Марина: Не беспокойся, пожалуйста! Мы успеем.

Петергоф	Peterhof *Ort in der Nähe von St. Petersburg*
суббота	Samstag
собираться, -аюсь, -аешься *uv.*	*hier:* beabsichtigen
праздник[1]	Fest, Feiertag
выходить замуж *uv.*	heiraten *von der Frau*
пришла	(sie) ist gekommen *von* прийти
давно	*hier:* längst
готов, готова, готово, готовы	fertig *Kurzform des Adjektivs* готовый
причёска	Frisur
делать *uv.* ⎱ причёску сделать *v.* ⎰	sich frisieren lassen
поехать, поеду, поедешь *v.*	los-, (hin)fahren
рынок	Markt
закрыт на ремонт	wegen Renovierung geschlossen
рад, рада, радо, рады	froh (sein)
любить, люблю, любишь *uv.*	lieben
особенно	besonders
роза	Rose
счастье[2]	Glück
к счастью	zum Glück
выбор	Auswahl
пора	*hier:* es ist Zeit
опаздывать, -аю, -аешь *uv.*	zu spät kommen, sich verspäten
ну вот	da haben wir's
опоздать, -аю, -аешь *v.*	zu spät kommen
электричка	elektrisch betriebener Nahverkehrszug
ушла	(sie) ist abgefahren *von* уйти
давай посмотрим	laß uns nachschauen
отправляться, -яюсь, -яешься *uv.*	abfahren
следующий, -ая, -ее, -ие	nächster
приходить, прихожу, приходишь *uv.*	ankommen
загс	Standesamt *Abkürzung*
мы должны быть	wir müssen sein
беспокоиться, -оюсь, -оишься *uv.*	sich Sorgen machen, sich aufregen
не беспокойся	reg dich nicht auf, mach dir keine Sorgen
успеть, -ею, -еешь *v.*	rechtzeitig kommen; schaffen *(zeitlich)*
Übung 12	
подстричь, подстригу, подстрижёшь *v.*	Haare schneiden
однажды	eines Tages
Бернард Шоу	George Bernard Shaw *irischer Dramatiker (1856–1950)*
пришёл	(er) ist gekommen *von* прийти
парикмахер	Friseur
спросить, -ошу, -осишь *v.*	fragen
молча	schweigend
ответить, -ечу, -етишь *v.*	antworten

---

[1] Das д wird nicht gesprochen.
[2] сч wird wie langes щ gesprochen.

18B Grammatik

1. Gebrauch der Aspekte im Präteritum

unvollendeter Aspekt	vollendeter Aspekt
Ра́ньше Мари́на всегда́ **покупа́ла** цветы́ в магази́не на Не́вском проспе́кте. *Früher kaufte Marina die Blumen immer im Blumenladen auf dem Newski-Prospekt.*	А сего́дня Мари́на **купи́ла** цветы́ на ры́нке. *Heute aber hat Marina die Blumen auf dem Markt gekauft.*

Im Präteritum wird **der unvollendete Aspekt** zur Wiedergabe wiederholter und gewohnheitsmäßiger Handlungen gebraucht. Die Wiederholung wird oft durch Adverbien wie всегда́ *(immer)*, ча́сто *(oft)*, иногда́ *(manchmal)*, обы́чно *(gewöhnlich)* unterstrichen.

Der vollendete Aspekt bezeichnet Vorgänge und Handlungen als einmalig.

2. Die Kurzform der Adjektive

Eine Reihe russischer Adjektive besitzt neben der sogenannten Langform, die wir bereits kennengelernt haben, noch eine Kurzform. Die Langform kann attributiv verwendet werden und hat deshalb Deklinationsendungen (но́вый дом – в но́вом до́ме). Dagegen wird die Kurzform der Adjektive ausschließlich prädikativ gebraucht, d. h. sie ist Teil des Prädikats. Sie kann deshalb nur im Nominativ vorkommen. In Genus und Numerus richtet sie sich nach dem Subjekt.

Die Kurzform wird vom Stamm des Adjektivs abgeleitet. Den Stamm erhält man durch Abtrennen der Endung der Langform (also: но́вый – нов). Die männliche Kurzform ist endungslos, die weibliche erhält die Endung -а/-я, die sächliche -о/-е. Im Plural haben alle drei Geschlechter die Endung -ы/-и.

Langform	Kurzform			
	Singular			Plural
	maskulinum	femininum	neutrum	m., f., n.
Гото́вый у́жин стои́т на столе́. *Das fertige Abendessen steht auf dem Tisch.*	У́жин уже́ **гото́в**. *Das Abendessen ist schon fertig.*	Мари́на **гото́ва**. *Marina ist fertig.*	Письмо́ **гото́во**. *Der Brief ist fertig.*	Мы уже́ **гото́вы**. *Wir sind schon fertig.*

167

18B/18C

3. Rein prädikative Adjektive

Ausschließlich in der Kurzform kommen folgende Adjektive vor:

рад, ра́да, ра́до, ра́ды *froh (sein)*
до́лжен, должна́, должно́, должны́ *müssen (eigentlich: schuldig sein)*

Он рад вас ви́деть.	*Er ist froh, Sie zu sehen.*
На́дя бу́дет ра́да.	*Nadja wird froh sein.*
Воло́дя до́лжен писа́ть письмо́.	*Wolodja muß einen Brief schreiben.*
Мари́на должна́ купи́ть цветы́.	*Marina muß Blumen kaufen.*
Мы должны́ быть там в 13 часо́в.	*Wir müssen um 13 Uhr dort sein.*

18C Übungen

1. *Arbeiten Sie wieder wie gewohnt mit Lektionstext und Cassette!*

2. *Ersetzen Sie das Verb* люби́ть *durch das Verb* нра́виться*!*
   Muster: На́дя лю́бит кра́сные ро́зы. – На́де нра́вятся кра́сные ро́зы.

   a) Кла́ус и Мо́ника лю́бят ру́сский язы́к.   b) Серге́й лю́бит О́льгу.   c) О́ля лю́бит теа́тр «Совреме́нник».   d) Архите́ктор лю́бит совреме́нные зда́ния.   e) Оте́ц и сын лю́бят конце́рты в филармо́нии.

3. *Setzen Sie anstelle der Punkte das Wort* до́лжен *in der entsprechenden Form ein!*
   a) Мари́на ... купи́ть цветы́.   b) Де́ти ... де́лать уро́ки.   c) Мой друг ... писа́ть письмо́ в Москву́.   d) Мы ... встре́титься о́коло ста́нции метро́.   e) Ната́ша, что ты бу́дешь де́лать за́втра? Я ... идти́ на ле́кцию в университе́т.   f) Вы ... е́хать три остано́вки на трамва́е, а пото́м вы ... идти́ пешко́м.   g) Ты зна́ешь, где нахо́дится но́вое кафе́? Оно́ ... быть недалеко́ от До́ма журнали́ста, в це́нтре го́рода.   h) Кла́ус, ты бу́дешь смотре́ть сего́дня футбо́льный матч? Нет, я ... учи́ть ру́сский язы́к

4. *Lesen Sie, und schreiben Sie die Sätze ab! Erklären Sie die Bedeutung der hervorgehobenen Verben!*

   a) Сего́дня Воло́дя **чита́л** журна́л «Огонёк». Он о́чень до́лго **чита́л** журна́л. Он **прочита́л** весь журна́л от нача́ла до конца́. Воло́дя **прочита́л** журна́л, а пото́м **пригото́вил** у́жин.

   b) Мари́на **сде́лала** причёску в парикма́херской, а пото́м **пое́хала** на ры́нок. На ры́нке она́ **купи́ла** ро́зы. Ра́ньше она́ всегда́ **покупа́ла** кра́сные ро́зы, а сего́дня она́ **купи́ла** бе́лые.

5. *Lesen Sie, und schreiben Sie die Sätze ab! Merken Sie sich, daß der unvollendete Aspekt zur Bezeichnung gleichzeitiger nichtabgeschlossener, der vollendete Aspekt aber zur Bezeichnung aufeinanderfolgender abgeschlossener Handlungen gebraucht wird.*

   a) читать – прочитать, показывать – показать

   Профессор **читал** лекцию и **показывал** диапозитивы. Сначала профессор **прочитал** лекцию, а потом **показал** диапозитивы.

   b) проверять – проверить, занимать – занять

   Проводник **проверял** билеты, а туристы **занимали** места в купе. Проводник **проверил** билеты, и туристы **заняли** места в купе.

   c) ужинать – поужинать, смотреть – посмотреть

   Мы **ужинали** и **смотрели** интересную передачу о Кавказе. Сначала мы **поужинали**, а потом **посмотрели** интересную передачу о Кавказе.

6. *Lesen Sie die Sätze! Erklären Sie den Unterschied im Gebrauch der hervorgehobenen Verben!*

   Раньше Сергей всегда **встречал** Олю в 2 часа в парке недалеко от Адмиралтейства. В 3 часа они обычно **обедали** в кафе на Невском проспекте. Потом они **покупали** продукты и **ехали** домой.

   Сегодня Сергей **встретил** Олю в парке недалеко от Адмиралтейства. В 3 часа они **пообедали** в кафе на Невском проспекте. Потом они **купили** продукты и **поехали** домой.

18C

7. *Setzen Sie den entsprechenden Aspekt ein! Beachten Sie, daß das unvollendete Verb im Präsens und das vollendete Verb im Präteritum steht!*

Muster: Обычно я **покупаю** салат на рынке, но сегодня я **купил** салат в магазине. (покупать/купить)

a) Мой брат всегда ... Сегодня он опять ... (опаздывать/опоздать)

b) Переводчица Наташа часто ... письма из ФРГ. Вчера она ... 2 письма. (получать/получить)

c) Сегодня Вера хорошо ... уроки. Она всегда хорошо ... уроки. (учить/выучить)

d) Сегодня Нина и Вера ... обед. Обычно у нас в семье мать ... обед. (готовить/приготовить)

e) Мы с Олей обычно ... около памятника Пушкину. Но вчера мы ... на Невском проспекте. (встречаться/встретиться)

8. *Setzen Sie die angegebenen Verben im entsprechenden Aspekt ein!*

a) Марина смотрела телевизор, а Володя ... письмо. Володя ... письмо и пошёл к другу. (писать/написать)

b) Дети ... уроки, а мать готовила обед. Дети ... уроки, а потом пообедали. (делать/сделать)

c) Мы ... новые фотографии и говорили о Сибири. Мы ... новые фотографии и пошли гулять. (смотреть/посмотреть)

d) Архитектор ... нам о новом проекте и показывал диапозитивы. Он ... нам о новом проекте, а потом мы вместе пошли в ресторан. (рассказывать/рассказать)

9. *Hier ist der Fahrplan der Nahverkehrszüge vom Baltischen Bahnhof in Petersburg. Es ist 12.10 Uhr. Schreiben Sie die Antworten zu folgenden Fragen auf!*

От Ленинграда	6545	СВ 6751	К-ще 6617	6547	6759
Лен-д-П. Балт.	12.07	12.14	12.20	12.40	12.50
Броневая	12	19	25	45	55
Ленинский пр.	15	22	28	48	58
Дачное	18	25	31	51	13.01
Ульянка	22	28	35	54	05
Лигово	25	31	38	57	08
Сосновая Поляна	28	35	41	13.01	11
Володарская	32	38	45	04	15
Стрельна	35	42	48	08	18
Красные Зори	39	—	—	—	22
Новый Петергоф	44	12.50			13.28
Старый Петергоф	49			20	
Университет	52		—	23	
Мартышкино	56		—	27	
Ораниенбаум I	13.00		13.10		

Когда́ отправля́ется электри́чка в ...
Когда́ прихо́дит электри́чка в ...
a) Но́вый Петерго́ф?
b) Ста́рый Петерго́ф?
c) Марты́шкино?
d) Ораниенба́ум?
e) Кра́сные Зо́ри?

10. *Sie planen einen Tagesausflug nach Peterhof, um die berühmten Fontänen zu besichtigen. Sie wollen morgen um 10 Uhr in Peterhof sein und um 18 Uhr wieder in Petersburg. Marina hat einen Fahrplan und sagt Ihnen, welche Züge Sie nehmen sollen. Hören Sie sich an, was Marina sagt, und notieren Sie sich die Zeiten!*

Электри́чка отправля́ется из Санкт-Петербу́рга в _____ и прихо́дит в Но́вый Петерго́ф в _____.
Из Но́вого Петерго́фа электри́чка отправля́ется в _____ и прихо́дит в Санкт-Петербу́рг в _____.

18C

11. *Übersetzen Sie ins Russische!*
    Heute ist Samstag. Nach dem Frühstück fahre ich nach Gatschina (Гátчина). Gatschina ist eine kleine Stadt nicht weit von Petersburg. Dorthin muß man mit dem Nahverkehrszug fahren. In Gatschina wohnt und arbeitet meine Freundin Olja. Früher studierten wir zusammen an der Universität. Ich habe für Olja Blumen und ein kleines Geschenk – die Schallplatte der Rockgruppe „Aquarium" («Аквáриум») gekauft. Ihr gefällt diese Gruppe sehr. Leider kam ich am Bahnhof zu spät an: mein Zug war eben abgefahren. Jetzt muß ich warten: Der nächste Zug fährt in 30 Minuten ab. Zum Glück habe ich das letzte Heft der Zeitschrift „Ogonjok" bei mir und kann lesen.

12. *Lesen Sie den Witz und übersetzen Sie ihn. Die neuen Wörter finden Sie im Vokabelverzeichnis.*
    Как вас подстри́чь?
    Одна́жды знамени́тый писа́тель Берна́рд Шоу пришёл в парикма́херскую. Парикма́хер о́чень мно́го говори́л. Он спроси́л Берна́рда Шоу:
    – Как вас подстри́чь?
    – Мо́лча, – отве́тил писа́тель.

19A

19A Text

Угощайтесь, пожалуйста!

Endlich ist es soweit! Die ganze Gruppe ist heute bei Olga und Sergej zu Besuch. Olga und Sergej haben ein typisch russisches Essen vorbereitet. Nun sitzen alle am Tisch und unterhalten sich miteinander.

Ольга:	Дорогие друзья! Угощайтесь, пожалуйста! Вот мясной салат, помидоры, солёные огурцы, шпроты. А это винегрет и селёдка. Хлеб стоит здесь. Приятного аппетита!
Йозеф:	Так много?
Ольга:	Это только закуска. На первое мы будем есть борщ, на второе – пельмени, а потом мы будем пить чай. А теперь давайте выпьем за встречу!
Сергей:	Моника, что вы будете пить? Водку, вино, шампанское, коньяк?
Моника:	Спасибо, Сергей, но я не пью. У вас есть лимонад или минеральная вода?
Сергей:	Да, конечно. Франц, будьте добры, передайте, пожалуйста, бутылку лимонада.
Ольга:	Франц, попробуйте рыбу. И возьмите ещё кусок пирога с капустой.
Франц:	Спасибо, Олечка. Но сначала я съем салат, а потом обязательно попробую рыбу. Всё очень вкусно.
Клаус:	Замечательный борщ!
Ольга:	У нас борщ всегда варит Серёжа. А я приготовила пельмени, пирог и салаты.
Клаус:	Можно ещё немного борща?
Ольга:	Конечно. Клаус, хотите ещё водки к борщу?
Клаус:	С удовольствием. За ваше здоровье, дорогие друзья!

угощайтесь	greifen Sie zu	помидор	Tomate
мясной, -ая, -ое, -ые	Fleisch-	солёный, -ая, -ое, -ые	salzig, Salz-
мясной салат	Fleischsalat *eine Art Kartoffelsalat mit Fleisch*	огурец *Pl.:* огурцы	Gurke
		шпроты *Pl.*	Sprotten

19A/19B

винегрéт	Rote-Bete-Salat *Salat aus feingeschnittenem Gemüse*	передавáть *uv.* передáть, передáм, передáшь *v.*	übergeben, überreichen, weiterreichen
селёдка	Hering	передáйте	reichen Sie 'rüber *Imperativ von* передáть
хлеб	Brot		
приятный, -ая, -ое, -ые	angenehm	прóбовать, прóбую, прóбуешь *uv.* попрóбовать *v.*	probieren
аппетит	Appetit		
Приятного аппетита!	Guten Appetit!	попрóбуйте	probieren Sie *Imperativ von* попрóбовать
закýска	Vorspeise		
на пéрвое	als ersten Gang	рыба	Fisch
борщ *Gen.:* борщá	Borschtsch Rote-Bete-Suppe	возьмите	nehmen Sie *Imperativ von* взять *v.*
на вторóе	als zweiten Gang	кусóк *Pl.:* куски	Stück
пельмéни *Pl.*	Pelmeni *mit Fleisch gefüllte kleine gekochte Teigtaschen*	пирóг	Pirogge
		капýста	Kohl, Kraut
		пирóг с капýстой	Weißkohlpirogge
чай	Tee	Óлечка	*Dem. zu* Óля
выпить, -пью, -пьешь *v.*	(aus)trinken	есть, ем, ешь *uv.* съесть *v.*	essen
выпить за встрéчу	auf die Begegnung trinken	вкýсно	es schmeckt, es ist lecker
давáйте выпьем	trinken wir, laßt uns trinken	замечáтельный, -ая, -ое, -ые	hervorragend
пить, пью, пьёшь *uv.*	trinken	варить, варю, вáришь *uv.*	kochen
шампáнское	Sekt	мóжно	man kann, man darf
коньяк	Kognak	немнóго	ein bißchen, etwas
Я не пью.	Ich trinke nicht (= keinen Alkohol).	здорóвье	Gesundheit
		за вáше здорóвье	auf Ihre (eure) Gesundheit
лимонáд	Limonade		
минерáльный, -ая, -ое, -ые	Mineral-		
водá	Wasser	*Grammatik*	
бýдьте добры	seien Sie so gut	мáло	wenig

19B Grammatik

1. Konjugation des Verbs есть *(essen)*

	есть *essen*
я	ем
ты	ешь
он, онá, онó	ест
мы	едим
вы	едите
они	едят

2. Die Futurformen der vollendeten Verben

Vollendete Verben bezeichnen begrenzte, abgeschlossene Handlungen. Eine Handlung ist entweder bereits abgeschlossen (= Präteritum), oder sie wird in Hinblick auf ihr noch zu erreichendes Resultat gesehen (= Futur). Präsensformen kann es deshalb von vollendeten Verben nicht geben.

Die Bildungsweise des Futurs der vollendeten Verben entspricht der Bildung des Präsens unvollendeter Verben: Auch hier werden die Personalendungen der -и oder e-Konjugation an den Präsensstamm angehängt.

Bei durch Präfigierung gebildetem vollendetem Aspekt stimmen das Futur der vollendeten Verben mit dem Präsens der unvollendeten Verben überein. Unterscheidungsmerkmal ist das Präfix.

	де́лать	–	сде́лать	есть	–	съесть
я	де́лаю		сде́лаю	ем		съем
ты	де́лаешь		сде́лаешь	ешь		съешь
он, она́, оно́	де́лает		сде́лает	ест		съест
мы	де́лаем		сде́лаем	еди́м		съеди́м
вы	де́лаете		сде́лаете	еди́те		съеди́те
они́	де́лают		сде́лают	едя́т		съедя́т

Bei Präfigierung mit вы- ist jedoch zu beachten, daß das Präfix вы- beim vollendeten Verb immer die Betonung trägt.

	пить	–	вы́пить
я	пью		вы́пью
ты	пьёшь		вы́пьешь
он, она́, оно́	пьёт		вы́пьет
мы	пьём		вы́пьем
вы	пьёте		вы́пьете
они́	пьют		вы́пьют

Vollendete Verben, die sich im Wortstamm von unvollendeten Verben unterscheiden, bilden eigene Futurformen:

	встреча́ться	–	встре́титься
я	встреча́юсь		встре́чусь
ты	встреча́ешься		встре́тишься
он, она́, оно́	встреча́ется		встре́тится
мы	встреча́емся		встре́тимся
вы	встреча́етесь		встре́титесь
они́	встреча́ются		встре́тятся

19B

Beachten Sie auch die unregelmäßige Konjugation des vollendeten Verbs **дать**

	дать *geben*
я	дам
ты	дашь
он, она́, оно́	даст
мы	дади́м
вы	дади́те
они́	даду́т

3. **Bedeutungsunterschiede in den Futurformen der unvollendeten und vollendeten Verben**

unvollendeter Aspekt	vollendeter Aspekt
a) За́втра Воло́дя бу́дет писа́ть письмо́ в Омск. *Morgen wird Wolodja einen Brief nach Omsk schreiben.*	a) За́втра Воло́дя обяза́тельно напи́шет письмо́ в Омск. *Morgen schreibt Wolodja unbedingt einen Brief nach Omsk.*
b) Снача́ла я бу́ду есть сала́т, а пото́м я бу́ду пить чай. *Zuerst esse ich Salat, und danach trinke ich Tee.*	b) Снача́ла я съем сала́т, а пото́м я вы́пью чай. *Erst esse ich den Salat auf, und dann trinke ich Tee.*
c) Мы бу́дем встреча́ться ка́ждый день в па́рке. *Wir treffen uns dann jeden Tag im Park.*	c) За́втра мы встре́тимся в па́рке. *Morgen treffen wir uns im Park.*

Das Futur der unvollendeten Verben, seiner Bildung nach auch zusammengesetztes Futur genannt, bezeichnet eine Handlung, die in der Zukunft stattfinden (a, b) oder sich wiederholen wird (c).

Die Formen vom Präsensstamm der vollendeten Verben haben futurische Bedeutung und bezeichnen eine Handlung, die in der Zukunft als abgeschlossen betrachtet wird (a, b, c).

4. **Der partitive Genitiv**

a) На столе́ стои́т буты́лка лимона́да. *Auf dem Tisch steht eine Flasche Limonade.*
Йо́зеф съел оди́н кусо́к пирога́. *Josef hat ein Stück Pirogge gegessen.*

b) Óля, мо́жно ещё немно́го борща́?	Olja, kann ich noch etwas Borschtsch bekommen?
У меня́ сего́дня мно́го рабо́ты.	Ich habe heute viel Arbeit.
c) Кла́ус, хоти́те вы́пить во́дки?	Klaus, möchten Sie einen Wodka trinken?

Der partitive Genitiv steht
a) nach Mengenbezeichnungen, z. B. eine Flasche, ein Stück usw.
b) nach einer unbestimmten Mengenbezeichnung, z. B. мно́го, ма́ло *(wenig)*, немно́го usw.
c) statt des Akkusativs als Objekt nach einem transitiven Verb, wenn die durch dieses Verb ausgedrückte Handlung sich nicht auf das ganze Objekt, sondern nur auf einen Teil des Objekts erstreckt.

19C Übungen

1. *Hören Sie sich die Dialoge auf der Cassette mehrmals an. Sprechen Sie mit!*

2. *Fügen Sie anstelle der Punkte die Verben* есть *und* пить *in der erforderlichen Form im Präsens ein:*

   есть
   a) Я ... сала́т, а О́ля ... пиро́г с капу́стой. b) Что вы ... сего́дня на пе́рвое? Сего́дня мы ... борщ. c) Серге́й ... о́чень бы́стро. d) Ты всегда́ так мно́го ...? e) Де́ти с удово́льствием ... пельме́ни.

   пить
   a) Вы ... лимона́д? Нет, мы ... шампа́нское. b) Что ты ...? Я ... вино́. c) А что ... Кла́ус? Он ... во́дку. d) Мо́ника не ... вино. e) Ва́ши неме́цкие друзья́ ... конья́к? f) Нет, они́ ... минера́льную во́ду.

3. *Bevor Sie weitere Übungen machen, lernen Sie folgende Aspektpaare! Beachten Sie, auf welche Weise diese Aspektpaare gebildet werden!*

ва́рить	– свари́ть	слу́шать	– послу́шать
есть	– съесть	отдыха́ть	– отдохну́ть
пить	– вы́пить	передава́ть	– переда́ть
звони́ть	– позвони́ть	провожа́ть	– проводи́ть
про́бовать	– попро́бовать	пропуска́ть	– пропусти́ть
фотографи́ровать	– сфотографи́ровать		

4. *Lesen Sie die Sätze! Merken Sie sich, daß vollendete Verben im Futur eine in der Zukunft abgeschlossene Handlung bezeichnen, während unvollendete Verben eine künftige Handlung lediglich benennen.*

   a) Сего́дня я бу́ду писа́ть письмо́ в Берли́н. Я напишу́ письмо́, а пото́м бу́ду чита́ть журна́л «Нева́».

b) Завтра мы будем смотреть новые диапозитивы. Мы посмотрим диапозитивы, а потом Клаус будет рассказывать нам о Москве.

c) – Что ты будешь сегодня делать?
– Я буду гулять в центре и фотографировать интересные места.
– Я надеюсь, ты сфотографируешь Кремль?
– Конечно. Я обязательно сфотографирую Кремль.

d) – Алло! Здравствуйте! Это Таня. Скажите, пожалуйста, Вера дома?
– Да, Вера дома. Она делает уроки. Когда она сделает уроки, она позвонит тебе.
– Хорошо. До свидания.

5. *Setzen Sie den passenden Aspekt im Futur ein:*

a) После обеда мои родители ...
Когда они ..., они будут работать в саду. (отдыхать/отдохнуть)

b) – Что ты будешь делать после работы?
– Оля купила новые пластинки. Мы ... эти пластинки.
– Когда вы ... пластинки, вы можете дать их мне?
– Конечно. (слушать/послушать)

c) – Клаус, почему вы так мало едите? Попробуйте мясной салат и рыбу.
– Спасибо, Оля. Я уже ем винегрет. Сначала я ... винегрет, а потом попробую рыбу и салат. (есть/съесть)

d) – Куда ты идёшь?
– В центр города.
– Что ты будешь там делать?
– Я ... подарки маме и брату. Я надеюсь, что ... хорошие подарки. (покупать/купить)

6. *Ersetzen Sie die hervorgehobenen Verben durch Verben des vollendeten Aspekts. Beachten Sie, wie sich der Sinn der Sätze dadurch ändert!*

(покупать/купить, проверять/проверить, пропускать/пропустить, провожать/проводить, звонить/позвонить, знакомиться/познакомиться)

Muster: Сегодня в школе мы **будем учить** новые слова, а потом мы **будем читать** статью из газеты «Московские новости».

Сегодня в школе мы **выучим** новые слова, а потом **прочитаем** статью из газеты «Московские новости».

a) После завтрака я **буду покупать** продукты, а потом я **буду готовить** обед.

b) Сначала проводник **будет проверять** наши билеты, а потом он **будет пропускать** нас в вагон.

c) Завтра Моника едет в Санкт-Петербург. Нина **будет провожать** её на вокзал.

d) Моника говорит Нине: «Я **буду звонить** тебе из Москвы».

e) Сегодня туристы из ФРГ **будут знакомиться** с архитектурой Санкт-Петербурга.

7. *Sie sitzen auch am Tisch bei Olga und Sergej! Sagen Sie jetzt einen Trinkspruch!*

       Дорогие друзья!
       Давайте выпьем за (нашу) встречу!

oder:

       Я хочу выпить за (нашу) дружбу!
       (ваше) здоровье!
       вашу семью!
       Москву!
       Санкт-Петербург!
       Россию!
       Ольгу и Сергея!

8. *Schauen Sie sich das Bild an, und ergänzen Sie diesen Text.*

Сегодня у Оли и Сергея будут гости. Сергей был в магазине. Он купил одну бутылку водки, ...
....

Оля спрашивает: «Серёжа, а лимонад ты купил?»
Серёжа отвечает: «Да, я купил ....»

9. *Übersetzen Sie ins Russische.*

Wera ist aus der Schule nach Hause gekommen. Im Korridor neben dem Telefon(apparat) sieht sie einen Zettel (запи́ска). „Wera! Ich muß zum Friseur (in den Frisiersalon) gehen. Heute wirst du ohne mich zu Mittag essen. Das Mittagessen habe ich schon vorbereitet. Es steht in der Küche auf dem Tisch. Als erster Gang – Borschtsch, als zweiter Gang – Frikadellen und Salat. Die Weißkohlpirogge steht auch auf dem Tisch. Guten Appetit! Mama". Aber Wera ißt nicht gerne (mag es nicht) alleine (одна́). Sie hat keinen Appetit. Heute hat sie nur etwas Borschtsch und ein kleines Stück Pirogge gegessen.

10. *Wo sind drei russische Spezialitäten versteckt?*

И	К	У	С	Т	Б	Ц	Ё	Л
Д	Л	П	Р	Ф	О	Е	З	И
М	В	Г	П	И	Р	О	Г	В
Б	Н	О	А	О	Щ	Х	Б	Н
Ь	П	Е	Л	Ь	М	Е	Н	И
А	Щ	К	Ж	М	Ф	Ь	Ч	Т

20A

20A Text

Óзеро Байкáл

Nach dem Mittagessen zeigen Olga und Sergej ihren deutschen Gästen Dias und erzählen unter anderem von ihrer Reise zum Baikalsee.

В э́том году́ мы бы́ли на о́зере Байка́л. Снача́ла мы лете́ли на самолёте до Ирку́тска. От Москвы́ до Ирку́тска 5500 (пять ты́сяч пятьсо́т) киломе́тров. Мы лете́ли шесть часо́в. А от Ирку́тска до о́зера мы е́хали приме́рно 65 киломе́тров на авто́бусе.

Вот Байка́л – са́мое дре́внее, са́мое холо́дное и са́мое глубо́кое о́зеро на земле́. Его́ длина́ 636 (шестьсо́т три́дцать шесть) киломе́тров, а глубина́ 1620 (ты́сяча шестьсо́т два́дцать) ме́тров. Никто́ не зна́ет то́чно, ско́лько Байка́лу лет. Говоря́т, что ему́ 25–30 миллио́нов лет. В Байка́л впада́ет 336 (три́ста три́дцать шесть) рек, а вытека́ет то́лько одна́ река́ – Ангара́. Леге́нда расска́зывает, что у старика́ Байка́ла бы́ло 336 сынове́й и одна́ дочь Ангара́. Оте́ц о́чень люби́л дочь. Но Ангара́ и молодо́й Енисе́й, друга́я больша́я сиби́рская река́, полюби́ли друг дру́га. Одна́жды но́чью Ангара́ тайко́м покину́ла отца́, что́бы объедини́ться с Енисе́ем.

Старые дома в Иркутске

Э́то посёлок Листвя́нка, где мы рабо́тали. Он располо́жен о́коло исто́ка Ангары́. В Листвя́нке нахо́дится еди́нственный в стране́ Лимнологи́ческий институ́т. Здесь изуча́ют озёра Сиби́ри и Да́льнего Восто́ка, и пре́жде всего́ – Байка́л, его́ уника́льный живо́тный и

20A

расти́тельный мир. При институ́те есть небольшо́й, но о́чень интере́сный музе́й. Здесь мо́жно узна́ть всё, что изве́стно сего́дня о Байка́ле.

А э́то гости́ница. Сюда́ ча́сто приезжа́ют иностра́нные тури́сты. Гости́ница располо́жена на со́пке над о́зером. Отсю́да открыва́ется широ́кая панора́ма Байка́ла, Ангары́, гор, тайги́.

о́зеро	See	сынове́й	Gen. Pl. von сын
Байка́л	Baikal(see)	молодо́й, -а́я, -о́е, -ы́е	jung
в э́том году́	in diesem Jahr Präp. von э́тот год	Енисе́й	Jenissej Fluß
лете́ть, лечу́, лети́шь	fliegen	полюби́ть, -лю́, -ишь v.	lieben, sich verlieben
самолёт	Flugzeug	друг дру́га	einander
Ирку́тск	Irkutsk Stadt in Sibirien	тайко́м	heimlich
		поки́нуть, -ну, -нешь v.	verlassen
ты́сяча Nom. Pl.: ты́сячи Gen. Pl.: ты́сяч	tausend, Tausend	что́бы + Inf.[1]	um ... zu
		объедини́ться, -ню́сь, -ни́шься v.	sich vereinigen
пять ты́сяч	fünftausend	посёлок Pl.: посёлки	Siedlung
пятьсо́т	fünfhundert		
киломе́тр Nom. Pl.: киломе́тры Gen. Pl.: киломе́тров	Kilometer	Листвя́нка	Listwjanka Ortsname
приме́рно	etwa, ungefähr	исто́к	Quelle, Ausfluß
дре́вний, -яя, -ее, -ие	(ur)alt, antik	еди́нственный, -ая, -ое, -ые	einziger
холо́дный, -ая, -ое, -ые	kalt	лимнологи́ческий, -ая, -ое, -ие	limnologisch
глубо́кий, -ая, -ое, -ие	tief	Лимнологи́ческий институ́т	Limnologisches Institut
земля́	Erde	изуча́ют	man erforscht
длина́	Länge	озёра Pl.	Seen
шестьсо́т	sechshundert	да́льний, -яя, -ее, -ие	fern, entfernt
глубина́	Tiefe	восто́к	Osten
никто́	niemand	Да́льний Восто́к	der Ferne Osten
говоря́т	man sagt	пре́жде всего́	vor allem
миллио́н Nom. Pl.: миллио́ны Gen. Pl.: миллио́нов	Million	уника́льный, -ая, -ое, -ые	einzigartig
впада́ть, -а́ю, -а́ешь uv.	münden	живо́тный, -ая, -ое, -ые	Tier-
три́ста	dreihundert	расти́тельный, -ая, -ое, -ые	Pflanzen-
вытека́ть, -а́ю, -а́ешь uv.	entspringen, auslaufen	при + Präp.	an, bei
Ангара́	Angara Fluß	узна́ть, -а́ю, -а́ешь v.	erfahren
леге́нда	Legende	изве́стно[2]	bekannt
стари́к	alter Mann, Greis	приезжа́ть, -а́ю, -а́ешь uv.[3]	(an)kommen

[1] Das ч wird wie ш gesprochen.
[2] Das т wird nicht gesprochen.
[3] зж wird wie langes ж gesprochen.

20A/20B

иностра́нный, -ая, -ое, -ые	ausländisch	*Grammatik*
со́пка	Bergkuppe	не́мец *Gen.:* не́мца — Deutscher
над + *Instr.*	über	*Übung 9*
открыва́ться, -а́юсь, -а́ешься *uv.*	sich eröffnen	экскурсово́д — Fremdenführer, Führer in Museen
широ́кий, -ая, -ое, -ие	breit	ва́за — Vase
панора́ма	Panorama	нача́ть, начну́, начнёшь *v.* — beginnen
гора́ *Nom. Pl.:* го́ры *Gen. Pl.:* гор	Berg	ва́зе бы́ло 3000 лет — die Vase war 3000 Jahre alt
тайга́	Taiga *sibirischer Urwald*	

Озеро Байкал

20B Grammatik

1. Die 3. Person Plural des Verbs in unbestimmt-persönlichen Sätzen

> **Говоря́т**, что Байка́лу 25–30 миллио́нов лет.
> В э́том институ́те **изуча́ют** озёра Сиби́ри.
>
> *Man sagt*, daß der Baikalsee 25 bis 30 Millionen Jahre alt ist.
> *In diesem Institut **erforscht man** die Seen von Sibirien.*

Die 3. Person Plural des Verbs wird auch in Sätzen mit unpersönlichem Subjekt verwendet. Solche Sätze entsprechen im Deutschen meist den Sätzen mit dem unbestimmten Pronomen **man** als Subjekt. So ist auch die Form Меня́ зову́т ... *Ich heiße* ... zu erklären. Wörtlich übersetzt bedeutet sie: *Man nennt mich* ...

2. Die doppelte Verneinung

Никто́ не зна́ет то́чно, ско́лько Байка́лу лет.	**Niemand weiß** genau, wie alt der Baikalsee ist.

In Sätzen mit verneinendem Pronomen oder verneinendem Adverb wird im Russischen auch das Prädikat verneint.

3. Die Konstruktion чтобы + Infinitiv

Ангара́ тайно поки́нула отца́, **что́бы объедини́ться** с Енисе́ем.	Die Angara verließ heimlich den Vater, **um sich** mit dem Jenissej **zu vereinigen**.

Die Verbindung der Konjunktion чтобы mit dem Infinitiv entspricht der deutschen Konstruktion um ... zu.

4. Die Grundzahlen von 100 bis 1 000 000

100	сто	2 000	две ты́сячи
200	две́сти	3 000	три ты́сячи
300	три́ста	4 000	четы́ре ты́сячи
400	четы́реста	5 000	пять ты́сяч
500	пятьсо́т	1 000 000	(оди́н) миллио́н
600	шестьсо́т	2 000 000	два миллио́на
700	семьсо́т	3 000 000	три миллио́на
800	восемьсо́т	4 000 000	четыре миллио́на
900	девятьсо́т	5 000 000	пять миллио́нов
1 000	(одна́) ты́сяча		

Zur Aussprache dieser Zahlwörter beachten Sie Übung 3.

Nom. Sing.	Nom. Pl.
ты́сяча	ты́сячи
миллио́н	миллио́ны

Die Grundzahlwörter **тысяча** und **миллион** haben Pluralformen und werden wie Substantive dekliniert.

    336   триста тридцать шесть
  1 620   тысяча шестьсот двадцать
  5 500   пять тысяч пятьсот
900 636   девятьсот тысяч шестьсот тридцать шесть

Beachten Sie die Reihenfolge der Bestandteile von getrennt geschriebenen zusammengesetzten Zahlen:
Tausender – Hunderter – Zehner – Einer

5. Kongruenz zwischen Subjekt und Prädikat

В Байкал **впадает** 336 рек.	*In den Baikal münden 336 Flüsse.*
У старика Байкала **было** 336 сыновей.	*Der Greis Baikal hatte 336 Söhne.*

Bei Verbindungen von Grundzahlwort und Substantiv als Subjekt kann das Prädikat manchmal im Singular stehen. Im Präteritum steht das Verb in der sächlichen Form.

6. Der Genitiv Plural maskuliner Substantive

Maskuline Substantive haben im Genitiv Plural in der Regel folgende Endungen:

Nominativ Singular endet auf	Beispielwort	Nominativ Plural	Genitiv Plural Endung	Beispielwort
harte Konsonanten (ausser Zischlaute und -ц)	километр город посёлок	километры города посёлки	-ов	километров городов посёлков
-ц bei Endbetonung	отец	отцы	-ов	отцов
-ц b. Stammbetonung	немец	немцы	-ев	немцев
-й	музей	музеи	-ев	музеев
Zischlaut	врач	врачи	-ей	врачей
-ь	рубль день	рубли дни	-ей	рублей дней

Sonderformen bilden folgende Substantive:

друг	– друзья́	– друзе́й
муж	– мужья́	– муже́й
сын	– сыновья́	– сынове́й

7. Der Genitiv Plural femininer Substantive mit Stammauslaut auf harten Konsonant und Zischlaut

Feminine Substantive mit Stammauslaut auf harten Konsonant oder Zischlaut sind in Genitiv Plural in der Regel endungslos, z. B.:

шко́ла	– шко́лы	– школ
гора́	– го́ры	– гор
река́	– ре́ки	– рек
у́лица	– у́лицы	– у́лиц

Im endungslosen Genitiv Plural erscheint bei weiblichen Substantiven mit Stammauslaut auf zwei Konsonanten häufig ein -o- oder -e- zwischen diesen Konsonanten, z. B.:

студе́нтка	– студе́нтки	– студе́нток
де́вочка	– де́вочки	– де́вочек

20C Übungen

1. *Hören Sie sich den Lektionstext auf der Cassette mehrmals an! Sprechen Sie mit!*
2. *Verbinden Sie die Sätze durch die Konjunktion* что́бы:

    Muster: Мы до́лго повторя́ли но́вые слова́. Мы хоте́ли хорошо́ написа́ть дикта́нт *(Diktat).*
    Мы до́лго повторя́ли но́вые слова́, **что́бы хорошо́ написа́ть дикта́нт**.

    a) Тури́сты прие́хали в Москву́. Они́ хотя́т познако́миться с архитекту́рой го́рода.   b) Та́ня пришла́ к Ве́ре. Она́ хо́чет де́лать уро́ки вме́сте с Ве́рой.   c) Кла́ус идёт в магази́н. Он до́лжен купи́ть хлеб.   d) Мари́на и Воло́дя бы́стро поу́жинали. Они́ хотя́т успе́ть в кинотеа́тр.   e) Бело́вы стоя́ли в о́череди де́сять лет. Они́ хоте́ли получи́ть отде́льную кварти́ру в Москве́. f) Гео́логи прие́хали в посёлок Листвя́нка. Здесь они́ бу́дут рабо́тать в Лимнологи́ческом институ́те.

3. *Hören Sie sich die Aussprache der Grundzahlwörter an, sprechen Sie nach. Achten Sie auf die Aussprache der reduzierten* **e** *und* **я**!

сто, две́сти, три́ста, четы́реста, пятьсо́т, шестьсо́т, семьсо́т, восемьсо́т, девятьсо́т, ты́сяча, две ты́сячи, три ты́сячи, четы́ре ты́сячи, пять ты́сяч, миллио́н, два миллио́на, три миллио́на, четы́ре миллио́на, пять миллио́нов

4. *Hier lesen Sie die Namen einiger großer russischer Flüsse. In Klammern ist die Länge dieser Flüsse angegeben. Geben Sie die Zahlen in Buchstaben wieder:*

   Muster: Аму́р (2824 км)

   длина́ Аму́ра – две ты́сячи восемьсо́т два́дцать четы́ре киломе́тра

   a) Ангара́ (1779 км)   b) Во́лга (3530 км)   c) Печо́ра (1809 км)
   d) Енисе́й (3487 км)   e) Ирты́ш (4248 км)   f) Ле́на (4400 км)

У Байка́ла

5. *Setzen Sie die in Klammern stehenden Wörter in die erforderliche Form:*

   a) На берегу́ о́зера Байка́л есть мно́го (города́ и посёлки).   b) В Байка́л впада́ет 336 (ре́ки).   c) У меня́ ма́ло (друзья́).   d) Э́то о́чень ма́ленький го́род. Здесь нет (теа́тры и музе́и).   e) У вас есть де́ти? – Да, у нас пять (сыновья́) и одна́ дочь.   f) Наш профе́ссор зна́ет шесть (языки́). У него́ есть мно́го (кни́ги) на ру́сском языке́.   g) Длина́ о́зера Байка́л 636 (киломе́тры), а глубина́ 1620 (ме́тры).   h) Говоря́т, что Байка́лу 25–30 (миллио́ны лет).   i) В но́вом райо́не ещё нет (поликли́ники и больни́цы).   j) На э́той у́лице о́чень шу́мно. Тут всегда́ мно́го (маши́ны, трамва́и, авто́бусы). k) Там стоя́т на́ши студе́нтки. А кто стои́т о́коло (студе́нтки)? l) В пя́том кла́ссе то́лько во́семь (де́вочки).

6. *Auf welche Fragen geben folgende Sätze Antwort?*
   a) – ...
      – Я изуча́ю ру́сский язы́к **2 го́да**.
   b) – ...
      – Я чита́л э́тот журна́л **4 дня**.
   c) – ...
      – Серге́й купи́л **3 килогра́мма капу́сты**.
   d) – ...
      – В э́том кла́ссе **31 учени́к**.

Erlöserkirche in Irkutsk

7. *Lesen Sie folgende Aussagen! Kreuzen Sie diejenigen Aussagen an, die der Information des Textes entsprechen!*
   a) ☐1 Байка́л – са́мое большо́е о́зеро на земле́.
      ☐2 Байка́л – са́мое холо́дное о́зеро на се́вере Росси́и.
      ☐3 Байка́л – са́мое дре́внее о́зеро на земле́.

b) 1 От Москвы́ до Ирку́тска 5050 киломе́тров.
   2 От Москвы́ до Ирку́тска самолёт лети́т шесть часо́в.
   3 От Москвы́ до Ирку́тска гео́логи е́хали на по́езде.

c) 1 Из Байка́ла вытека́ет 336 рек.
   2 Ангара́ впада́ет в Байка́л.
   3 Из Байка́ла вытека́ет одна́ река́.

d) 1 Ангара́ не люби́ла отца́.
   2 Одна́жды днём Ангара́ поки́нула отца́.
   3 Ангара́ хоте́ла объедини́ться с Енисе́ем.

e) 1 В Листвя́нке изуча́ют ре́ки Сиби́ри.
   2 В Листвя́нке есть большо́й и о́чень интере́сный музе́й.
   3 В Листвя́нке мо́жно узна́ть всё об уника́льном живо́тном и расти́тельном ми́ре Байка́ла.

f) 1 При Лимнологи́ческом институ́те есть ма́ленькая гости́ница.
   2 Иностра́нные тури́сты живу́т в гости́нице на со́пке.
   3 Гости́ница располо́жена на берегу́ о́зера.

8. *Auch Sie waren bei Olga und Sergej zu Besuch. Erzählen Sie von diesem schönen Abend!*

9. *Übersetzen Sie! Die neuen Wörter finden Sie im Vokabelverzeichnis.*
   В музе́е.
   Экскурсово́д: Э́то дре́вняя ва́за. Ей 3027 лет.
   Молодо́й
   челове́к: Отку́да вы э́то зна́ете?
   Экскурсово́д: Когда́ я на́чал рабо́тать здесь, ва́зе бы́ло 3000 лет, и 27 лет я здесь рабо́таю.

21A

21A Text

У вас есть хо́бби?

Der Abend bei Olga und Sergej ist bereits fortgeschritten. Es gibt sehr viel zu erzählen. Zu vorgerückter Stunde unterhalten sich die Freunde über ihre Hobbies.

Франц: Я коллекциони́рую значки́ и ма́рки. У меня́ уже́ о́чень хоро́шая колле́кция. В ней есть ма́рки и значки́ из ра́зных стран ми́ра: из Герма́нии, Фра́нции, А́нглии, Ита́лии, Бе́льгии, Норве́гии, Да́нии, Шве́ции, США, Кана́ды и, коне́чно, из Росси́и. А неда́вно я на́чал собира́ть ста́рые откры́тки. Э́то то́же о́чень интере́сно.

Мо́ника: Моё хо́бби — иностра́нные языки́. Я свобо́дно говорю́ по-англи́йски, непло́хо владе́ю францу́зским языко́м, но бо́льше всего́ люблю́ ру́сский язы́к. Три го́да я учи́ла ру́сский язы́к в шко́ле, а тепе́рь продолжа́ю изуча́ть его́ в Наро́дном университе́те. Кро́ме того́ я интересу́юсь ру́сской литерату́рой, люблю́ ходи́ть в теа́тр, иногда́ хожу́ в кино́, но то́лько е́сли иду́т хоро́шие фи́льмы.

Кла́ус: В свобо́дное вре́мя я занима́юсь спо́ртом. Раз в неде́лю я и мой друг Пе́тер хо́дим в спорти́вный клуб. Там мы игра́ем в футбо́л. Ле́том мы ча́сто е́здим со спорти́вным клу́бом игра́ть в ра́зные города́. А ещё я люблю́ ходи́ть по го́роду и фотографи́ровать.

Йо́зеф: А я не занима́юсь ни зи́мним, ни ле́тним спо́ртом. Я люблю́ слу́шать му́зыку и сам немно́го игра́ю на скри́пке. К нам в го́род ча́сто приезжа́ют изве́стные музыка́нты с хоро́шей музыка́льной програ́ммой. Обы́чно я хожу́ на все интере́сные конце́рты. А в хоро́шую пого́ду мы с жено́й рабо́таем в саду́.

Серге́й: У меня́ одна́ больша́я страсть — мой мотоци́кл. Я гото́в всё свобо́дное вре́мя занима́ться мотоци́клом. В о́тпуск мы с О́лей всегда́ е́здим на мотоци́кле. И с большо́й пала́ткой.

21A

Ольга: Бо́льше всего́ я люблю́ путеше́ствовать и . . . гото́вить. Я собира́ю ра́зные кулина́рные реце́пты. Да́же в экспеди́ции я всегда́ с больши́м удово́льствием гото́влю что́-нибудь но́вое и необы́чное. Коне́чно, е́сли есть необходи́мые проду́кты.

хо́бби *n.; idkl.*	Hobby	раз	Mal, (ein)mal
коллекциони́ровать, -ру́ю, -ру́ешь	sammeln	неде́ля	Woche
		раз в неде́лю	einmal in der Woche
		клуб	Klub
колле́кция	Kollektion, Sammlung	спорти́вный клуб	Sportverein
		футбо́л	Fußball
из ра́зных стран	aus verschiedenen Ländern	игра́ть в футбо́л	Fußball spielen
		ле́том	im Sommer
Герма́ния	Deutschland	ча́сто	oft
Фра́нция	Frankreich	е́здить, е́зжу[1], е́здишь *unbest.*	fahren
А́нглия	England		
Ита́лия	Italien	со = с	
Бе́льгия	Belgien	по + *Dat.*	
Норве́гия	Norwegen	ходи́ть по го́роду	durch
Да́ния	Dänemark		durch die Stadt gehen (bummeln)
Шве́ция	Schweden	ни . . . ни	weder . . . noch
США	USA	ле́тний, -яя, -ее, -ие	Sommer-
Кана́да	Kanada	сам, сама́, само́, са́ми	selbst
неда́вно	vor kurzem, seit kurzem	скри́пка	Geige
собира́ть, -а́ю, -а́ешь *uv.*	sammeln	игра́ть на скри́пке	Geige spielen
иностра́нный язы́к	Fremdsprache	музыка́нт	Musiker
свобо́дно	frei *hier:* fließend	пого́да	Wetter
свобо́дно говори́ть по-англи́йски	fließend Englisch sprechen	страсть *f.*	Leidenschaft
		мотоци́кл	Motorrad
непло́хо	nicht schlecht, ziemlich gut	я гото́в	*hier:* ich bin bereit
		всё вре́мя	die ganze Zeit
владе́ть, -де́ю, -де́ешь *uv.* + *Instr.*	beherrschen	кулина́рный, -ая, -ое, -ые	kulinarisch
владе́ть языко́м	eine Sprache beherrschen	реце́пт	Rezept
		что́-нибудь	etwas, irgendetwas
францу́зский, -ая, -ое, -ие	französisch	необы́чный, -ая, -ое, -ые	ungewöhnlich
бо́льше всего́	vor allem, über alles, am meisten	необходи́мый, -ая, -ое, -ые	notwendig
продолжа́ть, -а́ю, -а́ешь	fortsetzen	проду́кты *Pl.*	Lebensmittel
ходи́ть, хожу́, хо́дишь *unbest.*	gehen	*Grammatik*	
		бежа́ть, бегу́, бежи́шь *best.*	laufen
кино́ *idkl.*	Kino	бе́гать, бе́гаю, бе́гаешь *unbest.*	laufen
свобо́дное вре́мя *n.*	Freizeit		
спорт	Sport	лета́ть, лета́ю, лета́ешь *unbest.*	fliegen
занима́ться спо́ртом	Sport treiben	волейбо́л	Volleyball

[1] зж wird wie langes ж gesprochen

21A/21B

баскетбо́л	Basketball	разгова́ривать,	sprechen, sich unter-
те́ннис	Tennis	-а́ю, -а́ешь *uv.*	halten
хокке́й	Hockey	одна́	*hier:* die eine
фортепья́но	Klavier	Владивосто́к	Wladiwostok *Stadt*
гита́ра	Gitarre		*im Fernen Osten*
аккордео́н	Akkordeon	в одно́м ваго́не	in demselben Wag-
фле́йта	Flöte		gon
		сторона́	Seite, Richtung
Übung 11			
стару́шка	alte Frau, altes	*Übung 12*	
	Mütterchen	класси́ческий, -ая,	klassisch
се́ли в по́езд	(sie) stiegen in den	-ое, -ие	
	Zug	велосипе́д	Fahrrad
сиде́ть, сижу́,	sitzen		
сиди́шь *uv.*			

21B Grammatik

1. Der unvollendete Aspekt nach den Verben начина́ть, продолжа́ть, конча́ть

Неда́вно Франц **на́чал** собира́ть ста́рые откры́тки.	Vor kurzem hat Franz begonnen, alte Ansichtskarten zu sammeln.
Мо́ника **продолжа́ет** изуча́ть ру́сский язы́к.	Monika fährt fort, Russisch zu lernen.
Сего́дня мы **ко́нчили** рабо́тать в 16 часо́в.	Heute hörten wir um 16 Uhr auf zu arbeiten.

Nach den Verben **начина́ть – нача́ть** *(beginnen)*, **продолжа́ть – продо́лжить** *(fortsetzen)*, **конча́ть – ко́нчить** *(beenden)* stehen immer Infinitive von Verben des unvollendeten Aspekts.

2. Sätze mit der Konjunktion ни … ни

Я не занима́юсь **ни** ле́тним, **ни** зи́мним спо́ртом.	Ich treibe **weder** Sommer- **noch** Wintersport.
Ни я, **ни** моя́ жена́ **не** были сего́дня в клу́бе.	**Weder** ich **noch** meine Frau waren heute im Klub.

In Sätzen mit der Konjunktion **ни … ни** *(weder … noch)* wird doppelte Verneinung gebraucht (vgl. Lektion 20B 2). Die Konjunktion **ни … ни** kann bei verschiedenen Satzteilen stehen.

3. Der Instrumental Singular der Adjektive

	Nominativ Singular	Instrumental Singular
m.	Како́й клуб? но́вый молодо́й ру́сский большо́й хоро́ший ле́тний } клуб	Каки́м клу́бом? но́вым молоды́м ру́сским больши́м хоро́шим ле́тним } клу́бом
f.	Кака́я програ́мма? но́вая ру́сская больша́я хоро́шая ле́тняя } програ́мма	Како́й програ́ммой? но́вой ру́сской большо́й хоро́шей ле́тней } програ́ммой
n.	Како́е зда́ние? но́вое ру́сское большо́е хоро́шее ле́тнее } зда́ние	Каки́м зда́нием? но́вым ру́сским больши́м хоро́шим ле́тним } зда́нием

Neben den Endungen **-ой, -ей** haben weibliche Substantive im Instrumental Singular manchmal die Endungen **-ою, -ею**, die zumeist in der Schriftsprache vorkommen.

4. Verben der Fortbewegung

Es gibt eine Gruppe von unvollendeten, nichtpräfigierten Verben, die eine Fortbewegung bezeichnen und paarweise auftreten. Bei dem einen Verb ist die Bewegungsrichtung bestimmt, bei dem anderen unbestimmt. Wir beschränken uns heute auf die Behandlung von vier der wichtigsten unpräfigierten paarigen Verben der Fortbewegung, und zwar:

bestimmt	–	unbestimmt	
идти́	–	ходи́ть	*gehen*
е́хать	–	е́здить	*fahren*
бежа́ть	–	бе́гать	*laufen*
лете́ть	–	лета́ть	*fliegen*

21B

Das bestimmte Verb bezeichnet eine in einer Richtung verlaufende Bewegung:

Мо́ника **идёт** в теа́тр.	*Monika geht ins Theater.*
О́ля и Серге́й **е́дут** в Москву́.	*Olja und Sergej fahren nach Moskau.*
Де́ти **бегу́т** в шко́лу.	*Die Kinder laufen in die Schule.*
Самолёт **лети́т** в Ирку́тск.	*Das Flugzeug fliegt nach Irkutsk.*

Das unbestimmte Verb bezeichnet alle Bewegungen, die nicht nur in einer Richtung verlaufen, und zwar:

a) wiederholte Bewegungen hin und zurück (die Wiederholung setzt die Rückkehr voraus), die zielgerichtet und zeitlich festgelegt sein können:

Мо́ника ча́сто **хо́дит** в теа́тр.	*Monika geht oft ins Theater.*
О́ля и Серге́й ка́ждый год **е́здят** в Москву́.	*Olja und Sergej fahren jedes Jahr nach Moskau.*
Ка́ждый день я **бе́гаю** в кио́ск и покупа́ю газе́ты.	*Jeden Tag laufe ich zum Kiosk und kaufe Zeitungen.*
Э́тот самолёт **лета́ет** в Ирку́тск.	*Dieses Flugzeug fliegt (immer) nach Irkutsk.*

b) eine in unbestimmter Richtung erfolgende Bewegung:

Учи́тель **хо́дит** по ко́мнате.	*Der Lehrer geht im Zimmer herum.*
Тури́сты **е́здят** по Росси́и.	*Die Touristen fahren durch Rußland.*
Де́ти **бе́гают** по у́лице.	*Die Kinder laufen auf der Straße.*
Самолёт **лета́ет** над тайго́й.	*Das Flugzeug fliegt über der Taiga herum.*

c) die allgemeine Fähigkeit zur Ausführung einer Bewegung, wobei die Eigenschaft auch berufsbedingt sein kann:

О́лечке то́лько оди́н год, но она́ уже́ **хо́дит**.	*Oletschka ist erst ein Jahr alt, aber sie kann schon gehen (laufen).*
Моя́ ста́рая маши́на **е́здит** ме́дленно.	*Mein altes Auto fährt langsam.*
Кла́ус о́чень бы́стро **бе́гает**.	*Klaus kann sehr schnell laufen.*
Мой оте́ц пило́т. Он **лета́ет**.	*Mein Vater ist Pilot. Er fliegt.*

d) Aussagen über Bewegungen in Form von Interessen und Neigungen:

Мой муж лю́бит **ходи́ть** пешко́м, а я люблю́ **е́здить** на маши́не.	*Mein Mann geht gerne zu Fuß, und ich fahre gerne mit dem Auto.*

| Клаус любит **бегать** в парке. | *Klaus läuft gerne im Park.* |
| Мы любим **летать** на самолёте. | *Wir fliegen gerne mit dem Flugzeug.* |

In feststehenden Wendungen kommen die Verben der Fortbewegung häufig in **übertragener Bedeutung** vor. In diesem Fall wird nur das bestimmte Verb verwendet, z. B.:

| Сегодня **идёт** интересный фильм. | *Heute läuft ein interessanter Film.* |
| Время **летит/бежит**. | *Die Zeit fliegt/läuft.* |

Für Bewegungen von **Verkehrsmitteln** selbst werden im Russischen in der Regel die Verben идти/ходить gebraucht, und zwar идти für Bewegungen in einer Richtung und ходить für Bewegungen nicht nur in einer Richtung:

| Куда **идёт** этот автобус? | *Wohin fährt dieser Autobus?* |
| По улице весь день **ходят** автобусы. | *Auf der Straße fahren den ganzen Tag Autobusse.* |

5. Die Konjugation der paarigen Verben der Fortbewegung im Präsens

	идти – ходить *gehen*		ехать – ездить *fahren*	
я	иду	хожу	еду	езжу
ты	идёшь	ходишь	едешь	ездишь
он, она, оно	идёт	ходит	едет	ездит
мы	идём	ходим	едем	ездим
вы	идёте	ходите	едете	ездите
они	идут	ходят	едут	ездят

	бежать – бегать *laufen*		лететь – летать *fliegen*	
я	бегу	бегаю	лечу	летаю
ты	бежишь	бегаешь	летишь	летаешь
он, она, оно	бежит	бегает	летит	летает
мы	бежим	бегаем	летим	летаем
вы	бежите	бегаете	летите	летаете
они	бегут	бегают	летят	летают

21B/21C

6. игра́ть в und игра́ть на

игра́ть в	футбо́л	игра́ть на	фортепья́но
	волейбо́л		скри́пке
	баскетбо́л		гита́ре
	те́ннис		аккордео́не
	хокке́й		фле́йте

Achten Sie auf den Gebrauch der Präpositionen в und на beim Verb игра́ть: игра́ть в *(+ Akkusativ)* benutzt man beim Spielen eines Spiels und игра́ть на *(+ Präpositiv)* beim Spielen eines Instruments.

21C Übungen

1. *Sprechen Sie folgende Wörter nach! Achten Sie auf die Stimmassimilation und die gebundene Aussprache der Präpositionen mit nachfolgenden Wörtern!*
   францу́зский   в шко́ле   в теа́тр   в кино́   в спорти́вный клуб
   в футбо́л   в те́ннис   в хокке́й   в хоро́шую пого́ду   в саду́
   aber: в волейбо́л   в газе́ту   в Берли́не

   с пирого́м   с капу́стой
   aber: с больши́м удово́льствием   с ги́дом   с жено́й

2. *Setzen Sie den nötigen Aspekt ein!*
   a) Мо́ника начала́ ... газе́ту «Моско́вские но́вости» (выпи́сывать/вы́писать).   b) Неда́вно Кла́ус ко́нчил ... интере́сный рома́н (чита́ть/прочита́ть).   c) Ка́ждый день мы начина́ем ... уро́ки в 4 часа́ (гото́вить/пригото́вить).   d) Я изуча́ю ру́сский язы́к оди́н год и уже́ начала́ непло́хо ... по-ру́сски (говори́ть/сказа́ть).   e) Франц продолжа́ет ... значки́ и ма́рки (собира́ть/собра́ть).   f) По́сле обе́да Серге́й продолжа́л ... о Сиби́ри (расска́зывать/рассказа́ть).   g) Де́ти ко́нчили ... и на́чали ... уро́ки (обе́дать/пообе́дать, де́лать/сде́лать).

3. *Setzen Sie den entsprechenden Aspekt im Präteritum ein!*
   a) Ка́ждый день мы ... рабо́тать в 8 часо́в утра́ (начина́ть/нача́ть).   b) Вчера́ тури́сты ... путеше́ствовать по Ура́лу (конча́ть/ко́нчить).   c) Обы́чно по́сле у́жина мы ... смотре́ть телеви́зор (продолжа́ть/продо́лжить).   d) Мари́на пришла́ домо́й и ... гото́вить у́жин (начина́ть/нача́ть).   e) Обы́чно друзья́ ... бе́гать в па́рке в 8 часо́в ве́чера (конча́ть/ко́нчить).

4. *Lösen Sie die Klammern auf!*

a) Вчера́ на ве́чере в клу́бе мы встре́тились с (изве́стный ру́сский писа́тель). b) На́ши де́ти интересу́ются (совреме́нная неме́цкая литерату́ра). c) Серге́й и О́льга всегда́ путеше́ствуют с (большо́й рюкза́к и больша́я пала́тка). d) Я изуча́ю медици́ну. Я хочу́ стать (хоро́ший де́тский врач). e) Ни́на гуля́ла в па́рке с (мла́дшая сестра́). f) Кла́ус занима́ется (ле́тний и зи́мний спорт). g) С кем Франц был в теа́тре? – Он был в теа́тре с (молодо́й архите́ктор из Москвы́). h) Мо́ника хорошо́ владе́ет (францу́зский язы́к). i) Неда́вно мой сын познако́мился с (хоро́шая де́вушка). j) К нам в го́род приезжа́ет популя́рный де́тский теа́тр с (но́вая ле́тняя програ́мма). k) Йо́зеф с (большо́е удово́льствие) слу́шает му́зыку.

5. *Sagen Sie auf russisch, was diese Personen machen:*

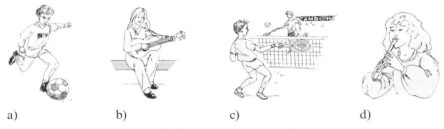

a)   b)   c)   d)

6. *Fügen Sie anstelle der Punkte die Präpositionen в oder на ein!*

– Вы занима́етесь спо́ртом?
– Да. Я игра́ю ... футбо́л в спорти́вном клу́бе. Мой ста́рший сын игра́ет ... хокке́й, а дочь ... волейбо́л.
– А мла́дший сын?
– Мла́дший сын не интересу́ется спо́ртом. Он лю́бит му́зыку и сам немно́го игра́ет ... фортепиа́но и ... скри́пке.

7. *Bilden Sie aus zwei Sätzen einen Satz mit doppelter Verneinung!*

Muster: Я не интересу́юсь **поли́тикой**.
   Му́зыкой я то́же не интересу́юсь.
   Я не интересу́юсь **ни поли́тикой, ни му́зыкой**.

a) **Я** не был на о́зере Байка́л. **Мой друг** то́же не был на о́зере Байка́л. b) Моя́ жена́ не занима́ется **ле́тним спо́ртом**. **Зи́мним спо́ртом** она́ то́же не занима́ется. c) Кла́ус не игра́ет **на скри́пке**. **На гита́ре** Кла́ус то́же не игра́ет. d) **Сего́дня** я не ви́дел Ве́ру. **Вчера́** я то́же не ви́дел Ве́ру.

8. *Lesen Sie die Sätze, untersuchen Sie die Bedeutung der Verben der Fortbewegung.*

a) Куда́ идёт Кла́ус? Он идёт в университе́т. Он ка́ждый день хо́дит в университе́т. b) Где ты был? – Я был в библиоте́ке. – Ты ча́сто хо́дишь в библиоте́ку? – Да, я ча́сто хожу́ в библиоте́ку. c) Гео́логи е́дут рабо́тать на о́зеро Байка́л. d) О́ля и Серге́й всегда́ е́здят в о́тпуск на мотоци́кле.

e) Туристы ходят по городу и фотографируют красивые места. f) Над городом весь день летают самолёты. g) Сколько лет Антону? – Ему один год. – Он уже ходит? – Нет, он ещё не ходит. h) Ты любишь ездить на машине? – Нет, я люблю ходить пешком. i) Дети бегают по спортивной площадке. Они играют в футбол. j) Кто твой отец? – Мой отец проводник. Он ездит на поезде. k) Куда ты так быстро идёшь? – Я всегда хожу быстро. Я не люблю ходить медленно. l) Уже вечер. Как летит время! m) Куда они бегут? – Они бегут в парк. n) Завтра мои родители летят в Петербург. o) Этот троллейбус идёт до площади Александра Невского.

9. *Fügen Sie anstelle der Punkte das passende Verb der Fortbewegung im Präsens ein.*

идти – ходить

a) Куда ты …? – Я … в видеосалон. Ты часто … в видеосалон? – Да, я часто … туда. b) Сегодня Йозеф и Клаус … в филармонию. Они … в филармонию всегда, когда приезжают хорошие музыканты. c) Вы … на новую выставку? – Да. А вы? – Мы тоже … туда. d) Куда … сегодня твоя мама? – Она … в больницу. – В больницу? В чём дело? – Она каждый день … в больницу. Она работает там. e) Вы часто … в театр? – Нет, мы не очень часто … в театр.

ехать – ездить

a) Куда ты …? – Я … в центр города. b) Моника, ты часто … в Россию? – Да, я часто … в Россию. У меня там хорошие друзья. c) Куда вы … в отпуск в этом году? – Мы … в Иркутск к отцу. Вы каждый год … в отпуск в Иркутск? – Нет, мы … в Иркутск не каждый год. d) Сегодня мои друзья … на мотоцикле в посёлок Листвянка. Они всегда … туда на мотоцикле. e) Клаус живёт на окраине города. Каждый день он … на автобусе в университет. Но сегодня он не … в университет. Сегодня суббота.

бежать – бегать

a) Девушка … в магазин. Она хочет купить хлеб. Она каждое утро … в магазин и покупает хлеб. b) Каждый день Клаус и его друг Петер … пять километров до озера и обратно. c) Куда вы … так быстро? – Мы … в кинотеатр «Космос». Там идёт новый французский фильм, и у кассы стоит уже большая очередь. d) Я занимаюсь спортом и … очень быстро. А ты? Ты хорошо …? – Я … плохо. e) Куда ты …? – Я … на вокзал. Мой поезд отходит через 10 минут. f) Вы каждый день … в парке? – Да, мы … в парке почти каждый день. g) Откуда … дети? – Они … из школы.

лететь – летать

a) Мой отец пилот. Он … Завтра он … в Екатеринбург. b) Я с удовольствием … на самолёте. c) Куда ты …? – Я … в ФРГ. d) Володя живёт в Петербурге, а его родители живут на Урале. Обычно Володя и Марина … в отпуск на Урал. e) Откуда вы …? – Мы … из Иркутска. Мы были на озере Байкал. f) Ты часто … в Петербург? – Нет, а вы? – Мы каждый год … в Петербург. Там живут наши друзья. g) Вы снова были в Москве? – Да. Вы всегда … на самолёте в Москву? – Нет, обычно мы ездим туда на поезде.

10. *Hören Sie sich die Fragen an und beantworten Sie sie:*
    a) *Geben Sie eine bejahende Antwort:*

    Muster: AC: Я собираю марки. А вы?
    Sie: Я тоже собираю марки.

    (марки, значки, книги, пластинки, открытки, русские сувениры, кулинарные рецепты)

    b) *Geben Sie eine bejahende oder verneinende Antwort:*

    Muster: AC: Вы играете в футбол?
    Sie: Да, я играю в футбол./Нет, я не играю в футбол.

    (футбол, фортепьяно, волейбол, скрипка, теннис, гитара, баскетбол, флейта, хоккей, аккордеон)

11. *Lesen Sie den Witz, und erzählen Sie ihn nach!*

    В поезде.
    Однажды в Екатеринбурге две старушки сели в поезд.
    В вагоне они сидели и разговаривали.
    – Куда вы едете? – спросила одна.
    – Я еду в Москву, к сыну.
    – А я – во Владивосток, к дочери.
    – Смотрите, какая теперь замечательная техника, – сказала первая старушка. – Мы сидим в одном вагоне, а едем в разные стороны!

12. *Erzählen Sie von Ihrem Hobby und wie Sie Ihre Freizeit verbringen! Folgende Fragen helfen Ihnen dabei:*
a) У вас есть хо́бби? b) Чем вы интересу́етесь? (кино́, теа́тр, му́зыка, литерату́ра, жи́вопись, скульпту́ра, поли́тика ...) c) Что вы собира́ете/ коллекциони́руете? У вас больша́я колле́кция? d) Вы лю́бите чита́ть? Каку́ю литерату́ру вы осо́бенно лю́бите? (газе́ты, журна́лы, рома́ны, расска́зы, стихи́, совреме́нная литерату́ра, класси́ческая литерату́ра ...) e) Вы изуча́ете иностра́нные языки́? Како́й язы́к вы изуча́ете? Ско́лько лет вы изуча́ете э́тот язы́к? Где вы на́чали изуча́ть э́тот язы́к? f) Вы лю́бите путеше́ствовать? Каки́е стра́ны вы уже́ ви́дели? Вы бы́ли в Росси́и? Каки́е города́ вы ви́дели в Росси́и? Как вы обы́чно путеше́ствуете? (на маши́не, на мотоци́кле, на по́езде, на самолёте, на велосипе́де (mit dem Fahrrad), с пала́ткой и рюкзако́м, с гру́ппой, с семьёй ...) g) Вы занима́етесь спо́ртом? Каки́м спо́ртом вы занима́етесь? Вы хо́дите в спорти́вный клуб? h) Вы ча́сто хо́дите в теа́тр, кино́, на конце́рты, в музе́и, на вы́ставки? i) Вы лю́бите фотографи́ровать? j) Вы лю́бите приро́ду? Вам нра́вится рабо́тать в саду́? k) Чем интересу́ются ва́ши друзья́, роди́тели, де́ти?

22A

22A Text

Встре́ча

Marina trifft ihre Dolmetscherkollegin und Freundin Tanja zufällig im Büro.

Та́ня:	Мари́на, здра́вствуй!
Мари́на:	Приве́т, Та́нечка! Ско́лько лет, ско́лько зим! Где ты была́? Я так давно́ тебя́ не ви́дела!
Та́ня:	Я лета́ла с англи́йской гру́ппой в Оде́ссу. Верну́лась домо́й в понеде́льник, а во вто́рник опя́ть уе́хала на пять дней в Приба́лтику – уже́ с друго́й гру́ппой. Ну, а как твои́ дела́?
Мари́на:	Я е́здила в Москву́. Воло́дя был бо́лен и сиде́л два дня до́ма, в университе́т не ходи́л. Вот и все но́вости.
Та́ня:	Ты зна́ешь, когда́ я лета́ла из Оде́ссы, я встре́тила в самолёте Джо́на.
Мари́на:	Джо́на? Что ты говори́шь! Ну, как он пожива́ет?
Та́ня:	Прекра́сно! Он око́нчил университе́т и рабо́тает в Калифо́рнии. Преподаёт ру́сский язы́к в ко́лледже. Он лета́л к дру́гу в Оде́ссу, а сейча́с он в Петербу́рге. Живёт в гости́нице «Прибалти́йская». Я встреча́юсь с ним в пя́тницу. Хо́чешь пойти́ со мной? Джон бу́дет рад ви́деть тебя́.
Мари́на:	Коне́чно, хочу́. Я позвоню́ тебе́ в четве́рг ве́чером, и мы с тобо́й договори́мся о встре́че. Хорошо́?
Та́ня:	Хорошо́. Ну, пока́! Приве́т Воло́де!
Мари́на:	Спаси́бо. До свида́ния!

приве́т	Gruß *hier:* grüß dich
Ско́лько лет, ско́лько зим!	Endlich sieht man sich wieder! (*wörtlich:* Wieviele Sommer, wieviele Winter!)
англи́йский, -ая, -ое, -ие	englisch
верну́ться, -ну́сь, -нёшься *v.*	zurückkehren
понеде́льник	Montag
в понеде́льник	am Montag
вто́рник	Dienstag
во = в	
уе́хать, уе́ду, уе́дешь *v.*	wegfahren
Приба́лтика	Baltikum
бо́лен, больна́, больно́, больны́	krank *Kurzform des Adjektivs* больно́й
Что ты говори́шь!	Was du nicht sagst!
Как он пожива́ет?	Wie geht es ihm?
Калифо́рния	Kalifornien
преподава́ть, -даю́, -даёшь *uv.*	unterrichten
ко́лледж	College
прибалти́йский, -ая, -ое, -ие	baltisch
встреча́ться, -а́юсь, -а́ешься *uv.*	sich treffen
пя́тница	Freitag
пойти́, пойду́, пойдёшь *v.*	gehen

22A/22B

со мной	mit mir
(он) бу́дет рад	(er) wird froh sein
четве́рг	Donnerstag
ве́чером	am Abend, abends
договори́ться, -рю́сь, -ри́шься v.	sich verabreden, sich einigen, übereinkommen
договори́ться о встре́че	ein Treffen vereinbaren
Приве́т Воло́де!	Grüß Wolodja!

Grammatik

среда́	Mittwoch
воскресе́нье	Sonntag

Übung 8

Ро́кко *m.*	Rocco *ital. Name*
филатели́ст	Philatelist
та́нцы *Pl.*	*hier:* Tanzabend
день рожде́ния	Geburtstag
Се́ргиев Поса́д	Sergijew Possad; *sowj.* Sagorsk

Übung 9

театра́л	Theaterfreund
ты ходи́ла на э́ту пье́су	du hast dieses Bühnenstück gesehen
пла́тье	Kleid
в э́том пла́тье	in diesem Kleid

22B Grammatik

1. Verben der Fortbewegung im Präteritum

Merken Sie sich die unregelmäßigen Präteritalformen des Verbs идти́ *(gehen)*:

	идти́
я, ты, он	шёл
я, ты, она́	шла
оно́	шло
мы, вы, они́	шли

Präsens	Präteritum
bestimmtes Verb: Сего́дня Кла́ус **е́дет** в университе́т на авто́бусе.	Сего́дня Кла́ус **е́хал** в университе́т на авто́бусе.
übertragene Bedeutung: Сего́дня **идёт** интере́сный фильм.	Сего́дня **шёл** интере́сный фильм.
unbestimmtes Verb: a)[1] В э́том году́ Мо́ника ча́сто **хо́дит** в теа́тр.	В э́том году́ Мо́ника ча́сто **ходи́ла** в теа́тр.
b) Де́ти **бе́гают** по у́лице.	Де́ти **бе́гали** по у́лице.
c) Моя́ ста́рая маши́на **е́здит** ме́дленно.	Моя́ ста́рая маши́на **е́здила** ме́дленно.
d) Мы с удово́льствием **лета́ем** на самолёте.	Мы с удово́льствием **лета́ли** на самолёте.

Auch im Präteritum gelten für den Gebrauch der unpräfigierten Verben der Fortbewegung dieselben Kriterien wie im Präsens (vgl. Lektion 21B 4).

---

[1] Zu den Bedeutungsunterschieden der Beispielsätze siehe Lektion 21B 4.

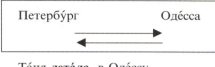

Та́ня **лета́ла** в Оде́ссу.

Когда́ она́ **лете́ла** из Оде́ссы, она́ встре́тила в самолёте Джо́на.

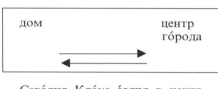

Сего́дня Кла́ус **е́здил** в центр го́рода.

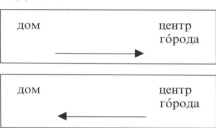

Туда́ он **е́хал** на авто́бусе, а обра́тно он **е́хал** на трамва́е.

Die Formen **ходи́л, е́здил, бе́гал, лета́л** können Bewegungen in zwei Richtungen bezeichnen, die in der Vergangenheit einmal ausgeführt wurden. In diesem Fall sind sie ihrer Bedeutung nach Synonyme zu der Verbalform **был, -á, -о, -и** z. B.:

Кла́ус **е́здил** в центр го́рода. = Кла́ус **был** в це́нтре го́рода.
Мо́ника **ходи́ла** к Ни́не. = Мо́ника **была́** у Ни́ны.

Merken Sie sich:

2. Angabe des Wochentages

Zur Angabe des Wochentages wird im Russischen der **Akkusativ mit der Präposition в/во** gebraucht.

	Когда́?
ПОНЕДЕ́ЛЬНИК	в понеде́льник
ВТО́РНИК	во вто́рник
СРЕДА́	в сре́ду
ЧЕТВЕ́РГ	в четве́рг
ПЯ́ТНИЦА	в пя́тницу
СУББО́ТА	в суббо́ту
ВОСКРЕСЕ́НЬЕ	в воскресе́нье

22C Übungen

1. *Hören Sie sich den Dialog mehrmals an. Sprechen Sie dann gleichzeitig mit Marina und Tanja.*

2. *Übersetzen Sie die Wochentage. Wie lautet das Lösungswort?*

   Sonntag
   Dienstag
   Donnerstag
   Montag
   Freitag

3. *Ersetzen Sie die Verben der Fortbewegung durch das Verb* быть. *Ändern Sie dementsprechend den Kasus des Substantivs nach dem Verb* быть.

   Muster: Я **ходи́л на вы́ставку.**
   Я **был на вы́ставке.**

   a) Сего́дня мы ходи́ли в рестора́н «Славя́нский база́р». b) Куда́ ты е́здил вчера́? Вчера́ я е́здил к жене́ в больни́цу. c) По́сле за́втрака друзья́ ходи́ли в спорти́вный клуб. d) Ле́том Джон лета́л к дру́гу в Оде́ссу. e) Я е́здил на о́зеро Байка́л. f) Вы ходи́ли вчера́ на конце́рт в филармо́нию? g) Неда́вно моско́вские студе́нты лета́ли в ФРГ. h) Вы е́здили в э́том году́ в о́тпуск? – Да, мы е́здили на Ура́л. i) Ты ходи́ла вчера́ в библиоте́ку? j) Ты не зна́ешь, Мо́ника е́здила в Москву́?

4. *Beantworten Sie die Fragen, ersetzen Sie dabei das Verb* быть *durch die Verben* е́здить *und* ходи́ть.

   Muster: – Где **была́** Мо́ника в э́том году́? (Росси́я)
   – В э́том году́ Мо́ника **е́здила в Росси́ю**.
   – Где ты **был**? (спорти́вный клуб)
   – Я **ходи́л в спорти́вный клуб**.

   е́здить

   a) Где был Джон ле́том? (Оде́сса) b) Где была́ Мари́я Степа́новна сего́дня по́сле обе́да? (парикма́херская) c) Где вы бы́ли два дня? (о́зеро) d) Где бы́ли вчера́ Мари́на и Воло́дя? (Петерго́ф) e) Где ты был сего́дня? (но́вая вы́ставка в Мане́же)

   ходи́ть

   a) Где была́ Ни́на? (Большо́й теа́тр) b) Где бы́ли ва́ши де́ти? (шко́ла) c) Где вы бы́ли сего́дня? (музе́й) d) Где был Оле́г? (лаборато́рия) e) Где бы́ли тури́сты? (Кремль)

5. *Lesen Sie die Sätze! Beachten Sie den Gebrauch der Verben der Bewegung im Präteritum!*

   a) По́сле за́втрака мы **ходи́ли** в большо́й но́вый магази́н. Когда́ мы **шли** в магазин, мы встретили Наташу. b) Вчера Клаус и его друзья **ездили** на Арбат. Туда они **ехали** на метро, а обратно они **ехали** на автобусе. c) Сегодня Марина **ходила** в университет. Когда она **шла** в университет, она купила в киоске журнал «Огонёк». d) Летом Джон **летал** к другу в Одессу. Когда он **летел** из Одессы в Петербург, он встретил в самолёте Таню.

6. *Fügen Sie anstelle der Punkte die entsprechenden Verben der Fortbewegung im Präteritum ein!*

   a) Вчера я ... к отцу в Петергоф. Когда я ... к отцу, я читала в поезде последний номер журнала «Огонёк». (ехать – ездить) b) В этом году мы ... в отпуск в Одессу. (лететь – летать) c) Вчера мы ... на вечер в Дом журналиста. Когда мы ... туда, мы говорили о новом французском фильме. (идти – ходить) d) Когда геологи ... в Петербург, они познакомились в поезде с группой из ФРГ. (ехать – ездить) e) Когда Таня ... из Одессы домой, она встретила в самолёте Джона. (лететь – летать)

7. *Lehnen Sie die Einladung ab! Geben Sie mit Hilfe von Verben der Fortbewegung den Grund an!*

   Muster: Вы хотите **пойти** со мной на балет «Иван Грозный»?
   Спасибо. Я уже **ходил/ходила** на балет «Иван Грозный».

   a) Вы хотите **поехать** с нами на Арбат?
   b) Вы хотите **пойти** сегодня на концерт в филармонию?
   c) Вы хотите **поехать** со мной летом на озеро Байкал?
   d) Вы хотите **пойти** с Мариной на рынок?
   e) Вы хотите **пойти** с нами к Джону в гостиницу «Прибалтийская»?

Сергиев Посад

22C

8. *Wera, die jüngere Schwester von Nina Belowa, hat eine ganze Woche lang Ferien. Für jeden Tag hat Wera schon etwas geplant. Hier ist ihr Terminkalender. Schauen Sie sich den Kalender an, und erzählen Sie, was Wera in den Ferien alles macht.*[1]

ПОНЕДЕ́ЛЬНИК	11.00 20.00	Литерату́рный музе́й Большо́й теа́тр, бале́т «Ива́н Гро́зный»
ВТО́РНИК	12.30	Кинотеа́тр «Ангара́», фильм «Ро́кко и его́ бра́тья»
СРЕДА́	10.00	Баскетбо́л в спорти́вном клу́бе По́сле обе́да – клуб «Филатели́ст»
ЧЕТВЕ́РГ	19.30	Ве́чер в До́ме культу́ры (конце́рт, а пото́м та́нцы)
ПЯ́ТНИЦА		Магази́ны. На́до купи́ть пода́рок Ната́ше!
СУББО́ТА	15.00	В го́сти к Ната́ше на день рожде́ния!
ВОСКРЕСЕ́НЬЕ		Экску́рсия в Се́ргиев поса́д Электри́чка отправля́ется в 9 час. 15 мин.

В понеде́льник в 11 часо́в Ве́ра идёт в Литерату́рный музе́й, а в 20 часо́в она́ идёт на бале́т «Ива́н Гро́зный» в Большо́й теа́тр. Во вто́рник ...

9. *Lesen Sie den Witz!*[1]

Театра́лы.

– Ты опя́ть идёшь в теа́тр? Ведь ты уже́ ходи́ла на э́ту пье́су.
– Да, но я ходи́ла не в э́том пла́тье.

---

[1] Beachten Sie das Vokabelverzeichnis zu dieser Lektion.

23A

23A Text

В ресторане

Es ist Freitag nachmittag. John, Marina und Tanja treffen sich in Johns Hotel. John möchte Marina und Tanja zum Abendessen einladen.

Джон:	Таня, Марина! Мне нужен ваш совет. Я хочу пригласить вас сегодня на ужин. Вы не знаете, где здесь можно хорошо поесть?
Таня:	Недалеко отсюда есть кооперативный ресторан, который мне очень нравится. Я часто хожу туда. Там хорошая русская кухня. И атмосфера приятная.
Джон:	Отлично! Давайте пойдём в этот ресторан!

Nun sind John, Marina und Tanja im Restaurant. Sie erkundigen sich beim Kellner nach einem freien Tisch.

Таня:	Скажите, этот столик свободен?
Официант:	Да, он не занят. Садитесь, пожалуйста. Вот меню.
Марина:	Спасибо, Здесь очень уютно. В углу, у окна.
Таня:	Я всегда сажусь за этот столик. Это моё любимое место.

Die Freunde schlagen die Speisekarte auf. Die Auswahl ist groß. John braucht Hilfe.

Джон:	Да, выбор большой. У меня глаза разбегаются. Танечка, посоветуй, что взять.
Таня:	Ты любишь острую пищу?
Джон:	Очень.
Таня:	Тогда возьми на первое солянку. Очень вкусный суп. А на второе блины с икрой. Я тоже возьму солянку и блины.
Марина:	А мне нужно что-нибудь диетическое. Нашла! Бульон с пирожком на первое, а на второе — овощные голубцы.
Джон:	Что мы будем пить?
Марина:	Давайте возьмём бутылку грузинского вина. Например, «Цинандали».
Джон:	Это белое или красное вино?
Марина:	Это белое столовое вино.
Таня:	Хорошо. А на десерт кофе и мороженое. Согласны?

23A

Джон и
Марина: Согласны.

Der Kellner kommt. Es wird bestellt.

Официант: Вы уже выбрали?
Джон: Да. Две солянки, один бульон с пирожком. Две порции блинов с икрой, одна порция голубцов. На десерт мороженое. Три порции. И три чашки кофе, пожалуйста.
Официант: Кофе чёрный или с молоком?
Джон: Один чёрный, два с молоком.
Официант: А закуска вам не нужна? Рекомендую на закуску наш фирменный салат. Наши гости часто берут этот салат.
Джон: Хорошо. Попробуем ваш фирменный салат.
Официант: Что будете пить?
Джон: Принесите, пожалуйста, бутылку «Цинандали».
Официант: Это всё?
Джон: Пока всё.

мне нужен совет	ich brauche einen Rat	уютно	gemütlich
пригласить, -ашу, -асишь *v.*	einladen	угол *Präp.:* в углу	Ecke
пригласить на ужин	zum Abendessen einladen	садиться за стол	sich an den Tisch setzen
поесть, поем, поешь *v.*	essen	любимый, -ая, -ое, -ые	Lieblings-
недалеко отсюда	nicht weit von hier	выбор	Auswahl
кооперативный -ая, -ое, -ые	genossenschaftlich	глаз *Nom. Pl.:* глаза разбегаться, -аюсь, -аешься *uv.*	Auge auseinanderlaufen
кооперативный ресторан	kooperatives (privates) Restaurant	У меня глаза разбегаются.	Ich weiß nicht, wo ich hinsehen soll.
который, -ая, -ое, -ые	welcher, der	острый, -ая, -ое, -ые	scharf
атмосфера	Atmosphäre	пища	Essen, Nahrung
столик	kleiner Tisch; *umg.:* Tisch im Restaurant	возьми	nimm *Imp. von* взять
свободен, -дна, -дно, -дны	frei *Kurzform von* свободный	солянка суп блин икра	Soljanka *Suppe* Suppe Pfannkuchen Kaviar
официант	Kellner	мне нужно что-нибудь	ich brauche etwas
занят, -а, -о, -ы	besetzt *Kurzform von* занятый	диетический, -ая, -ое, -ие	Diät-
садиться, сажусь, садишься *u.v.* садитесь	sich setzen setzen Sie sich	найти, найду, найдёшь *v.*	finden
меню *n. idkl.*	Speisekarte	(она) нашла	(sie) hat gefunden

бульо́н	Bouillon	по́рция	Portion
пирожо́к *Gen.:* пирожка́ *Nom. Pl.:* пирожки́	Piroschok *kleine Pastete*	ча́шка	Tasse
		молоко́	Milch
		Заку́ска вам не нужна́?	Möchten/Brauchen Sie keine Vorspeise?
голубе́ц *Gen.:* голубца́ *Nom. Pl.:* голубцы́	Kohlroulade		
		рекомендова́ть, -ду́ю, -ду́ешь *uv.*	empfehlen
овощно́й, -а́я, -о́е, -ы́е	Gemüse-	фи́рменный, -ая, -ое, -ые	Firmen-
овощны́е голубцы́	Kohlrouladen mit Gemüsefüllung	фи́рменный сала́т	Salat des Hauses
грузи́нский, -ая, -ое, -ие	grusinisch, georgisch	гость *m.*	Gast
		брать, беру́, берёшь *uv.*	nehmen; mitnehmen
наприме́р	zum Beispiel	принеси́те	bringen Sie
Цинанда́ли	Zinandali *georgischer Weißwein*	пока́	*hier:* vorerst, im Moment
столо́вый, -ая, -ое, -ые	Tisch-, Tafel-		
столо́вое вино́	Tafelwein	*Übung 7*	
десе́рт	Nachtisch	дива́н	Sofa
ко́фе *m., idkl.*	Kaffee		
моро́женое	Speiseeis	*Übung 9*	
согла́сен, согла́сна, согла́сно, согла́сны	einverstanden	понра́виться, -влю́сь, -вишься *v.*	gefallen
вы́брать, вы́беру, вы́берешь *v.*	(aus)wählen	блю́до	Gericht

23B Grammatik

1. Der Gebrauch von ну́жен

Мо́нике **ну́жен** сове́т.	*Monika braucht einen Rat.*
Фра́нцу **нужна́** ма́рка.	*Franz braucht eine Briefmarke.*
Мне **ну́жно** но́вое пла́тье.	*Ich brauche ein neues Kleid.*
Нам **нужны́** э́ти журна́лы.	*Wir brauchen diese Zeitschriften.*

Die Kurzformen des Adjektivs ну́жный, -ая, -ое, -ые *(notwendig)* lauten **ну́жен, нужна́, ну́жно, нужны́**. Sie haben die Bedeutung *notwendig sein, benötigen, brauchen*. Die Sache, die gebraucht wird, steht im Nominativ. Die Kurzform richtet sich in Genus und Numerus nach dem, was gebraucht wird. Die Person, die etwas benötigt, also das logische Subjekt, steht im Dativ.

Уже́ 12 часо́в. Тебе́ ну́жно идти́ домо́й.	*Es ist schon 12 Uhr. Du mußt nach Hause gehen.*

Die sächliche Form ну́жно wird wie на́до auch in der Bedeutung *man muß, man soll* in Verbindung mit einem Infinitiv verwendet (vgl. Lektion 8B 5).

2. Das Relativpronomen кото́рый

Недалеко́ отсю́да есть **рестора́н, кото́рый** мне о́чень нра́вится.	*Nicht weit von hier ist **ein Restaurant, das** mir sehr gefällt.*
Вот **у́лица, кото́рая** мне о́чень нра́вится.	*Hier ist **die Straße, die** mir sehr gefällt.*
В э́том магази́не продаётся **пла́тье, кото́рое** мне о́чень нра́вится.	*In diesem Geschäft wird **ein Kleid verkauft, das** mir sehr gefällt.*
Э́тот журнали́ст пи́шет **статьи́, кото́рые** мне о́чень нра́вятся.	*Dieser Journalist schreibt **Artikel, die** mir sehr gefallen.*

Das Relativpronomen **кото́рый, кото́рая, кото́рое, кото́рые** *(welcher, -e, -es, -e bzw. der, die das, die)* leitet einen Relativsatz ein. Es stimmt in Genus und Numerus mit seinem Beziehungswort überein. Im Kasus richtet es sich nach den syntaktischen Verhältnissen des Relativsatzes. Anders ausgedrückt: Das russische Relativpronomen кото́рый verhält sich genau so wie die Relativpronomen im Deutschen. Vergleichen Sie:

Ты зна́ешь э́ту де́вушку, **кото́рая** там разгова́ривает с Андре́ем?	*Kennst du **dieses Mädchen, das** sich dort mit Andrej unterhält?*
Ты зна́ешь э́ту де́вушку, **с кото́рой** там разгова́ривает Андре́й?	*Kennst du **dieses Mädchen, mit dem** sich Andrej dort unterhält?*
Вчера́ я ви́дела **фильм, о кото́ром** так мно́го писа́ли в газе́те.	*Gestern habe ich **den Film** gesehen, **über den** man soviel in der Zeitung geschrieben hat.*

3. Die Konjugation der Aspektpartner брать – взять *(nehmen)*

	брать *uv.*	взять *v.*
я	беру́	возьму́
ты	берёшь	возьмёшь
он, она́, оно́	берёт	возьмёт
мы	берём	возьмём
вы	берёте	возьмёте
они́	беру́т	возьму́т
Präteritum		
	брал, -ла́, -ло, -ли	взял, -ла́, -ло, -ли

4. Die Verben сиде́ть *(sitzen)* und сади́ться – сесть *(sich setzen)*

	сиде́ть *uv.* sitzen	сади́ться *uv.* –	сесть *v.* sich setzen
я	сижу́	сажу́сь	ся́ду
ты	сиди́шь	сади́шься	ся́дешь
он, она́, оно́	сиди́т	сади́тся	ся́дет
мы	сиди́м	сади́мся	ся́дем
вы	сиди́те	сади́тесь	ся́дете
они́	сидя́т	садя́тся	ся́дут
Präteritum:	сиде́л, -ла, -ло, -ли	сади́лся, -лась, -лось, -лись	сел, се́ла, се́ло, се́ли

Beachten Sie, daß der vollendete Aspekt сесть *(sich setzen)* kein Reflexivsuffix aufweist.

5. Infinitiv mit modaler Bedeutung

In unpersönlichen Satzkonstruktionen kann der Infinitiv modale Bedeutung haben *(man kann, man soll, man muß)*:

В рестора́не большо́й вы́бор. Что **взять**?	*Die Auswahl im Restaurant ist groß. Was **soll ich nehmen**?*
Мари́на и Воло́дя опозда́ли. Электри́чка в Петерго́ф то́лько-что ушла́. Что **де́лать**?	*Marina und Wolodja haben sich verspätet. Die Vorortbahn nach Peterhof ist gerade abgefahren. Was **ist zu tun**?*

23C Übungen

1. *Hören Sie sich die Dialoge dieser Lektion auf der Cassette mehrmals an! Sprechen Sie jeweils gleichzeitig mit den einzelnen Sprechern!*
2. *Beantworten Sie die Fragen auf der Cassette nach folgendem Muster:*
   AC: Вам ну́жен э́тот журна́л?
   Sie: Да, э́тот журна́л мне ну́жен.

   (э́тот журна́л, э́тот стул, э́та кни́га, э́та фотогра́фия, э́то письмо́, э́то пла́тье, сала́т, заку́ска, меню́, моро́женое, ко́фе, биле́ты в кино́, ру́сские сувени́ры, ста́рые газе́ты)

23C

3. *Erkundigen Sie sich nach dem Preis der folgenden Artikel:*
   Muster: Мне нýжен телевúзор. Скóлько стóит этот телевúзор?

   a) журнáл «Столúца» b) открýтка c) пластúнка грýппы «Аквáриум»
   d) красúвое плáтье e) бéлое винó f) цветы́ g) значкú

4. *Ihr Gesprächspartner auf der Cassette erzählt Ihnen, welche Arbeit er zu erledigen hat. Sagen Sie ihm dann, was Sie zu tun haben.*
   Muster: написáть письмó – написáть этот текст
   AC: Мне нýжно написáть письмó.
   Sie: А мне нýжно написáть этот текст.

   a) написáть письмó – написáть этот текст
   b) купить мáрки – купúть открытки
   c) сдéлать урóки – сдéлать нóвый проéкт
   d) пригогóвить борщ – пригогóвить пельмéни
   e) идтú домóй – идтú в университéт
   f) éхать в Гермáнию – éхать в Москвý

5. *Verbinden Sie die Sätze durch das Relativpronomen* котóрый!
   Muster: Мы бы́ли в кооперативном ресторáне. Он нахóдится в центрáльном пáрке.
   Мы бы́ли в кооперативном ресторáне, **котóрый** нахóдится в центрáльном пáрке.

   a) Я знáю студéнта. Он изучáл рýсский язы́к в Москвé.
   b) Ты смотрéл нóвый фильм? Он идёт в кинотеáтре «Мир».
   c) Я хочý познакóмить вас с млáдшей сестрóй Нúны. Онá ýчится в шкóле.
   d) Мы бы́ли на плóщади Искýсств. Онá располóжена недалекó от Нéвского проспéкта.
   e) На Нéвском проспéкте есть кафé «Сéвер». В нём мóжно хорошó поéсть.
   f) Ты не знáешь, где письмó? В нём былá фотогрáфия моегó дрýга.
   g) Тебé нрáвится эта пластúнка? Я купúла её в магазúне «Рапсóдия».
   h) Эта студéнтка хорошó говорúт по-немéцки. Я познакóмился с ней в Гермáнии.
   i) Я принёс тебé журнáл «Литератýра в шкóле». Мы вчерá говорúли о нём.
   j) Где две бутылки винá? Они стоя́ли в кýхне на столé.
   k) На столé стáрые газéты и журнáлы. Они нужны́ мне.

6. *Fügen Sie anstelle der Punkte die Verben* брать – взять *in der erforderlichen Form ein (Präsens – vollendetes Futur)!*
   Muster: Я всегдá **берý** в ресторáне чтó-нибудь диетúческое.
   Сегóдня вéчером я **возьмý** овощны́е голубцы́.

   a) Обы́чно Нúна ... в библиотéке журнáл «Москвá», но зáвтра онá ... послéдний нóмер журнáла «Невá». Там есть интерéсный расскáз.

b) Ты всегда ... на десерт мороженое? – Да, я люблю мороженое и всегда ... его на десерт. – Сегодня вечером ты тоже ... мороженое на десерт? – Конечно. Сегодня вечером я обязательно ... мороженое.

c) Вы всегда ... эти книги в университет? – Да, обычно мы ... эти книги в университет. Но сегодня Наташа и Олег ... их. Эти книги им нужны сегодня.

7. *Fügen Sie anstelle der Punkte die Verben* садиться – сесть *in der erforderlichen Form ein!*

   a) В кафе «Север» Таня всегда ... за этот столик. Но сегодня он был занят, и Таня ... на другое место.

   b) Наш телевизор стоит в углу напротив дивана. Когда мы смотрим телевизор, мы всегда ... на диван.

   c) После обеда гости ... на диван и стали смотреть диапозитивы о Сибири.

   d) Отец пришёл домой, ... за стол и начал обедать.

   e) Игорь, ты всегда ... на лекции так далеко от профессора? – Нет, обычно я ... недалеко от профессора, чтобы хорошо слышать и видеть. Но сегодня моё место было занято, и я ... здесь.

8. *Ergänzen Sie den Dialog!*

   А: _____
   Б: Да, я знаю, где можно хорошо поесть.

   А: _____
   Б: Нет, это не кафе, а маленький ресторан.

   А: _____
   Б: Нет, это недалеко отсюда.

   А: _____
   Б: Да, там хорошая русская кухня.

9. *Hören Sie, was John über seinen gestrigen Besuch im Restaurant erzählt!*

   Вчера я был с Мариной и Таней в кооперативном ресторане. На закуску я взял фирменный салат. На первое солянку, на второе овощные голубцы. А на десерт я взял мороженое. Особенно мне понравилась солянка. Рекомендую вам попробовать это блюдо.

   Jetzt stellen Sie sich vor, daß auch Sie gestern in diesem Restaurant waren. Erzählen Sie, was Sie alles gegessen haben, welches Gericht Ihnen besonders geschmeckt hat, und empfehlen Sie es Ihren Bekannten. Verwenden Sie dazu die auf der nächsten Seite abgebildete Speisekarte dieses Restaurants. Hören Sie sich aber vorher die Aussprache der Gerichte auf Ihrer Cassette an. Wiederholen Sie diese Aufgabe mehrmals, indem Sie verschiedene Varianten Ihres Mittagessens zusammenstellen!

МЕНЮ

I. ХОЛО́ДНЫЕ ЗАКУ́СКИ
1. Икра́ зерни́стая
2. Сельдь с карто́фелем
3. Шпро́ты в ма́сле
4. Ассорти́ ры́бное
5. Ассорти́ мясно́е
6. Сала́т фи́рменный
7. Сала́т из помидо́ров
8. Сала́т из огурцо́в

II. ГОРЯ́ЧИЕ ЗАКУ́СКИ
9. Грибы́ в смета́не
10. Кра́бы запечённые в овощно́м со́усе

III. СУПЫ́
11. Борщ украи́нский
12. Соля́нка мясна́я
13. Соля́нка ры́бная
14. Бульо́н с пирожко́м

IV. РЫ́БНЫЕ ГОРЯ́ЧИЕ БЛЮ́ДА
15. Треска́ отварна́я, со́ус по́льский
16. Форе́ль жа́реная

V. МЯСНЫ́Е ГОРЯ́ЧИЕ БЛЮ́ДА
17. Бифште́кс
18. Филе́ с гарни́ром
19. Шни́цель из свини́ны
20. Антреко́т
21. Бефстро́ганов
22. Шашлы́к из бара́нины

VI. ГОРЯ́ЧИЕ БЛЮ́ДА ИЗ ПТИ́ЦЫ
23. Цыпля́та «Табака́»
24. Котле́ты кури́ные

VII. ОВОЩНЫ́Е БЛЮ́ДА
25. Шни́цель из капу́сты
26. Голубцы́ овощны́е

VIII. МУЧНЫ́Е И МОЛО́ЧНЫЕ БЛЮ́ДА
27. Сы́рники со смета́ной
28. Омле́т с ветчино́й
29. Блины́ со смета́ной
30. Блины́ с варе́ньем
31. Блины́ с икро́й

IX. СЛА́ДКИЕ БЛЮ́ДА
32. Компо́т
33. Моро́женое

X. ГОРЯ́ЧИЕ НАПИ́ТКИ
34. Чай с са́харом
35. Чай с лимо́ном
36. Ко́фе чёрный
37. Ко́фе с молоко́м
38. Ко́фе с лимо́ном
39. Кака́о

XI. НАПИ́ТКИ И СО́КИ
40. Минера́льная вода́
41. Лимона́д
42. Сок я́блочный
43. Сок тома́тный

XII. АЛКОГО́ЛЬНЫЕ НАПИ́ТКИ
44. Во́дка «Столи́чная»
45. Во́дка «Моско́вская»
46. Конья́к армя́нский
47. Вино́ столо́вое бе́лое
48. Вино́ столо́вое кра́сное
49. Шампа́нское сухо́е
50. Шампа́нское полусухо́е
51. Шампа́нское сла́дкое
52. Пи́во

SPEISEKARTE

I. KALTE VORSPEISEN
1. Körniger Kaviar
2. Hering mit Kartoffeln
3. Sprotten in Öl
4. kalte Fischplatte
5. kalte Fleischplatte
6. Salat des Hauses
7. Tomatensalat
8. Gurkensalat

II. WARME VORSPEISEN
9. Pilze mit saurer Sahne
10. Krabben, in Gemüsesauce überbacken

III. SUPPEN
11. Ukrainischer Borschtsch
12. Fleischsoljanka
13. Fischsoljanka
14. Bouillon mit Pastete

IV. WARME FISCHGERICHTE
15. Gekochter Dorsch in polnischer Sauce
16. Gebratene Forelle

V. WARME FLEISCHGERICHTE
17. Beefsteak
18. Filet mit Beilage
19. Schweineschnitzel
20. Entrecote
21. Bœuf Stroganoff
22. Schaschlik aus Hammelfleisch

VI. WARME GEFLÜGELGERICHTE
23. Hähnchen „Tabaka"
24. Frikadellen aus Hühnerfleisch

VII. GEMÜSEGERICHTE
25. Schnitzel aus Weißkohl
26. Golubzy (Kohlrouladen mit Gemüsefüllung)

VIII. TEIG- UND MILCHGERICHTE
27. Syrniki mit saurer Sahne (kleine Quarkpfannkuchen)
28. Omelette mit Schinken
29. Bliny (flache Pfannkuchen) mit saurer Sahne
30. Bliny mit Konfitüre
31. Bliny mit Kaviar

IX. SÜSS-SPEISEN
32. Kompott
33. Eis

X. WARME GETRÄNKE
34. Tee mit Zucker
35. Tee mit Zitrone
36. Schwarzer Kaffee
37. Kaffee mit Milch
38. Kaffee mit Zitrone
39. Kakao

XI. GETRÄNKE UND SÄFTE
40. Mineralwasser
41. Limonade
42. Apfelsaft
43. Tomatensaft

XII. ALKOHOLISCHE GETRÄNKE
44. Wodka „Stolitschnaja"
45. Wodka „Moskowskaja"
46. Armenischer Kognak
47. Weißer Tafelwein
48. Roter Tafelwein
49. Sekt trocken
50. Sekt halbtrocken
51. Sekt süß
52. Bier

23C

 10. *Hören Sie sich den Dialog zwischen Gast (A) und Kellner (Б) an. Sprechen Sie dann gleichzeitig mit dem Gast:*

A: Принесите, пожалуйста, меню.
Б: Пожалуйста, вот меню.
A: Спасибо.
Б: Вы уже выбрали?
A: Да. Принесите, пожалуйста, на закуску сельдь с картофелем и салат из огурцов.
Б: Так, сельд с картофелем и салат из огурцов.
A: На первое бульон с пирожком.
Б: Бульон с пирожком. Хорошо.
A: На второе жареную форель.
Б: Жареную форель. Хорошо.
A: На десерт мороженое.
Б: Мороженое на десерт. Прекрасно. Что вы будете пить?
A: Минеральную воду.

 11. *Üben Sie jetzt mit Hilfe Ihrer Cassette, auf der nur die Sätze des Kellners gesprochen sind, wie man eine Bestellung im Restaurant aufgibt. Bestellen Sie folgende Gerichte:*

	Variante 1	Variante 2
закуска:	грибы в сметане	ассорти рыбное
первое:	борщ украинский	мясная солянка
второе:	отварная треска	шашлык
десерт:	компот	мороженое и чёрный кофе с лимоном
напитки:	пиво	белое столовое вино

Sprechen Sie nach dem Musterdialog in die Pausen! In der Klasse können Sie weitere Dialoge im Restaurant üben, indem der Lehrer die Rolle des Kellners übernimmt.

12. *Welches Bild paßt zu welchem Dialog?*

a)

b)

c)

24A

24A Text

Счастливого полёта!

Unsere Touristen befinden sich auf dem Weg nach Hause. Sie fliegen heute nach Deutschland. Bis zum Abflug ist es nur noch eine Stunde. Im Flughafen erledigen sie die letzten Formalitäten und nehmen Abschied von Marina.

Klaus gibt sein Gepäck auf.

Служащий аэропорта:	Поставьте, пожалуйста, ваш чемодан на весы. Сумка тоже ваша?
Клаус:	Да, моя. Но это ручной багаж.
Служащий аэропорта:	Так. У вас 10 кило лишнего веса. Что в вашем чемодане?
Клаус:	В моём чемодане много книг. Поэтому он такой тяжёлый. Что же делать?
Служащий:	Вам надо доплатить за лишний вес.
Клаус:	Платить вам?
Служащий:	Нет, в кассу.
Клаус:	А где касса?
Служащий:	Там, слева. Чек из кассы принесите мне. И тогда вы получите посадочный талон.
Клаус:	Хорошо.

Es ist Zeit, sich von Marina zu verabschieden, denn der Flug wird bereits aufgerufen.

Йозеф:	Дорогая Марина! Большое спасибо за всё, что вы для нас сделали. Это были чудесные дни. К сожалению, время летит очень быстро. Нам так жаль расставаться с вами. Мы хотели бы пригласить вас и вашего мужа к нам в Германию.
Моника:	Мы все очень надеемся на встречу в нашей стране.
Марина:	Спасибо, дорогие друзья! Спасибо за ваши тёплые слова. Спасибо за приглашение. Пишите мне. Вот, возьмите мой адрес. И приезжайте снова! А мы с Володей обязательно приедем к вам в гости.

24A

Объявле́ние по ра́дио:	Внима́ние! Объявля́ется поса́дка на самолёт, вылета́ющий ре́йсом СУ 609 по маршру́ту Санкт-Петербу́рг–Берли́н в 12 часо́в 20 мину́т. Про́сьба пассажи́ров пройти́ на поса́дку.
Кла́ус:	Слы́шите? Объяви́ли поса́дку на наш самолёт. Пора́ проща́ться. Ну, Мари́на, до свида́ния. Не забыва́й, пиши́!
Мо́ника:	Мари́ночка, всего́ хоро́шего. До но́вой встре́чи!
Франц:	Мари́на, вы са́мая симпати́чная перево́дчица в Росси́и!
Мари́на:	Спаси́бо за комплиме́нт, Франц.
Франц:	Это не комплиме́нт, а пра́вда. Я никогда́ не забу́ду э́то на́ше путеше́ствие. До свида́ния!
Йо́зеф:	До встре́чи в Герма́нии! Бу́ду рад ви́деть вас в на́шем до́ме.
Мари́на:	До свида́ния! Счастли́вого полёта!

полёт	Flug	так	so
Счастли́вого полёта!	Guten (wörtl.: glücklichen) Flug!	кило́	Kilo
слу́жащий m.	Angestellter	вес	Gewicht
аэропо́рт	Flughafen	ли́шний, -яя, -ее, -ие	überschüssig
поста́вить, -влю, -вишь v.	(hin)stellen	ли́шний вес	Übergewicht
поста́вьте!	stellen Sie!	в ва́шем чемода́не	in Ihrem Koffer
чемода́н	Koffer	в моём чемода́не	in meinem Koffer
весы́ Pl.	Waage	поэ́тому	darum, deswegen
ручно́й, -а́я, -о́е, -ы́е	Hand-	тяжёлый, -ая, -ое, -ые	schwer
бага́ж	Gepäck	доплати́ть, -ачу́, -а́тишь v.	nachzahlen, zuzahlen

24A/24B

доплатить за лишний вес	für Übergewicht bezahlen	рейс	Fahrt, Flug, Route
посадочный, -ая, -ое, -ые	zum Einsteigen bestimmt	маршрут	Marsch-, Reiseroute, Linie
талон	Talon	самолёт, вылетающий рейсом ... по маршруту Санкт-Петербург–Берлин	Flug ... Sankt Petersburg–Berlin
посадочный талон	Bordkarte		
чудесный, -ая, -ое, -ые	wunderbar		
нам так жаль	es tut uns so leid	просьба	Bitte
расставаться с + Instr., расстаюсь, расстаёшься uv.	von jmdm. Abschied nehmen	пассажир	Passagier *hier:* Fluggast
мы хотели бы надеяться на + Akk., -еюсь, -еешься v.	wir möchten gerne hoffen auf	пройти, пройду, пройдёшь v.	durchgehen
		Просьба пассажиров пройти на посадку!	Die Fluggäste bitte zum Einsteigen!
в нашей стране	in unserem Land	объявить, -явлю, -явишь v.	verkünden, ausrufen, aufrufen
тёплый, -ая, -ое, -ые	warm	прощаться, -аюсь, -аешься uv.	sich verabschieden
слово *Nom. Pl.:* слова	Wort	забывать, -аю, -аешь uv.	vergessen
пишите!	schreiben Sie!		
адрес	Adresse	не забывай!	vergiß nicht!
приезжайте¹ в гости	kommen Sie zu Besuch	комплимент	Kompliment
объявление	Bekanntmachung, Ankündigung	правда	Wahrheit
		никогда	nie, niemals
объявление по радио	Lautsprecheransage	путешествие	Reise
Внимание! объявляется посадка	Achtung! Aufruf zum Einsteigen	*Übung 3*	
		пол	Fußboden

24B Grammatik

1. Die Verben стоять *(stehen)* und ставить – поставить *(stellen)*

	стоять *stehen*	(по)ставить *stellen*
я	стою	(по)ставлю
ты	стоишь	(по)ставишь
он, она, оно	стоит	(по)ставит
мы	стоим	(по)ставим
вы	стоите	(по)ставите
они	стоят	(по)ставят

---

[1] зж wird wie langes ж gesprochen

Merken Sie sich den Gebrauch folgender Verben:

	Где?		Куда?
стоя́ть	на столе́	ста́вить поста́вить	на стол
сиде́ть	в кре́сле	сади́ться сесть	в кре́сло

2. Der Präpositiv Singular der Possessivpronomen мой, твой, наш, ваш

	Nominativ	Präpositiv
m.	Э́то **мой** но́вый дом. Э́то **твой** но́вый дом?	В **моём** но́вом до́ме 5 ко́мнат. Ско́лько ко́мнат в **твоём** но́вом до́ме?
f.	Э́то **моя́** су́мка. Э́то **твоя́** су́мка?	В **мое́й** су́мке слова́рь. Что в **твое́й** су́мке?
n.	Э́то **моё** письмо́. Э́то **твоё** письмо́.	В **моём** письме́ откры́тка с ви́дом Москвы́. В **твоём** письме́ откры́тка с ви́дом Оде́ссы.

	Nominativ	Präpositiv
m.	Э́то **наш** но́вый дом. Э́то **ваш** но́вый дом?	В **на́шем** но́вом до́ме есть лифт. В **ва́шем** но́вом до́ме есть лифт?
f.	Э́то **на́ша** но́вая кварти́ра. Э́то **ва́ша** но́вая кварти́ра?	В **на́шей** но́вой кварти́ре есть балко́н. В **ва́шей** но́вой кварти́ре есть балко́н?
n.	Э́то **на́ше** но́вое кафе́. Э́то **ва́ше** но́вое кафе́?	В **на́шем** но́вом кафе́ хоро́шая ру́сская ку́хня. В **ва́шем** но́вом кафе́ хоро́шая ру́сская ку́хня.

24B

3. Der Akkusativ der Possessivpronomen мой, твой, наш, ваш

Genus	Nominativ Singular	Akkusativ Singular
m. unbelebt	Это **мой** чемода́н. Вот **твой** а́дрес.	Поста́вьте **мой** чемода́н на весы́. Я зна́ю **твой** а́дрес.
belebt	Это **мой** брат. Это **твой** брат?	Вы зна́ете **моего́** бра́та? Я зна́ю **твоего́** бра́та.
f.	Это **моя́** кни́га. Это **твоя́** сестра́.	Да́йте мне **мою́** кни́гу. Вчера́ я ви́дел **твою́** сестру́.
n.	Это **моё** пла́тье. Это **твоё** пла́тье?	Хо́чешь посмотре́ть **моё** пла́тье? Дай мне посмотре́ть **твоё** пла́тье!
m. (unbel.), f. (unbel.), n.	Nominativ Plural Это **мой** кни́ги. Это **твой** кни́ги?	Akkusativ Plural Возьми́те **мой** кни́ги. Мо́жно взять **твой** кни́ги?

Genus	Nominativ Singular	Akkusativ Singular
m. unbelebt	Это **наш** сто́лик. Это **ваш** сто́лик?	Кто сел за **наш** сто́лик? Мы се́ли за **ваш** сто́лик.
belebt	Это **наш** оте́ц. Это **ваш** оте́ц?	Вы зна́ете **на́шего** отца́? Мы зна́ем **ва́шего** отца́.
f.	Это **на́ша** сестра́. Это **ва́ша** сестра́?	Вы уже́ ви́дели **на́шу** сестру́? Мы впервы́е ви́дим **ва́шу** сестру́.
n.	Это **на́ше** ме́сто. Это **ва́ше** ме́сто?	Кто сел на **на́ше** ме́сто? Мы се́ли на **ва́ше** ме́сто.
m. (unbel.), f. (unbel.), n.	Nominativ Plural Это **на́ши** кни́ги. Это **ва́ши** кни́ги?	Akkusativ Plural Кто взял **на́ши** кни́ги? Мы взя́ли **ва́ши** кни́ги.

24B/24C

4. Die Struktur я хотел бы ...

| Я хотел бы пригласить вас в гости. | Ich möchte/würde Sie gerne (zu mir zu Besuch) einladen. |

Die Struktur хотел бы wird zum höflichen Ausdruck eines Wunsches oder Anliegens verwendet. Es handelt sich hierbei um den Konjunktiv. Das Verb erscheint in der Vergangenheitsform, nach ihm folgt die Partikel бы. Eine Frau würde deshalb sagen: «Я хотела бы ...», und die Pluralform lautet: хотели бы.

24C Übungen

1. *Hören Sie sich die Dialoge dieser Lektion mehrmals an! Sprechen Sie mit!*

2. *Sprechen Sie folgende Wörter nach! Achten Sie auf die Aussprache der markierten Vokale **a**, **я** und **e** in unbetonter Position!*
   тяжёлый чемодан, обязательно, к сожалению, объявляется посадка, счастливого полёта

3. *Gestern feierte Wera mit ihren Schulkameraden ihren Geburtstag. Es war eine ganz tolle Party! Und heute sah ihr kleines Zimmer entsprechend aus. Schauen Sie sich das Bild an, und beantworten Sie die Fragen. Lernen Sie aber zuerst noch ein neues Wort:*

   пол   *Fußboden*   где? на полу

   Und hier sind die Fragen:
   a) Где стоит стул?
   b) Где стоит телефон?
   c) Где стоят бутылки?
   d) Где стоят цветы?
   e) Где стоит лампа?

24C

Den ganzen Tag hat Wera ihr Zimmer aufgeräumt. Endlich ist alles wieder in Ordnung. Schauen Sie sich das zweite Bild an, und sagen Sie, was Wera gemacht hat.

f) Куда́ Ве́ра поста́вила стул?
g) Куда́ Ве́ра поста́вила телефо́н?
h) Куда́ Ве́ра поста́вила буты́лки?
i) Куда́ Ве́ра поста́вила цветы́?
j) Куда́ Ве́ра поста́вила ла́мпу?

4. *Fügen Sie anstelle der Punkte die Possessivpronomen* мой, твой, наш, ваш *im Präpositiv ein!*
   a) Э́то мой стол. На ... столе́ стои́т ла́мпа.
   b) Э́то твоя́ маши́на? В ... маши́не есть ра́дио?
   c) Э́то моё окно́. На ... окне́ стоя́т цветы́.
   d) Э́то ваш чемода́н? Что в ... чемода́не?
   e) Э́то наш дом. В ... до́ме нет ли́фта.
   f) Э́то на́ша у́лица. На ... у́лице есть хоро́ший рестора́н.
   g) Э́то ва́ше ме́сто? Кто сиди́т на ... ме́сте?
   h) Э́то ва́ша лаборато́рия? Кто рабо́тает в ... лаборато́рии?

5. *Fügen Sie anstelle der Punkte die Pronomen* мой, твой, наш, ваш *im Akkusativ ein!*

   мой – твой
   a) – Ты чита́л ... статью́ в после́днем но́мере газе́ты?
      – Да, я чита́л ... статью́. Ты интере́сно пи́шешь о но́вом теа́тре.
   b) – Здесь бы́ло моё но́вое пла́тье. Где оно́? – Я ви́дела ... пла́тье в ко́мнате на дива́не.
   c) – Ты зна́ешь ... ста́ршего бра́та? – Нет, не зна́ю. Я зна́ю то́лько ... мла́дшую сестру́.
   d) – Куда́ ты поста́вил ... стул? – Я поста́вил ... стул о́коло окна́, потому́ что ты лю́бишь сиде́ть там.
   e) – Кто взял ... журна́лы? Я не ви́жу их на столе́. – Кла́ус взял ... журна́лы.

наш – ваш

a) – Мы е́дем в о́тпуск на о́зеро Байка́л. Но у нас нет пала́тки. У вас есть пала́тка? – Да, есть. Вы мо́жете взять ... пала́тку и ... рюкзаки́. – Спаси́бо. Мы с удово́льствием возьмём ... пала́тку. А рюкзаки́ у нас есть.

b) – Здесь бы́ло на́ше молоко́. Кто вы́пил ... молоко́? – Извини́те, э́то мы вы́пили ... молоко́.

c) – У нас в гру́ппе есть но́вый студе́нт. Вы уже́ ви́дели ... но́вого студе́нта? – Да, мы ви́дели ... но́вого студе́нта. О́чень симпати́чный молодо́й челове́к.

d) – Мы бы́ли неда́вно в Москве́. Мы мно́го фотографи́ровали. Та́ня, хо́чешь посмотре́ть ... моско́вские фотогра́фии? – Коне́чно, я хочу́ посмотре́ть ... фотогра́фии.

6. *Bitten Sie Ihren Bekannten um Erlaubnis, etwas von seinen Sachen zu nehmen!*

Muster: журна́л
       a) Мо́жно взять ваш журна́л?
       b) Мо́жно взять твой журна́л?

газе́та, фотоаппара́т, зе́ркало, значки́, письмо́, рюкза́к, откры́тка, кни́ги, ча́шка, стул, пласти́нки, скри́пка

7. *Erlauben Sie Ihrem Bekannten, etwas von Ihren Sachen zu nehmen! Sprechen Sie in die Pausen.*

Muster: AC: Мо́жно взять ва́ши диапозити́вы?
     Sie: Коне́чно, вы мо́жете взять мои́ диапозити́вы.

ра́дио, гита́ра, слова́рь, чемода́н, ма́рки, шампа́нское, велосипе́д, ла́мпа, фотогра́фии, весы́, меню́, голубцы́

8. *Können Sie Ihren Wunsch etwas höflicher zum Ausdruck bringen?*

Muster: **Я хочу́ купи́ть** ру́сские сувени́ры.
       Я хоте́л бы купи́ть ру́сские сувени́ры.

a) Я хочу́ познако́миться с ва́шей семьёй.
b) Я хочу́ показа́ть тебе́ но́вые фотогра́фии.
c) Я хочу́ взять ваш велосипе́д.
d) Я хочу́ послу́шать ва́ши стихи́.
e) Я хочу́ попро́бовать твой борщ.
f) Я хочу́ рассказа́ть вам о Москве́.
g) Я хочу́ посмотре́ть э́тот фильм.
h) Я хочу́ прочита́ть э́тот рома́н.

24C

9. *Ergänzen Sie folgende Dialoge! Gebrauchen Sie die rechts stehenden Wendungen!*

a) А: До свидания, Клаус!
Мы были очень рады видеть вас в нашем доме!
Б: ....

b) А: Наташа, знаешь, ты самая симпатичная девушка в нашей группе.
Б: ....

c) А: Николай Алексеевич, я хотел бы пригласить вас в кино. У меня есть лишний билет.
Б: С удовольствием пойду с вами в кино. ....

d) А: Добрый вечер, Серёжа! Проходи, пожалуйста!
Б: Ниночка, здравствуй! Я не забыл, у тебя сегодня день рождения. Это для тебя. Розы и пластинка.
А: О! ....

> Спасибо за комплимент.
> Спасибо за приглашение.
> Спасибо за подарок.
> Спасибо за чудесный вечер.

Hören Sie jetzt diese Dialoge auf Ihrer Cassette, und überprüfen Sie sich!

10. *In seinem Russischkurs an der Volkshochschule erzählt Franz von seiner Reise nach Rußland. Übersetzen Sie seine Erzählung ins Russische!*

In diesem Jahr war ich im Urlaub in Rußland. Ich reiste drei Wochen mit einer kleinen Gruppe. Zuerst waren wir in Moskau. Am Flughafen (В аэропорту) empfing uns unsere Dolmetscherin Marina Scharowa. Marina ist Studentin. Sie studiert Deutsch an der Universität. Alle Touristen in unserer kleinen Gruppe lernen Russisch, deshalb sprach Marina gewöhnlich russisch mit uns. Aber manchmal, wenn wir etwas nicht verstanden, erklärte sie es uns auf deutsch.
Von Moskau aus fuhren wir mit dem Zug nach St. Petersburg. Im Zug lernten wir eine junge Familie kennen. Das waren die Geologen Olga und Sergej aus St. Petersburg. Sie luden uns zu sich ein. Das war ein wunderbarer Abend. Olga und Sergej machten für uns ein typisch russisches Essen: verschiedene Vorspeisen, Borschtsch und Pelmeni. Nach dem Essen zeigten Sie uns ihre neuen Dias von Sibirien. In Moskau und St. Petersburg hatten wir ein sehr interessantes Programm: Stadtrundfahrten, Museen, Theater.
Von St. Petersburg flogen wir nach Hause. Jetzt werden wir Marina Briefe schreiben. Wir haben sie und ihren Mann zu uns nach Deutschland eingeladen. Wir hoffen, daß sie in unser Land kommen.
Und ich möchte in einem Jahr wieder nach Rußland fahren. Nach Sibirien!

Russisch-Deutsches Wörterverzeichnis

А
а und, aber, 1A
автóбус Autobus, 2A
администрáтор Administrator, Empfangschef, 7A
áдрес Adresse, 24A
аквáриум Aquarium, 18C
аккордеóн Akkordeon, 21B
актуáльный aktuell, 13A
аллó Hallo, 6A
англи́йский englisch, 22A
Áнглия England, 21A
ансáмбль Ensemble, 15A
аппети́т Appetit, 19A
аптéка Apotheke, 8A
аргумéнт Argument, Beweis, 1A
áрмия Armee, 14A
архитéктор Architekt, 9A
архитектýра Architektur, 9A
архитектýрный architektonisch, 15A
атмосфéра Atmosphäre, 23A
аэропóрт Flughafen, 24A

Б
багáж Gepäck, 24A
базáр Markt, 11A
Байкáл Baikal(see), 20A
балéт Ballett, 11A
балкóн Balkon, 9A
бар Bar, 7A
баскетбóл Basketball, 21B
бéгать, -аю, -аешь *uv.* laufen, 21B
бежáть, бегý, бежи́шь *uv.* laufen, 21B
белорýсский belorussisch, 11C
Бéльгия Belgien, 21A
бéлый weiß, 10A
бéрег *Pl.:* берегá Ufer, 15A
берёзка kleine Birke, 17A
Берли́н Berlin, 1A
беспокóиться, -óюсь, -óишься *uv.* sich Sorgen machen, sich aufregen, 18A
библиотéка Bibliothek, 15A
билéт Fahrkarte, Eintrittskarte, 12A
биóлог Biologe, 9A
биолóгия Biologie, 10A
би́ржа Börse, 15A
блин Pfannkuchen, 23A
блонди́н blonder Mann, 11C
блю́до *Pl.:* блю́да Gericht, 23C
бóлен krank, 22A
больни́ца Krankenhaus, 9A
бóльше всегó vor allem, über alles, am meisten, 21A
большóй groß, 5A
борщ Borschtsch *Rote-Bete-Suppe,* 19A
боти́нок *Pl.:* боти́нки Schuh, 11C
брат *Pl.:* брáтья Bruder, 9A
брать, берý, берёшь *uv.* nehmen, 23A
бýдет ergibt, 8C
бульóн Bouillon, 23A
буты́лка Flasche, 17A
бы *Partikel* 24A
бывáть, -вáю, -вáешь *uv.* sein, zu sein pflegen, 13A
бы́вший ehemalig, 15A
бы́стро schnell, 5A
быть *uv.* sein, 9A

В
в in, 4A
вагóн Waggon, 12A
вáза Vase, 20C
вáнна Badewanne, 7A
вáнная Badezimmer, 9A
вари́ть, варю́, вáришь *uv.* kochen, 19A
ваш, вáша, вáше, вáши euer, Ihr 1A, 3A
ведь doch, ja, 10A
вездé überall, 14A
велосипéд Fahrrad, 21C
верну́ться, -нýсь, -нёшься *uv.* zurückkehren, 22A
вес Gewicht, 24A
вестибю́ль *m.* Vorhalle, Vestibül, 6A
весы́ *Pl.* Waage, 24A
весь ganz, 16A
вéчер Abend, 7A Abendveranstaltung, 11A
вéчером am Abend, abends, 22A
взять, возьмý, возьмёшь *v.* nehmen, 17A
вид Aussicht, Ausblick, 7A
ви́ден, виднá, ви́дно, видны́ (ist/sind) zu sehen, 15A
видеосалóн Videosalon, Videocafé, 8A
ви́деть, ви́жу, ви́дишь *uv.* sehen, 10A
винегрéт Rote-Bete-Salat, 19A
винó Wein, 17A
вкýсно es schmeckt, es ist lecker, 19A
владéть, -дéю, -дéешь *uv.* beherrschen, 21A
вмéсте zusammen, 9A
внимáние Achtung, 24A
водá Wasser, 19A
вóдка Wodka, 17C
вокзáл Bahnhof, 8A
волейбóл Volleyball, 21B
восемнáдцатый achtzehnter, 17B
восемнáдцать achtzehn, 10B
вóсемь acht, 8B
вóсемьдесят achtzig, 12B
восемьсóт achthundert, 20B
воскресéнье Sonntag, 22B
востóк Osten, 20A
восьмóй achter, 17B
вот hier, da, 3A
вот и da ist (schon), 8A
впадáть, -áю, -áешь *uv.* münden, 20A
впервы́е zum ersten Mal, 9A
врач Arzt, 9A
врéмя *n.* Zeit, 10A
все alle, 5A
всегдá immer, 10A
всеми́рно Welt-, 15A
всеми́рно извéстный weltbekannt, 15A
всё alles, 13A
встрéтить, встрéчу, встрéтишь *v.* treffen, begegnen, 14A
встрéтиться, -éчусь, -éтишься *v.* sich treffen, 16B
встрéча Begegnung, Treffen, 5A
встречáть, -áю, -áешь *uv.* treffen, begegnen, 18C
встречáться, -áюсь, -áешься *uv.* sich treffen, 16B
втóрник Dienstag, 22A
второй zweiter, 17A
вчерá gestern, 9A
вы ihr, Sie, 1A
вы́бор Auswahl, 18A
вы́брать, вы́беру, вы́берешь *v.* (aus)wählen, 23A
вылетáющий, -ая, -ое, -ие

227

Russisch-Deutsches Wörterverzeichnis

abfliegend, 24A
вы́писать, вы́пишу, вы́пишешь v. abonnieren, 21C
выпи́сывать, -аю, -аешь uv. abonnieren, 13A
вы́пить, вы́пью, вы́пьешь v. (aus)trinken, 19A
высо́кий hoch, groß, 8A
вы́ставка Ausstellung, 11A
выступа́ть, -а́ю, -а́ешь uv. auftreten, 11A
вытека́ть, -а́ю, -а́ешь uv. entspringen, auslaufen, 20A
вы́учить, вы́учу, вы́учишь v. lernen, 16C
выходи́ть, -ожу́, -о́дишь uv. hinausgehen, 18A

Г

газе́та Zeitung, 13A
галантере́я Galanterie-, Kurzwaren, 17C
гара́ж Garage, 3A
гастроно́м Lebensmittelgeschäft, 8A
где wo, 2A
гео́лог Geologe, 14A
геогра́фия Geografie, 14A
Герма́ния Deutschland, 21A
гид Reiseführer(in), 1A
гита́ра Gitarre, 21B
гла́вный Haupt-, 15A
глаз Pl.: глаза́ Auge, 23A
глубина́ Tiefe, 20A
глубо́кий tief, 20A
говори́ть, -рю́, -ри́шь uv. sprechen, 5A
год Jahr, 9A
голубе́ц Pl.: голубцы́ Kohlroulade, 23A
гора́ Berg, 20A
го́рный Berg-, Bergbau-, 14A
го́род Stadt, 5A
господи́н Pl.: господа́ Herr, 1A
госпожа́ Frau, 1A
гости́ница Hotel, 5A
гость m. Gast, 23A
гото́в, гото́ва, гото́во, гото́вы fertig, 18A
гото́вить, -влю, -вишь uv. kochen, zubereiten, 16A
грузи́нский grusinisch, georgisch, 23A
гру́ппа Gruppe, 5A

гру́стно traurig, 12A
гуля́ть, -я́ю, -я́ешь uv. spazierengehen, 11A

Д

да ja, 1A
дава́ть, даю́, даёшь uv. geben, 12A
давно́ längst, 18A
да́же sogar, 7A
да́льний fern, entfernt, 20A
Да́ния Dänemark, 21A
дать v. geben, 16B
два m, n. zwei, 8A
двадца́тый zwanzigster, 17B
два́дцать zwanzig, 10A
две f. zwei, 8A
двена́дцатый zwölfter, 17B
двена́дцать zwölf, 10A
дверь f. Tür, 12A
две́сти zweihundert, 20B
двор Hof, 17A
дворе́ц Pl.: дворцы́ Palast, Schloß, 15A
дворцо́вый Schloß-, 15A
де́вочка Mädchen, 11C
де́вушка erwachsenes Mädchen, junge Frau, 5A
девяно́сто neunzig, 12B
девятна́дцать neunzehn, 10B
девя́тый neunter, 17B
девятна́дцатый neunzehnter, 17B
де́вять neun, 8B
девятьсо́т neunhundert, 20B
де́душка Großvater, 9A
действи́тельно tatsächlich, 13A
де́лать, -аю, -аешь uv. machen, tun, 4A
де́ло Sache, Ding, Angelegenheit, 4A
де́льта Delta, 15A
день Pl.: дни Tag, 6A
десе́рт Nachtisch, 23A
деся́тый zehnter, 17B
де́сять zehn, 8B
де́ти Pl. Kinder, 3A
де́тский Kinder-, 8A
джаз Jazz, 11C
диапозити́в Dia, 14A
дива́н Sofa, 23C
диети́ческий Diät-, 23A
длина́ Länge, 20A
для + Gen. für, 14A

дневни́к Tagebuch, 9A
днём am Tage, tagsüber, 14A
до + Gen. bis, 5A
до́брый gut, 6A
договори́ться, -рю́сь, -ри́шься v. sich verabreden, sich einigen, übereinkommen, 22A
до́ктор Pl.: доктора́ Doktor, 12C
докуме́нт Dokument, 13A
документа́льный dokumentarisch, 14C
до́лго lange, 9A
до́лжен, должна́, должно́, должны́ müssen, sollen, verpflichtet sein, 18A/B
дом Pl.: дома́ Haus, 3A
до́ма zu Hause, 14A
домо́й nach Hause, 14A
домохозя́йка Hausfrau, 4A
доплати́ть, -ачу́, -а́тишь v. nachzahlen, zuzahlen, 24A
до́рого teuer, 17A
дорого́й teuer, teuer, 1A
дочь Pl.: до́чери Tochter, 3A
дре́вний (ur)alt, antik, 20A
друг Pl.: друзья́ Freund, 1A
друг дру́га einander, 20A
друго́й anderer, 7A
дру́жба Freundschaft, 8A
ду́мать, -аю, -аешь uv. denken, 7A
душ Dusche, 7A

Е

его́ sein, 9A
еди́нственный einziger, 20A
её ihr, 9A
е́здить, е́зжу, е́здишь uv. fahren, 21A
е́сли wenn, falls, 10A
есть es gibt, es ist/sind da, 7A
есть, ем, ешь uv. essen, 19A
е́хать, е́ду, е́дешь uv. fahren, 8A
ещё noch, 5A

Ж

жаль (es ist) schade, 24A
ждать, жду, ждёшь uv. warten, 12A
же denn, doch, aber, 7A
жена́ Pl.: жёны Ehefrau, 3A
жи́вопись f. Malerei, 11A

Russisch-Deutsches Wörterverzeichnis

живо́тный Tier-, 20A
жизнь *f.* Leben, 15A
жить, живу́, живёшь *uv.* wohnen, leben, 6A
журна́л Zeitschrift, 13A
журнали́ст Journalist, 11A

З
за + *Akk.* für, 14A
забыва́ть, -а́ю, -а́ешь *uv.* vergessen, 24A
заво́д Werk, Betrieb, 4A
за́втра morgen, 11A
за́втрак Frühstück, 11A
загс Standesamt *Abkürzung,* 18A
зайти́, зайду́, зайдёшь *v.* hin(ein)gehen, vorbeischauen, 17A
заку́ска Vorspeise, 19A
замеча́тельный hervorragend, 19A
за́муж: выходи́ть ~ heiraten von der Frau, 18A
занима́ть, -а́ю, -а́ешь *uv.* besetzen, einnehmen, 12A
занима́ться, -а́юсь, -а́ешься + *Instr. uv.* sich (mit etw.) beschäftigen, 16A
за́нят, занята́, за́нято, за́няты besetzt, 23A
заня́ть, займу́, займёшь *v.* einnehmen, besetzen, 18C
зао́чно extern, als Fernstudent, 9A
запи́ска Zettel mit Notiz, 19C
звать, зову́, зовёшь *uv.* nennen, 10A
звони́ть, -ню́, -ни́шь *uv.* anrufen, 6A
зда́ние Gebäude, 10A
здесь hier, 7A
здоро́вье Gesundheit, 19A
здра́вствуй(те) Guten Tag, 1A
земля́ Erde, 20A
зени́т Zenit, 17C
зе́ркало Spiegel, 11C
зи́мний Winter-, winterlich, 15A
знако́миться, -млюсь, -мишься *uv.* sich (miteinander) bekannt machen, 16B
знамени́тый berühmt, 15A
знать, зна́ю, зна́ешь *uv.* wissen, 4A; kennen, 9a
значо́к *Pl.:* значки́ Abzeichen, 13A

И
игла́ Nadel, 10A
игра́ть, -а́ю, -а́ешь *uv.* spielen, 8A
игру́шка Spielzeug, 17C
иде́я Idee, Gedanke, 14A
идти́, иду́, идёшь *uv.* gehen, 8A
из + *Gen.* aus, 1A
изве́стие Nachricht, 13A
изве́стно bekannt, 20A
изве́стный berühmt, bekannt, 11A
изуча́ть, -а́ю, -а́ешь *uv.* erlernen, studieren, 4A
изучи́ть, изучу́, изу́чишь *v.* erlernen, studieren, 16B
икра́ Kaviar, 23A
и́ли oder, 17A
иллюстра́ция Illustration, 13A
и́мя *n.* Vorname, 9C
инжене́р Ingenieur, 4A
иногда́ manchmal, 13A
иностра́нный ausländisch, 20A
институ́т Institut, 9A
интервью́ *n.* Interview(s), 13A
интере́сно interessant, 4A
интере́сный interessant, 5A
интересова́ть, -су́ю, -су́ешь *uv.* interessieren, 11A
интересова́ться, -у́юсь, -у́ешься *uv.* + *Instr.* sich für etw. interessieren, 14A
интернациона́льный international, 11C
информа́ция Information, 13A
иску́сство Kunst, 15A
исто́к Quelle, Ausfluß, 20A
исто́рик Historiker, 13A
Ита́лия Italien, 21A
их ihr, ihnen gehörig, 9A

К
к + *Dat.* zu, 14A
Кавка́з Kaukasus, 14A
ка́ждый jeder, 14A
как wie, 1A
како́й welcher, was für ein, 5B

како́й-нибудь irgendein, 17A
Калифо́рния Kalifornien, 22A
кана́вка kleiner Graben, 15C
Кана́да Kanada, 21A
канцеля́рский Büroartikel-, Schreibwaren-, 17C
капу́ста Kohl, Kraut, 19A
ка́сса Kasse, 17A
кафе́ Café, 8A
кварти́ра Wohnung, 9A
квита́нция Beleg, Quittung, 17A
кило́ Kilo, 24A
киломе́тр Kilometer, 20A
кино́ Kino, 21A
кинотеа́тр Kino, 8A
кио́ск Kiosk, 13A
класси́ческий klassisch, 21C
кли́мат Klima, 14A
клуб Klub, 21A
кни́га Buch, 11A
кни́жный Buch-, 15A
князь *m.* Fürst, 11C
когда́ wenn, 5A
ко́лледж College, 22A
коллекциони́ровать, -рую, -руешь *uv.* sammeln, 21A
колле́кция Kollektion, Sammlung, 21A
коло́нна Säule, 15A
коме́дия Komödie, 15A
коммерса́нт Kaufmann, Großhändler, 13A
коммуна́льный kommunal, 9A
ко́мната Zimmer, 9A
комплиме́нт Kompliment, 24A
конве́рт Briefumschlag, 13A
коне́ц *Pl.:* концы́ Ende, 16A
коне́чно natürlich, 10A
конце́рт Konzert, 11A
конча́ть, -а́ю, -а́ешь *uv.* beenden, 21B
конча́ться *1. und 2. Person ungebr.* -а́ется *uv.* enden, 15A
ко́нчить, ко́нчу, ко́нчишь *v.* beenden, 21B
конья́к Kognak, 19A
коопераи́вный kooperativ, genossenschaftlich, 23A
копе́йка Kopeke, 17B

229

Russisch-Deutsches Wörterverzeichnis

коридор Korridor, 7A
корпус Gebäude, 14C
космос Weltall, 7C
котлета Frikadelle, 16A
который der, welcher, 23A
кофе *m.* Kaffee, 23A
красивый schön, 3A
красный rot, 5A
Кремль *m.* Kreml, 1B
крепость *f.* Festung, 15A
кресло Sessel, 7C
кровать *f.* Bett, 7C
кроме того außerdem, 17A
кстати übrigens, 17A
кто wer, 2A
кулинарный kulinarisch, 21A
культура Kultur, 11A
купе Abteil, 12A
купить, куплю, купишь *v.* kaufen, 17A
кусок *Pl.:* куски Stück, 19A
кухня Küche, 9A

Л

лаборатория Laboratorium, 10A
лампа Lampe, 7C
легенда Legende, 20A
лекция Vorlesung, 11A
ленинградский Leningrader, 12A
ленинский Lenin-, leninistisch, 8C
летать, -аю, -аешь *uv.* fliegen, 21B
лететь, лечу, летишь *uv.* fliegen, 20A
летний Sommer-, 21A
лето Sommer, 14A
летом im Sommer, 21A
лимнологический limnologisch, 20A
лимонад Limonade, 19A
литература Literatur, 11A
литературный literarisch, Literatur-, 13A
лифт Aufzug, 7A
лишний überschüssig, 24A
ложка Löffel
любимый Lieblings-, 23A
любить, люблю, любишь *uv.* lieben, 18A
люди *Pl.* Menschen, 5A

М

магазин Geschäft, Kaufhaus, 8A

маленький klein, 5A
мало wenig, 19B
малый klein, 15A
мама Mama, Mutti, 14C
манеж Manege, 11A
марка Briefmarke, 13A
маршрут Marsch-, Reiseroute, Linie, 15C
мастер Meister, 11C
матрёшка Matrjoschka Puppe in der Puppe, 17A
матч Spiel, sportlicher Wettkampf, 11A
мать *f.* Mutter, 3A
машина Auto, Wagen, 3A
медицинский medizinisch, 13A
медленно langsam, 12A
меню *n.* Speisekarte, 23A
место Platz, Ort, Stelle, 12A
метро U-Bahn, 8A
мечтать, -аю, -аешь *uv.* träumen, 14A
микробиология Mikrobiologie, 13C
миллион Million, 20A
минеральный Mineral-, 19A
минус minus, 8C
минута Minute, 12A
мир Welt, 13A
младший jüngerer, 9A
много viel, 9A
можно man kann, man darf, 19A
мой, моя, моё, мои mein, 1A, 3B
молодец *Pl.:* молодцы Prachtkerl, Prachtmädel, bravo, alle Achtung, 16A
молодой jung, 20A
молоко Milch, 23A
молча schweigend, 18C
море Meer, 1B
мороженое Speiseeis, 23A
Москва Moskau, 1A
московский Moskauer, 10A
мост Brücke, 15A
мотоцикл Motorrad, 21A
мочь, могу, можешь *uv.* können, 7A
муж *Pl.:* мужья Ehemann, 4A
музей Museum, 1B
музыкальный Musik-, musikalisch 15A
музыкант Musiker, 21A

мы wir, 1A
мясной Fleisch-, 19A

Н

на auf, in, 4A
набережная Kai, 15A
наверх nach oben, hinauf, 8A
над + *Instr.* über, 20A
надеяться, -еюсь, -еешься на + *Akk. uv.* hoffen auf, 7A
надо man muß, 8A
назад zurück, 9A
называться, -аюсь, -аешься *uv.* genannt werden, heißen, 17A
найти, найду, найдёшь *v.* finden, 23A
написать, напишу, напишешь *v.* schreiben, 16A
направо nach rechts, 15A
например zum Beispiel, 23A
напротив + *Gen.* gegenüber, 15A
народный Volks-, 5A
настроение Laune, Stimmung, 12A
научно-исследовательский Forschungs-, 9A
находиться, -ожусь, -одишься *uv.* sich befinden, 14A
национальный national, 11A
начало Beginn, 11A
начать, начну, начнёшь *v.* beginnen, 20C
начинать, -аю, -аешь *uv.* beginnen, 21B
начинаться 1. und 2. Person ungebr. -ается *uv.* beginnen, 15A
наш, наша, наше, наши unser, 2A, 3B
не nicht, 2A
не ..., а ... nicht ..., sondern, 2A
небольшой klein, nicht groß, 8A
недавно vor kurzem, seit kurzem, 21A
недалеко nicht weit, 6A
неделя Woche, 13A
немец *Pl.:* немцы Deutscher, 20B
немецкий deutsch, 4A

Russisch-Deutsches Wörterverzeichnis

неме́цко-ру́сский deutsch-russisch, 14C
немно́го ein wenig, etwas, 5A
необходи́мый notwendig, 21A
необы́чный ungewöhnlich, 21A
непло́хо nicht schlecht, ziemlich gut, 21A
неприя́тно unangenehm, 7A
нет nein, 1A
нет + *Gen.* es gibt nicht, es ist nicht vorhanden, 7A
ни... ни weder... noch, 21A
никогда́ nie, niemals, 24A
никто́ niemand, 20A
ничего́ es geht, einigermaßen, 7A
но aber, 5A
но́вость *f.* Neuigkeit, 12C
но́вый neu, 8A
ноль *m.* Null, 8B
но́мер *Pl.:* номера́ Hotelzimmer, 7A; Nummer, 8A; Ausgabe, 16A
Норве́гия Norwegen, 21A
ночь *f.* Nacht, 11A
но́чью nachts, 14A
нра́виться, -влюсь, -вишься *uv.* gefallen, 17A
ну nun, 8A
ну вот nun, da haben wir's 8A
ну́жен, нужна́, ну́жно, нужны́ notwendig, nötig, 23A

О

о + *Präp.* über, von, 5A
обе́д Mittagessen, 11A
обе́дать, -аю, -аешь *uv.* zu Mittag essen, 11A
о́бувь *f.* Schuhwerk, 17A
обще́ственный öffentlich, gesellschaftlich, 15A
объедини́ться, -ню́сь, -ни́шься *v.* sich vereinigen, 20A
объяви́ть, -явлю́, -я́вишь *v.* ausrufen, aufrufen, 24A
объя́влен, объя́влена, объя́влено, объя́влены angekündigt, 12A
объявле́ние Ankündigung
объявля́ться *uv.* aufgerufen werden, bekanntgegeben werden, 24A
обы́чно gewöhnlich, 13A
овощно́й Gemüse-, 23A
огонёк *Pl.:* огоньки́ Feuerchen, 13A
огуре́ц *Pl.:* огурцы́ Gurke, 19A
оде́жда Kleidung, 17C
оди́н *m.* ein, eins, 8A
оди́ннадцать elf, 10B
одна́ *f.* eine, 8A
одна́жды eines Tages, 18C
одно́ *n.* ein, 8A
о́зеро Binnensee, der See, 20A
ока́нчивать, -аю, -аешь *uv.* beenden, 16B
окно́ Fenster, 7A
о́коло + *Gen.* in der Nähe, 2A
око́нчить, -чу, -чишь *v.* beendigen, absolvieren, 9A
окра́ина Randgebiet, 9A
октя́брь *m.* Oktober, 13A
он er, 4A
она́ *f.* sie, 4A
они́ *Pl.* sie, 2A
оно́ *n.* es, 4B
опа́здывать, -аю, -аешь *uv.* zu spät kommen, 18A
о́пера Oper, 11C
опозда́ть, -а́ю, -а́ешь *v.* zu spät kommen, 18A
опя́ть wieder, 8A
оригина́л Original, 13A
основа́ть, осную́, оснуёшь *v.* gründen, 15A
осо́бенно besonders, 18A
остано́вка Haltestelle, 8A
о́стров Insel, 15A
о́стрый scharf, 23A
от + *Gen.* von, 6A
отве́тить, -е́чу, -е́тишь *v.* antworten, 16B
отвеча́ть, -а́ю, -а́ешь *uv.* antworten, 8A
отде́л Abteilung, 17A
отде́льный separat, 9A
отдохну́ть, отдохну́, отдохнёшь *v.* sich erholen, 19C
отдыха́ть, -а́ю, -а́ешь *uv.* sich erholen, 11A
оте́ц *Pl.:* отцы́ Vater, 3A
открыва́ть, -а́ю, -а́ешь *uv.* öffnen, 12A
открыва́ться, -а́юсь, -а́ешься *uv.* sich eröffnen, 20A
откры́тка Ansichtskarte, 13A
отку́да woher, 1A
отли́чно ausgezeichnet, 6A
отправля́ться, -я́юсь, -я́ешься *uv.* abfahren, 18A
о́тпуск Urlaub, 14A
отсю́да von hier aus, 15A
отходи́ть, отхожу́, отхо́дишь *uv.* sich entfernen, abfahren, abgehen, 12A
о́тчество Vatersname, 9C
официа́нт Kellner, 23A
о́чень sehr, 1A
о́чередь *f.* Schlange wartender Menschen, 9A
о́чередь на кварти́ру Warteliste für eine Wohnung, 9A

П

пала́тка Zelt, 14A
па́мятник Denkmal, 15A
панора́ма Panorama, 20A
па́па *m.* Papa, Vati, 14C
парикма́хер Friseur, 18C
парикма́херская Friseursalon, 8A
парк Park, 8A
па́ртия Partie, 11A
парфюме́рия Parfümerie, 17C
пассажи́р Passagier, 24A
пельме́ни *Pl.* Pelmeni *gefüllte Teigtaschen,* 19A
пенсионе́р Rentner, 9A
пе́нсия Rente, 4A
пе́рвый erster, 15A
перево́дчица Übersetzerin, Dolmetscherin, 2A
пе́ред + *Instr.* vor örtlich, 15A
передава́ть, -аю́, -аёшь *uv.* übergeben, überreichen, weiterreichen, 19A
переда́ть, -а́м, -а́шь, переда́шь *v.* übergeben, überreichen, weiterreichen, 19A
переда́ча Rundfunk- oder Fernsehsendung, 12C
перро́н Bahnsteig, 12A
печа́таться, -аюсь, -аешься *v.* gedruckt werden, 13A
пешко́м zu Fuß, 8A
пиро́г Pirogge, 19A

Russisch-Deutsches Wörterverzeichnis

пирожо́к *Pl.*: пирожки́ Piroschok *kleine Pastete*, 23A
писа́тель *m.* Schriftsteller, 11A
писа́ть, пишу́, пи́шешь *uv.* schreiben, 6A
письмо́ Brief, 3A
пить, пью, пьёшь *uv.* trinken, 19A
пи́ща Essen, Nahrung, 23A
пласти́нка Schallplatte, 17A
плати́ть, плачу́, пла́тишь *uv.* zahlen, 17A
пла́тье Kleid, 22C
пло́хо schlecht, 5A
плохо́й schlecht, 12A
площа́дка *kleiner Platz für einen bestimmten Zweck*, 8A
пло́щадь *f.* Platz, 5A
плюс plus, 8C
по + *Dativ* durch, 11A
пого́да Wetter, 21A
пода́рок *Pl.*: пода́рки Geschenk, 17A
подру́га Freundin, 13B
подстри́чь, -игу́, -ижёшь *v.* Haare schneiden, 18C
по́езд *Pl.*: поезда́ Zug, 12A
пое́сть, пое́м, пое́шь *v.* essen, 23A
пое́хать, -е́ду, -е́дешь *v.* los-, (hin)fahren, 18A
пожа́луйста bitte, 1A
пожени́ться *v.* heiraten, 14A
позвони́ть, позвоню́, позвони́шь *v.* anrufen, 19C
познако́мить, -млю, -мишь *v.* bekannt machen, 14A
познако́миться, -млюсь, -мишься *v.* sich (miteinander) bekannt machen, 14A
пойти́, пойду́, пойдёшь *v.* gehen, 22A
пока́ Tschüß, 6A; vorerst, im Moment, 23A
показа́ть, покажу́, пока́жешь *v.* zeigen, 16C
пока́зывать, -аю, -аешь *uv.* zeigen, 16C
поки́нуть, -ну, -нешь *v.* verlassen, 20A
поколе́ние Generation, 9A
покупа́ть, -а́ю, -а́ешь *uv.* kaufen, 13A
пол Fußboden, 24A

полёт Flug, 24A
поликли́ника Poliklinik, 8A
политехни́ческий polytechnisch, 9A
поли́тика Politik, 11A
получа́ть, -а́ю, -а́ешь *uv.* erhalten, 18C
получи́ть, -чу́, -чишь *v.* erhalten, 18C
полюби́ть, полюблю́, полю́бишь *v.* lieben, sich verlieben, 20A
поменя́ть, -я́ю, -я́ешь *v.* tauschen, 7A
помидо́р Tomate, 19A
по́мнить, -ню, -нишь *uv.* sich erinnern, 17A
помо́чь, помогу́, помо́жешь *v.* helfen, 17A
по-мо́ему meiner Meinung nach, 17A
понеде́льник Montag, 22A
по-неме́цки deutsch, 5A
понима́ть, -а́ю, -а́ешь *uv.* verstehen, 5A
понра́виться, -влюсь, -вишься *v.* gefallen, 23C
поня́ть, пойму́, поймёшь *v.* verstehen, 17A
пообе́дать, -аю, -аешь *v.* zu Mittag essen, 18C
попро́бовать, -бую, -буешь *v.* probieren, 19A
популя́рный, -ая, -ое, -ые populär, 13A
пора́ es ist Zeit, 18A
по-ру́сски russisch, 5A
по́рция Portion, 23A
поса́дка Einsteigen, 12A
поса́дочный zum Einsteigen bestimmt, 24A
посёлок *Pl.*: посёлки Siedlung, 20A
по́сле + *Gen.* nach, 11A
после́дний letzter, 16A
послу́шать, -аю, -аешь *v.* (zu)hören, 19C
посмотре́ть, -отрю́, -о́тришь *v.* schauen, 3A
посове́товать, -тую, -туешь *v.* raten, empfehlen, 17A
поста́вить, -влю, -вишь *v.* (hin)stellen, 24A
пото́м dann, 8A
потому́ что weil, 13A
поу́жинать, -аю, -аешь *v.* zu

Abend essen, 16A
почему́ warum, 7A
по́чта Post
почти́ fast, 9A
почто́вый Post-, 13A
поэ́т Lyriker, Poet, 11A
поэ́тому darum, deswegen, 24A
пра́вда Wahrheit, 24A
пра́здник Fest, Feiertag, 18A
пре́жде всего́ vor allem, 20A
прекра́сно hervorragend, 11A
прекра́сный herrlich, 7A
преподава́ть, -даю́, -даёшь *uv.* unterrichten, 22A
при + *Präp.* an, bei, 20A
Приба́лтика Baltikum, 22A
прибалти́йский baltisch, 22A
приве́т Gruß; grüß dich, 22A
пригласи́ть, -ашу́, -аси́шь *v.* einladen, 23A
приглаше́ние Einladung, 14A
пригото́вить, -влю, -вишь *v.* vorbereiten, kochen, 16A
приезжа́ть, -жа́ю, -жа́ешь *uv.* (an)kommen, 20A
прие́хать, -е́ду, -е́дешь *v.* (an)kommen, 12A
прийти́, приду́, придёшь *v.* (an)kommen, eintreffen, 14A
приме́рно etwa, ungefähr, 20A
принести́, -несу́, -несёшь *v.* (mit)bringen, 17A
приро́да Natur, 14A
приходи́ть, -хожу́, -хо́дишь *uv.* (an)kommen, 14A
прихо́жая Diele, 9A
причёска Frisur, 18A
прия́тель *m.* Freund, 17A
прия́тно angenehm, 1A
прия́тный, -ая, -ое, -ые angenehm, 19A
про von, über, 13A
продаве́ц Verkäufer 17A
продавщи́ца Verkäuferin 17A
пробле́ма Problem, 7A
про́бовать, -бую, -буешь *uv.* probieren, 19A

Russisch-Deutsches Wörterverzeichnis

прове́рить, -рю, -ришь v. kontrollieren, überprüfen, 16B
проверя́ть, -я́ю, -я́ешь uv. kontrollieren, überprüfen, 12A
проводи́ть, -ожу́, -о́дишь uv. verbringen, 14A
проводни́к Schaffner, 12A
провожа́ть, -а́ю, -а́ешь uv. begleiten, verabschieden, 12A
продава́ться, -аю́сь, -аёшься uv. verkauft werden, 13A
продолжа́ть, -а́ю, -а́ешь uv. fortsetzen, 21A
продо́лжить, -жу, -жишь v. fortsetzen, 21B
проду́кты Lebensmittel, 21A
прое́кт Projekt, 10A
пройти́, пройду́, пройдёшь v. durchgehen, 24A
промтова́ры Konsumgüter, Industriewaren, 8A
про́мысел Pl.: про́мыслы Gewerbe, 17A
пропуска́ть, -а́ю, -а́ешь uv. durchlassen, vorbeilassen, 12A
пропусти́ть, пропущу́, пропу́стишь v. durchlassen, vorbeilassen, 19C
проспе́кт Prospekt, breite Straße, 8A
прости́ть, -ощу́, -ости́шь v. verzeihen, vergeben, 17A
про́сто einfach, 17A
про́сьба Bitte, 24A
профе́ссия Beruf, 14A
профе́ссор Professor, 11A
прочита́ть, -а́ю, -а́ешь v. durchlesen, 16A
проща́ться, -а́юсь, -а́ешься uv. sich verabschieden, 24A
пря́мо direkt; geradeaus, 15A
публикова́ться, -ку́юсь, -ку́ешься uv. veröffentlicht werden, 13A
публи́чный öffentlich, 15A
путеше́ствовать, -ствую, -ствуешь uv. wandern, weit reisen, 14A
путь m. Weg; Fahrt, Reise, 12A
пье́са Bühnenstück, 13A
пятна́дцать fünfzehn, 10A
пя́тница Freitag, 22A
пять fünf, 8B
пятьдеся́т fünfzig, 12B
пятьсо́т fünfhundert, 20A
пя́тый fünfter, 17B

Р

рабо́та Arbeit, 10A
рабо́тать, -аю, -аешь uv. arbeiten, 4A
рад, ра́да, ра́до, ра́ды froh sein, 18A
ра́дио Radio, 7A
раз Mal, (ein)mal, 21A
разбега́ться, -а́юсь, -а́ешься uv. auseinanderlaufen, 23A
разгова́ривать, -аю, -аешь uv. reden, sprechen, sich unterhalten, 21C
разгово́р Gespräch, 6A
ра́зный verschieden, 14A
райо́н Bezirk, 8A
ра́ньше früher, 9A
рапсо́дия Rhapsodie, 17A
располо́жен, располо́жена, располо́жено, располо́жены (ist/sind) gelegen, aufgestellt, 15A
расска́з Erzählung, 13A
рассказа́ть, расскажу́, расска́жешь v. erzählen, 16B
расска́зывать, -аю, -аешь uv. erzählen, 5A
расстава́ться, -таю́сь, -таёшься с + Instr. uv. von j-m. Abschied nehmen, 24A
расти́тельный Pflanzen-, 20A
револю́ция Revolution, 8C
регуля́рно regelmäßig, 13A
резиде́нция Residenz, 15A
рейс Fahrt, Flug, Route, 24A
река́ Fluß, 17A
рекомендова́ть, -ду́ю, -ду́ешь uv. empfehlen, 23A
рестора́н Restaurant, 11A
реце́нзия Rezension, 13A
реце́пт Rezept, 21A
речно́й Fluß-, Binnenwasser-, 8A
роди́тели Pl. Eltern, 3A
роди́ться, -рожу́сь, роди́шься uv. und v. geboren werden, 14A
рожде́ние Geburt, Geburtstag, 22C
ро́за Rose, 18A
рок Rock(musik), 17A
рома́н Roman, 11C
Росси́я Rußland, 11A
рубль m. Rubel, 17B
руль m. Steuer, 14C
ру́сский russisch, 1B
ручно́й Hand-, 24A
ры́ба Fisch, 19A
ры́нок Markt, 18A
рюкза́к Rucksack, 14A
ряд Reihe, 8A
ря́дом nebenan, 7A

С

с + Instr. mit, 14A
сад Garten, 3A
сади́ться, сажу́сь, сади́шься uv. sich setzen, 23A
сала́т Salat, 16A
сам, сама́, само́, са́ми selbst, 21A
самолёт Flugzeug, 20A
са́мый dient zur Bildung des Superlativs, 13A
свари́ть, сварю́, сва́ришь v. kochen, 19C
свида́ние Wiedersehen, 6A
свобо́ден, -дна, -дно, -дны frei, 7A
свобо́дно frei, 21A
свобо́дный frei, 7A
сде́лать, -аю, -аешь v. machen, 19A
сеа́нс Kinovorstellung, 11C
се́вер Norden, 14A
сего́дня heute, 5A
седьмо́й siebenter, 17B
сейча́с jetzt, 6A
селёдка Hering, 19A
семна́дцать siebzehn, 10B
семь sieben, 8B
семьдеся́т siebzig, 12B
семьсо́т siebenhundert, 20B
семья́ Familie, 3A
сестра́ Schwester, 9A
сесть, ся́ду, ся́дешь v. sich setzen, 23B
сиби́рский sibirisch, 17C
Сиби́рь Sibirien, 14A
сиде́ть, сижу́, сиди́шь uv. sitzen, 21C

233

Russisch-Deutsches Wörterverzeichnis

симпати́чный sympatisch, 5A
сказа́ть, скажу́, ска́жешь *v.* sagen, 4A
сквер Grünanlage, 15A
ско́лько wieviel, 10A
ско́рый schnell, 12A
скри́пка Geige, 21A
скульпту́ра Bildhauerkunst, Skulptur, 11A
слави́ст Slawist, 1A
славя́нский slawisch, 11A
сле́ва links, 15A
сле́дующий nächster, 18A
слова́рь Wörterbuch, 14C
сло́во Wort, 24A
слу́жащий Angestellter, 24A
служи́ть, -жу́, -жи́шь *uv.* dienen, Dienst leisten, 14A
слу́шать, -аю, -аешь *uv.* (zu)hören, 6A
слы́шать, -шу, -шишь *uv.* hören, 10A
смотре́ть, смотрю́, смо́тришь *uv.* (an)sehen, (an)schauen, 11A
снача́ла zuerst, 8A
сно́ва wieder, 12A
собира́ть, -а́ю, -а́ешь *uv.* sammeln, 21A
собира́ться, -а́юсь, -а́ешься *uv.* beabsichtigen, sich fertigmachen, 18A
собо́р Kathedrale, 15A
собра́ть, соберу́, соберёшь *v.* sammeln, 21C
сове́т Rat, 17A
сове́товать, -тую, -туешь *uv.* raten, empfehlen, 17A
совреме́нник Zeitgenosse, 11C
совреме́нный zeitgenössisch, gegenwärtig, 11A
согла́сен, согла́сна, согла́сно, согла́сны einverstanden, 23A
сожале́ние Bedauern, 8A
солёный salzig, Salz-, 19A
соля́нка Soljanka *Suppe*, 23A
со́пка Bergkuppe, 20A
со́рок vierzig, 12A
союзпеча́ть Unionspresse, 13A
спаси́бо danke, 7A
спать, сплю, спишь *uv.* schlafen, 7A
спекта́кль Vorstellung, Theateraufführung, 11C
спорт Sport, 21A
спорти́вный Sport-, 8A
спра́ва rechts, 15A
спра́ва от + *Gen.* rechts von, 15A
спра́шивать, -аю, -аешь *uv.* fragen, 8A
спроси́ть, -ошу́, -о́сишь *v.* fragen, 18C
спу́тник Sputnik, 15C
среда́ Mittwoch, 22B
ста́нция Station, 8A
стари́к alter Mann, Greis, 20A
стару́шка alte Frau, altes Mütterchen, 21C
ста́рый alt, 9A
ста́рший älterer, 9A
стать, ста́ну, ста́нешь *v.* + *Instr.* werden, 14A
статья́ Artikel, 13A
стихи́ *Pl.* Gedicht(e), 13A
сто hundert, 12B
сто́ить, сто́ю, сто́ишь *uv.* kosten, 17A
стол Tisch, 7C
сто́лик kleiner Tisch, 23A
столи́ца Hauptstadt, 13A
столо́вый Tisch-, Tafel-, 23A
сторона́ Seite, Richtung, 21C
стоя́ть, стою́, стои́шь *uv.* stehen, 9A
страна́ Land, 14A
страсть *f.* Leidenschaft, 21A
стре́лка kleiner Pfeil, 15A
строи́тельство Bau, Bauen, 13C
студе́нт Student, 1A
студе́нтка Studentin, 1A
стул *Pl.*: сту́лья Stuhl, 7C
суббо́та Samstag, 18A
сувени́р Souvenir, 17A
суп Suppe, 23A
сфотографи́ровать, -рую, -руешь *v.* fotografieren, 19C
счастли́вый glücklich, 12A
сча́стье Glück, 18A
США USA, 21A
съесть, съем, съешь *v.* essen, 19A

сын *Pl.*: сыновья́ Sohn, 3A
сюда́ hierher, 10A
сюрпри́з Überraschung, 6A

Т

тайга́ Taiga *sibirischer Urwald*, 20A
тайко́м heimlich, 20A
так so, 24A
тако́й solcher, solch einer, so einer, 13A
тало́н Talon, 24A
там dort, 2A
тамо́жня Zollamt, 15A
танцева́ть, -цу́ю, -цу́ешь *uv.* tanzen, 11A
та́нцы *Pl.* Tanzabend, 22C
твой, твоя́, твоё, твои́ dein, 3B
теа́тр Theater, 5A
театра́л Theaterfreund, 22C
телеба́шня Fernsehturm, 10A
телеви́зор Fernsehapparat, 7A
телефи́льм Fernsehfilm, 14C
телефо́н Telefon, 6A
те́ма Thema, 10A
те́ннис Tennis, 21B
тепе́рь jetzt, 9A
тёплый warm, 24A
типи́чно typisch, 17A
това́р Ware, 17C
тогда́ dann, 16A
то́же auch, 1A
то́лстый dick, 13A
то́лько nur, 11C
то́лько что eben erst, gerade, 12A
трамва́й Straßenbahn, 8A
тре́тий dritter, 17A
три drei, 8A
три́дцать dreißig, 10B
трина́дцать dreizehn, 10B
три́ста dreihundert, 20A
тру́дно schwierig, 9A
тру́дный schwierig, 10A
туале́т Toilette, 7A
туда́ dorthin, 8A
тури́ст Tourist, 1A
тут hier, 3A
ты du, 4B
ты́сяча tausend, Tausend, 20A
тяжёлый schwer, 24A

234

Russisch-Deutsches Wörterverzeichnis

У
у + *Genitiv* bei, 7A; an, neben, bei, 15A
у́гол *Pl.*: углы́ Ecke, 23A
угоща́ться, -ща́юсь, -ща́ешься *uv.* sich's schmecken lassen, 19A
удо́бно praktisch, bequem, 8A
удово́льствие Vergnügen, 14A
уе́хать, уе́ду, уе́дешь *v.* wegfahren, 22A
уже́ schon, bereits, 4A
у́жин Abendessen, 11A
у́жинать, -аю, -аешь *uv.* zu Abend essen, 16A
узна́ть, -а́ю, -а́ешь *v.* erfahren, 20A
уйти́, уйду́, уйдёшь *v.* weggehen, abfahren, 18A
у́лица Straße, 5A
универма́г Kaufhaus, 17A
университе́т Universität, 4A
уника́льный einzigartig, 20A
уро́к Hausaufgabe, 10A
успе́ть, -е́ю, -е́ешь *v.* schaffen (zeitlich), 18A
у́тро Morgen, 11A
уходи́ть, ухожу́, ухо́дишь *uv.* weggehen, abfahren, 12A
учени́к Schüler, 5A
учи́тель *Pl.*: учителя́ Lehrer, 9A
учи́тельница Lehrerin, 4A
учи́тельский Lehrer-, 14C
учи́ть, учу́, у́чишь *uv.* etw. lernen, 10A
учи́ться, учу́сь, у́чишься *uv.* lernen, studieren, 9A
ую́тно gemütlich, 23A

Ф
факт Tatsache, Fakt, 13A
фами́лия Familienname, 1A
филармо́ния Philharmonie, 11A
филатели́ст Philatelist, 22C
фильм Film, 11C
фи́рменный Firmen-, 23A
фле́йта Flöte, 21B
фортепья́но Klavier, 21B
фотографи́ровать, -рую, -руешь *uv.* fotografieren, 11A
фотогра́фия Fotografie, Foto, 3A
Фра́нция Frankreich, 21A
францу́зский französisch, 21A
ФРГ BRD, 2A
футбо́л Fußball, 21A
футбо́льный Fußball-, 11A

Х
хлеб Brot, 19A
хо́бби *n.* Hobby, 21A
ходи́ть, хожу́, хо́дишь *uv.* gehen, 21A
хокке́й Hockey, 21B
холо́дный kalt, 20A
хоро́ший gut, 5A
хорошо́ gut, 5A
хоте́ть *uv.* wollen, mögen, wünschen, 7A
храм Kirche, Tempel, 15A
худо́жественный Kunst-, 17A

Ц
ца́рский Zaren-, 15A
цветы́ *Pl.* Blumen, 17A
центр Zentrum, Mitte, 5A
центра́льный Zentral-, Mittel-, 11A

Ч
чай Tee, 19A
час Stunde, 6A
ча́сто oft, 18B
ча́шка Tasse, 23A
чей, чья, чьё, чьи wessen
чек Kassenbon, 17B
челове́к Mensch, 11C
чемода́н Koffer, 24A
че́рез + *Akk.* nach, in *zeitlich*, 6A
четве́рг Donnerstag, 22A
четвёртый vierter, 17B
четы́ре vier, 8A
четы́реста vierhundert, 20B
четы́рнадцать vierzehn, 10B
чита́ть, -а́ю, -а́ешь *uv.* lesen, 11A
что was, 3A
что́бы um ... zu, 20A
что́-нибудь etwas, irgend etwas, 21A
что́-то etwas, 10A
чуде́сный wunderbar, 24A

Ш
шампа́нское Sekt, 19A
Шве́ция Schweden, 21A
шестна́дцать sechzehn, 10B
шесто́й sechster, 17B
шесть sechs, 8B
шестьдеся́т sechzig, 12B
шестьсо́т sechshundert, 20A
широ́кий breit, 20A
шкату́лка Schatulle, 17B
шко́ла Schule, 4A
шко́льница Schülerin, 4A
шофёр Kraftfahrer, 2A
шпро́ты *Pl.* Sprotten, 19A
шу́мно laut, 7A

Э
эколо́гия Ökologie, 10A
экономи́ст Wirtschaftswissenschaftler, 13A
экскурсово́д Fremdenführer, Führer im Museum, 20C
экспеди́ция Expedition, 14A
электри́чка elektrisch betriebener Nahverkehrszug, 18A
Эрмита́ж Eremitage, 15A
эта́ж Etage, Stockwerk, 17A
э́то das, es, 1A
э́тот, э́та, э́то, э́ти dieser

Ю
юг Süden, 14A
ю́ность *f.* Jugend, 13A

Я
я ich, 1A
язы́к Sprache, 4A

Übersichten

Übersicht über die Deklination der Substantive, Adjektive und Personalpronomen

In den Tabellen werden der Vollständigkeit halber die Deklinationsendungen für alle Kasus angegeben. Diejenigen Endungen, die in diesem Lehrbuch behandelt werden, sind fett gedruckt.

1. Deklination der Substantive

Deklination der maskulinen Substantive

Sing.	Nom.	магази́н	писа́тель	музе́й
	Gen.	магази́на	писа́теля	музе́я
	Dat.	магази́ну	писа́телю	музе́ю
	Akk.	магази́н[1]	писа́теля[1]	музе́й[1]
	Instr.	магази́ном[2]	писа́телем[4]	музе́ем
	Präp.	(о) магази́не	(о) писа́теле	(о) музе́е
Pl.	Nom.	магази́ны[3]	писа́тели	музе́и
	Gen.	магази́нов	писа́телей	музе́ев[4]
	Dat.	магази́нам	писа́телям	музе́ям
	Akk.	магази́ны[1]	писа́телей[1]	музе́и[1]
	Instr.	магази́нами	писа́телями	музе́ями
	Präp.	(о) магази́нах	(о) писа́телях	(о) музе́ях

Erläuterungen:

[1] Bei Lebewesen: Akkusativ = Genitiv; bei Nichtlebewesen: Akkusativ = Nominativ

[2] Bei Stammauslaut auf Zischlaut und ц steht bei Endbetonung -ом, sonst -ем: гара́ж – гаражо́м; муж – му́жем.

[3] Bei Stammauslaut auf г, к, х und Zischlaut steht nicht ы, sondern и: язы́к – языки́.

[4] Ist die Endung betont, so lautet der Vokal der Endung nicht -е-, sondern -ё-: рубль – рублём *(Instr. Sing.)*

Deklination der femininen Substantive

Sing.	Nom.	шко́ла	неде́ля	ста́нция	пло́щадь
	Gen.	шко́лы[1]	неде́ли	ста́нции	пло́щади
	Dat.	шко́ле	неде́ле	ста́нции	пло́щади
	Akk.	шко́лу	неде́лю	ста́нцию	пло́щадь
	Instr.	шко́лой[2]	неде́лей[4]	ста́нцией[4]	пло́щадью
	Präp.	(о) шко́ле	(о) неде́ле	(о) ста́нции	(о) пло́щади

Übersichten

Pl.	Nom.	шко́лы[1]	неде́ли	ста́нции	пло́щади
	Gen.	шко́л	неде́ль	ста́нций	площаде́й
	Dat.	шко́лам	неде́лям	ста́нциям	площадя́м
	Akk.	шко́лы[3]	неде́ли[3]	ста́нции[3]	пло́щади[3]
	Instr.	шко́лами	неде́лями	ста́нциями	площадя́ми
	Präp.	(о) шко́лах	(о) неде́лях	(о) ста́нциях	(о) площадя́х

Erläuterungen:

[1] Bei Stammauslaut auf г, к, х und Zischlaut steht nicht ы, sondern и: подру́га – подру́ги *(Gen. Sing.; Nom. Pl.)*

[2] Bei Stammauslaut auf Zischlaut und ц steht bei Endbetonung -ой, sonst -ей: госпожа́ – госпожо́й; Ната́ша – Ната́шей

[3] Bei Lebewesen: Akkusativ Pl. = Genitiv Pl.; bei Nichtlebewesen: Akkusativ Pl. = Nominativ Pl.

[4] Bei Stammbetonung steht -ей, bei Endbetonung steht -ёй: семья́ – семьёй

Deklination der neutralen Substantive

Sing.	Nom.	окно́	мо́ре	поколе́ние
	Gen.	окна́	мо́ря	поколе́ния
	Dat.	окну́	мо́рю	поколе́нию
	Akk.	окно́	мо́ре	поколе́ние
	Instr.	окно́м	мо́рем	поколе́нием
	Präp.	(об) окне́	(о) мо́ре	(о) поколе́нии
Pl.	Nom.	о́кна	моря́	поколе́ния
	Gen.	о́кон	море́й	поколе́ний
	Dat.	о́кнам	моря́м	поколе́ниям
	Akk.	о́кна	моря́	поколе́ния
	Instr.	о́кнами	моря́ми	поколе́ниями
	Präp.	(об) о́кнах	(о) моря́х	(о) поколе́ниях

Übersichten

2. Deklination der Adjektive

Adjektive Singular maskulinum

	Stammauslaut: harter Konsonant, Zischlaut und ц	Zischlaut, endbetont	Zischlaut, stammbetont	weicher Konsonant
Nom.	но́вый[1]	большо́й	хоро́ший	зи́мний
Gen.	но́вого	большо́го	хоро́шего	зи́мнего
Dat.	но́вому	большо́му	хоро́шему	зи́мнему
Akk.	но́вый[1]/ но́вого[2]	большо́й/ большо́го[2]	хоро́ший/ хоро́шего[2]	зи́мний/ зи́мнего[2]
Instr.	но́вым[1]	больши́м	хоро́шим	зи́мним
Präp.	(о) но́вом	(о) большо́м	(о) хоро́шем	(о) зи́мнем

Adjektive Singular femininum

	Stammauslaut: harter Konsonant, Zischlaut und ц	Zischlaut, endbetont	Zischlaut, stammbetont	weicher Konsonant
Nom.	но́вая	больша́я	хоро́шая	зи́мняя
Gen.	но́вой	большо́й	хоро́шей	зи́мней
Dat.	но́вой	большо́й	хоро́шей	зи́мней
Akk.	но́вую	большу́ю	хоро́шую	зи́мнюю
Instr.	но́вой	большо́й	хоро́шей	зи́мней
Präp.	(о) но́вой	(о) большо́й	(о) хоро́шей	(о) зи́мней

Adjektive Singular neutrum

	Stammauslaut: harter Konsonant, Zischlaut und ц	Zischlaut, endbetont	Zischlaut, stammbetont	weicher Konsonant
Nom.	но́вое	большо́е	хоро́шее	зи́мнее
Gen.	но́вого	большо́го	хоро́шего	зи́мнего
Dat.	но́вому	большо́му	хоро́шему	зи́мнему
Akk.	но́вое	большо́е	хоро́шее	зи́мнее
Instr.	но́вым[1]	больши́м	хоро́шим	зи́мним
Präp.	(о) но́вом	(о) большо́м	(о) хоро́шем	(о) зи́мнем

Übersichten

Adjektive Plural für alle drei Geschlechter

	Stammauslaut: harter Konsonant, Zischlaut und ц	Zischlaut, endbetont	Zischlaut, stammbetont	weicher Konsonant
Nom.	но́вые[1]	больши́е	хоро́шие	зи́мние
Gen.	но́вых[1]	больши́х	хоро́ших	зи́мних
Dat.	но́вым[1]	больши́м	хоро́шим	зи́мним
Akk.	но́вые[1]/ но́вых[1,2]	больши́е/ больши́х[2]	хоро́шие/ хоро́ших[2]	зи́мние/ зи́мних[2]
Instr.	но́выми[1]	больши́ми	хоро́шими	зи́мними
Präp.	(о) но́вых[1]	(о) больши́х	(о) хоро́ших	(о) зи́мних

Erläuterungen:

[1] Bei Stammauslaut auf г, к, х steht nicht ы, sondern и: но́вый – ру́сский.
[2] Bei Lebewesen: Akkusativ = Genitiv; bei Nichtlebewesen: Akkusativ = Nominativ

3. Deklination der Personalpronomen

Nom.	я	ты	он	она́	оно́
Gen.	меня́	тебя́	(н)его́[1]	(н)её[1]	(н)его́[1]
Dat.	мне	тебе́	(н)ему́	(н)ей	(н)ему́
Akk.	меня́	тебя́	(н)его́	(н)её	(н)его́
Instr.	мной	тобо́й	(н)им	(н)ей	(н)им
Präp.	(обо) мне	(о) тебе́	(о) нём	(о) ней	(о) нём

Nom.	мы	вы	они́
Gen.	нас	вас	(н)их[1]
Dat.	нам	вам	(н)им
Akk.	нас	вас	(н)их
Instr.	на́ми	ва́ми	(н)и́ми
Präp.	(о) нас	(о) вас	(о) них

Erläuterungen:

[1] Steht vor den Personalpronomen eine Präposition, so wird vor die Pronomen, die mit Vokal anlauten, ein н gesetzt.

Sachregister

(Die Zahlen verweisen auf die Lektionsabschnitte)

Adjektiv 5B, 8B, 10B, 13B, 15B, 18B, 21B
Adverb 5B
Akkusativ 9B, 10B, 11B, 17B, 24B
Alphabet Vorkurs
Aspekt 16B, 18B, 19B, 21B
Attribut 5B
Betonung Vorkurs Abschnitt 1, Abschnitt 9
Dativ 12B, 17B
Demonstrativpronomen 13B
Familienname 2B, 8B, 9B
Futur 11B, 19B
Genitiv 1B, 2B, 5B, 7B, 8B, 15B, 19B, 20B
Geschlecht 1B, 3B, 9B
Grundzahlen 8B, 10B, 12B, 20B
Imperativ 6B
Instrumental 14B, 21B
Intonation 1C, 3C, 6C
intransitive Verben 14B
Konjunktionen 2B, 21B
Konsonanten Vorkurs, 4C, 8C
Nominativ 1B, 13B
Ordnungszahlen 17B
Palatalisierung Vorkurs, Abschnitt 3, 6, 7, 9, 13
Partizip Präteritum Passiv 15B
Personalpronomen 7B, 11B, 13B, 17B
Possessivpronomen 3B, 9B, 24B
Präfixe 13B
Präpositionen 5B, 11B, 15B
Präpositiv 4B, 5B, 13B, 15B, 24B
Präsens 2B, 4B, 5B, 6B, 11B, 21B
Präteritum 9B, 14B, 22B
Reflexive Verben 13B, 14B
Relativpronomen 23B
Superlativ 13B
Substantiv 1B, 4B, 5B, 8B, 9B, 14B, 17B, 20B
transitive Verben 14B
Uhrzeit 11B, 12B
unpersönliche Sätze 7B, 12B
Verb 2B, 4B, 5B, 6B, 7B, 8B, 10B, 11B, 12B, 16B, 19B, 21B, 23B, 24B
Verben der Fortbewegung 21B, 22B
Verneinung 4B, 7B, 20B
Vokale Vorkurs
Wochentage 22B
Zeitangaben 10B, 22B